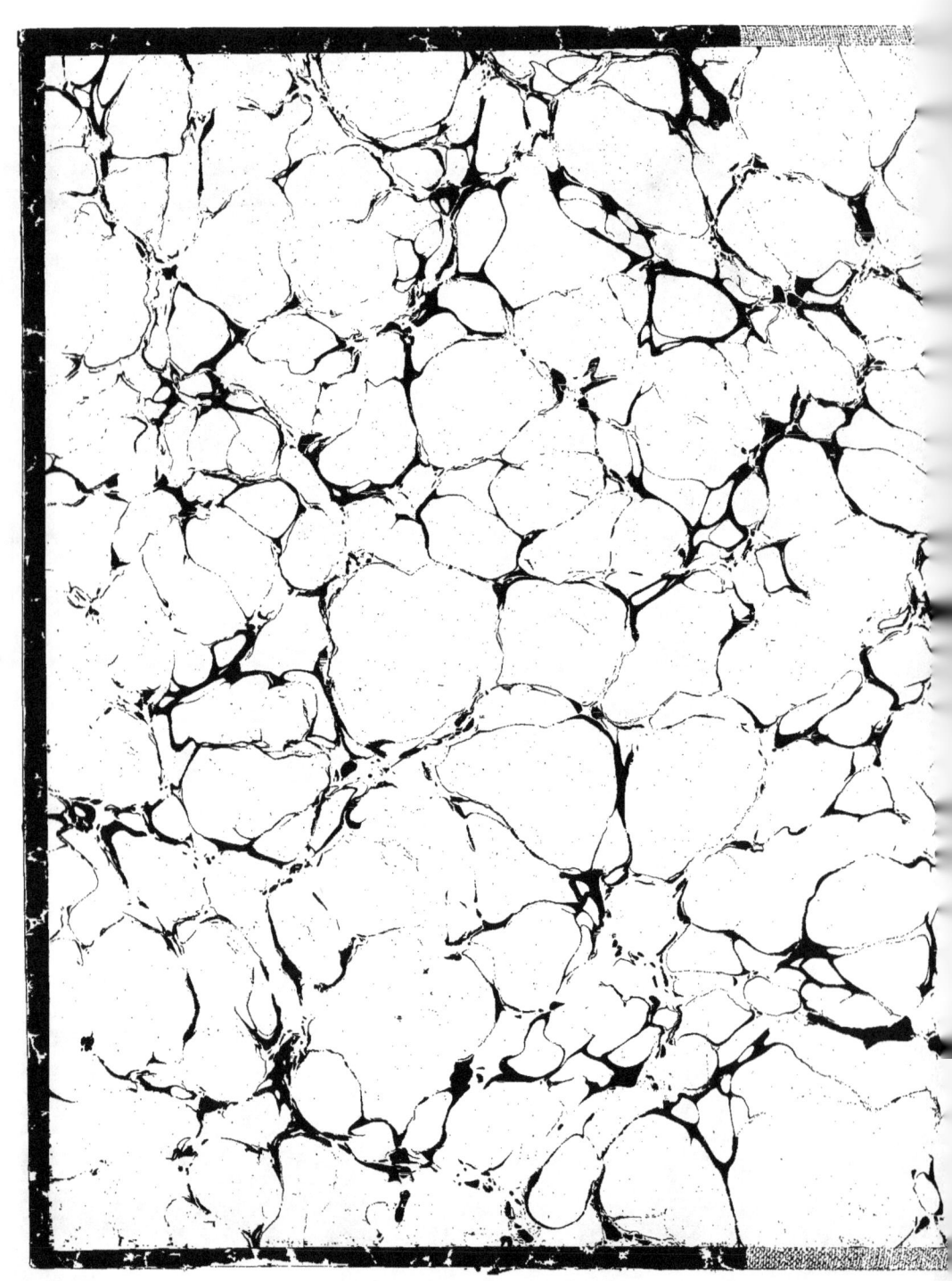

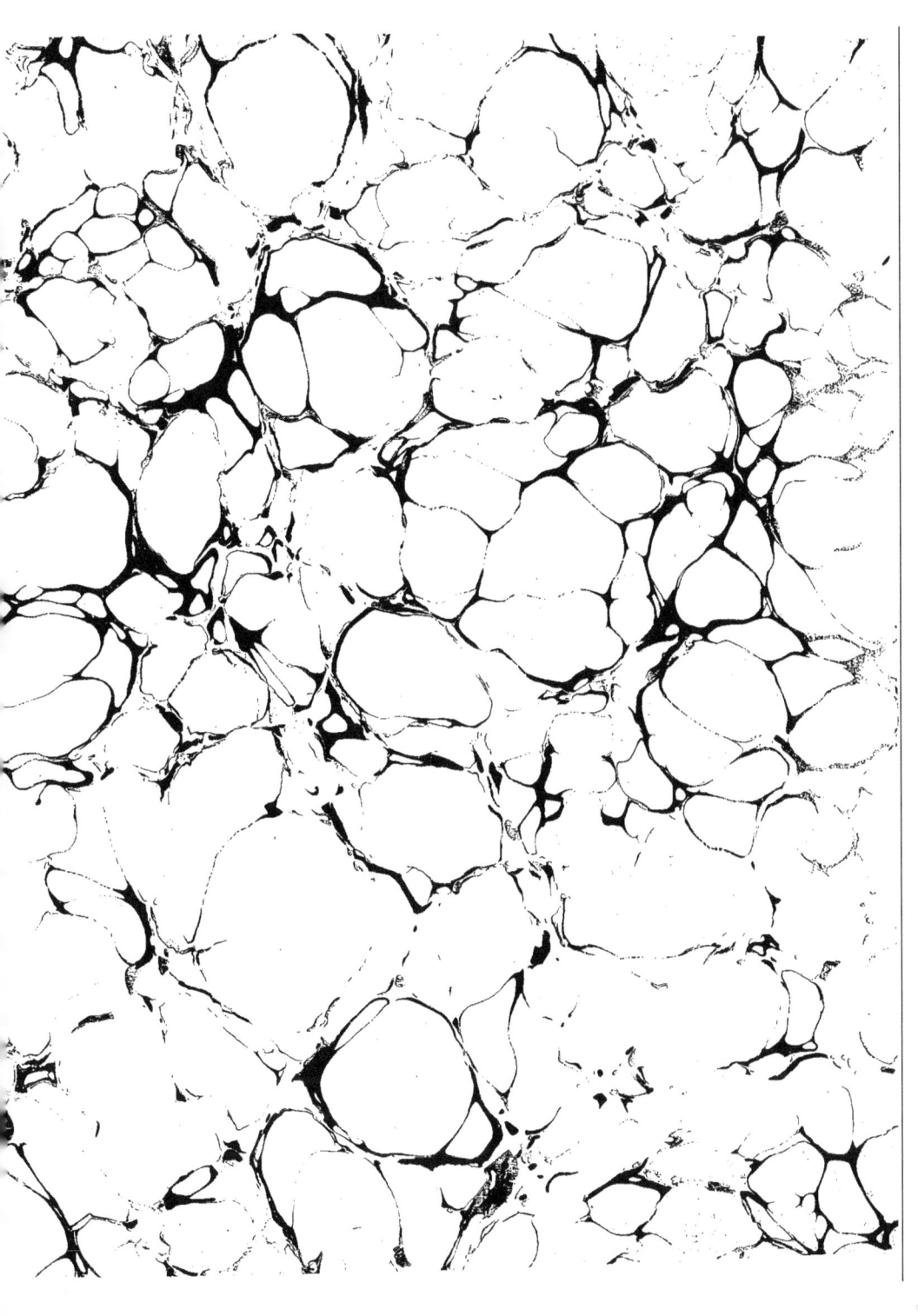

PROCÈS-VERBAUX
DES
ASSEMBLÉES GÉNÉRALES
DES
TROIS-ORDRES
ET DES
ÉTATS PROVINCIAUX
DU DAUPHINÉ

Tenus à Romans en 1788

Réimprimés à l'occasion du

CENTENAIRE DE LA RÉVOLUTION FRANÇAISE

AVEC UNE

Introduction par ANDRÉ LEBON

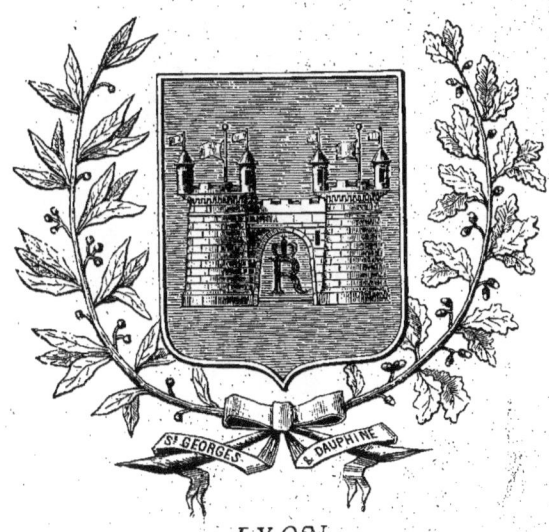

LYON

MOUGIN-RUSAND, IMPRIMEUR

3, Rue Stella, 3.

M. DCCC. LXXXVIII

La réimpression de ces Procès-Verbaux a été exécutée par les soins du Comité du Centenaire de la Ville de Romans, institué, en 1887, par M. Gignier, Maire.

Cet ouvrage a été tiré à 500 exemplaires :

300 sur papier Hollande, numérotés de 1 à 300.
200 sur papier vélin, numérotés de 301 à 500.

N° 71

PROCÈS-VERBAUX
DES
ASSEMBLÉES GÉNÉRALES
DES
TROIS-ORDRES
ET DES
ÉTATS PROVINCIAUX
DU DAUPHINÉ
Tenus à Romans en 1788

Réimprimés à l'occasion du

CENTENAIRE DE LA RÉVOLUTION FRANÇAISE

AVEC UNE

Introduction par André Lebon

LYON
MOUGIN-RUSAND, IMPRIMEUR
3, Rue Stella, 3.

M. DCCC. LXXXVIII

INTRODUCTION

> . . . . Terre, terre chérie,
> Que la liberté sainte appelle la Patrie!
> Père du grand Sénat, ô Sénat de *Romans*,
> Qui de la liberté jeta les fondements!
> *Romans*, berceau des lois, vous *Grenoble* et *Valence*,
> *Vienne;* toutes enfin, monts sacrés d'où la France
> Vit naître le soleil avec la liberté!
> Un jour le voyageur par le Rhône emporté,
> Arrêtant l'aviron dans la main de son guide,
> En silence et debout sur sa barque rapide,
> Fixant vers l'Orient un œil religieux,
> Contemplera longtemps ces sommets glorieux!
> Car son vieux père ému, de transports magnanimes,
> Lui dira : Vois mon fils, vois, ces augustes cimes !
>
> André CHÉNIER.
>
> *Au bord du Rhône, le 7 juillet 1790.*

E *Dauphiné, bien que l'un des derniers venus dans la Patrie française, a toujours été parmi les plus fidèles à défendre l'indépendance nationale, parmi les plus ardents à saluer les idées nouvelles et à s'en faire le champion; son nom apparaît glorieux aux jours les plus sombres de notre histoire comme à l'aurore de nos plus magnifiques élans : au XVe siècle, ses soldats combattent au premier rang des rares partisans groupés autour de Charles VII, et, à l'appel de Jeanne d'Arc, la bonne Lorraine, chassent l'Anglais de France; au XVIe, il donne à la France Bayard, le chevalier sans peur et sans reproche, puis il embrasse la Réforme et lutte vaillamment, pendant de longues années, pour la liberté de conscience; au XVIIIe, à la veille*

de la crise qui a fait la France moderne, il trace, d'une main ferme et hardie, le programme qui sera celui de l'Assemblée constituante, il proclame avant tout autre la souveraineté nationale, l'unité de la Patrie et l'égalité démocratique. Il prêtait son nom à nos anciens Rois jusqu'à leur avènement au trône; il a été le berceau de la Révolution. Une expression populaire résume son histoire : les Provençaux appellent encore les Dauphinois « Franciaux », pour indiquer qu'ils forment vers le Midi l'avant-garde de la vraie France.

Les événements qui se sont produits en Dauphiné en 1787 et en 1788 ont été l'objet de savantes recherches et de nombreuses publications; il ne saurait être question d'en refaire ici le récit détaillé; il suffira de quelques rapides indications pour rappeler dans quelles circonstances se tinrent à Romans, en 1788, les deux Assemblées des trois Ordres et la célèbre réunion des États provinciaux dont on va lire les procès-verbaux, et pour aider à déterminer le caractère des délibérations qui y eurent lieu, l'importance capitale des principes qui y furent posés.

I

LE 19 novembre 1787, Louis XVI tenait un lit de justice au Parlement de Paris pour l'enregistrement de divers édits; plusieurs magistrats le supplièrent de convoquer au plus tôt les États Généraux; le roi chargea son garde des Sceaux, Lamoignon, de rappeler aux Membres de la Cour les principes politiques sur lesquels était fondée l'organisation de l'ancien régime. Lamoignon, prenant la parole, s'exprima ainsi :

« Ces principes universellement admis par la nation, attestent qu'au roi seul appartient la puissance souveraine dans son royaume; qu'il n'est comptable qu'à Dieu seul de l'exercice du pouvoir suprême, que le lien qui unit le roi et la nation est indissoluble par sa nature; que des intérêts et des devoirs réciproques entre le roi et ses sujets ne font qu'assurer la perpétuité de cette union; que la Nation a intérêt que les droits de son chef ne souffrent aucune altération; que le roi est chef souverain de la nation, et ne fait qu'un avec elle; enfin, que le pouvoir législatif réside dans la personne du souverain, sans dépendance et sans partage. Il résulte de ces anciennes maximes nationales, attestées à chaque page de notre histoire, qu'au roi seul appartient le droit de convoquer les États Généraux; que lui seul doit juger si cette convocation est utile ou nécessaire; qu'il n'a besoin d'aucun pouvoir extraordinaire pour l'administration de son royaume; qu'un roi de France ne pourrait trouver, dans les représentants des trois Ordres de l'État, qu'un Conseil plus étendu, composé de membres choisis d'une famille dont il est le chef, et qu'il serait toujours l'arbitre suprême de leurs représentations ou de leurs doléances. »

Telle était, formulée par le chef de l'Administration judiciaire du royaume, quelques mois seulement avant la réunion de l'Assemblée nationale, ce que d'aucuns ont appelé la Constitution de l'ancienne monarchie; ces maximes n'avaient d'une Constitution que le nom, qui leur en fut donné après coup; elles en étaient, au vrai, le contre-pied, puisqu'elles n'impliquaient point l'ombre même d'une limitation à l'autorité royale : elles consacraient le pouvoir absolu avec un cynisme d'autant plus révoltant que déjà les esprits étaient mûrs pour un autre système de gouvernement; au besoin intense, quoique encore mal défini, d'ordre et de lumières dans la gestion des affaires publiques, de garanties pour la liberté individuelle, aux aspirations unanimes et bientôt formidables en faveur de l'égalité civile, au lent soulèvement de l'opinion qui n'allait point tarder à gronder comme le tonnerre, à frapper comme la foudre, la royauté répondait : « Notre bon vouloir seul peut vous accorder quelque satisfaction; nous vous appellerons, s'il nous plaît, à nous dire vos doléances; et, s'il nous plaît encore, nous leur ferons accueil. »

Cependant, au moment même où Louis XVI et ses Ministres jetaient ce défi au pays, lorsqu'ils semblaient par leur arrogance vouloir fermer les voies à toute entente, ils s'occupaient à tempérer dans la pratique la rigueur de leurs déclarations et à modifier les rouages de l'organisme politique. Incapables de s'élever jusqu'à l'intelligence des besoins du pays, impuissants à l'audace et à la générosité qui leur eussent rendu sa confiance, ils se décidaient à céder, mais à moitié seulement et en marquant leur mauvaise humeur, au risque même de déprécier leurs concessions.

Depuis 1614 la France n'avait point eu d'États Généraux; le pouvoir central régnait en maître incontesté, sans avoir jamais eu l'occasion d'entendre les vœux de la nation de la bouche de ses représentants; depuis la même époque les États provinciaux, qui, à défaut d'États Généraux, auraient pu contenir et modérer l'action du pouvoir, avaient cessé d'être convoqués. Parmi les provinces ainsi privées de leurs organes réguliers était le Dauphiné, auquel le traité de cession à la couronne, en 1349, avait promis le maintien de ses privilèges; mais un conflit s'était élevé, au commencement du XVII⁰ siècle sur la répartition de la taille; ce conflit, terminé par un Arrêt du Conseil de 1628, avait fourni le prétexte désiré : les États dauphinois ne furent plus réunis. Or, en 1787, on avait parlé déjà de donner au Dauphiné, ainsi qu'à quelques autres provinces, des Assemblées locales; de plus, dans ce même lit de justice du 19 novembre, on avait annoncé une prochaine convocation des États-Généraux du royaume.

Il y avait longtemps déjà qu'il était question de créer des Assemblées provinciales : Necker y avait songé dès 1779, mais les compétitions qui surgirent aussitôt entre les Ordres, notamment en Dauphiné, et plus encore son manque de décision, l'empêchèrent de donner suite à son projet. Il fallut attendre huit ans avant que l'idée fût reprise. Enfin, après deux essais partiels dans la Haute-Guyenne et dans le Berri et à la suite de la première Assemblée des Notables du royaume, qui eut lieu à Versailles au début de 1787, Loménie de Brienne, archevêque de Toulouse, devenu chef du Conseil royal des finances, résolut d'étendre la réforme à toutes les provinces.

Un Édit dans ce sens fut rendu par le roi et enregistré le 22 juin au Parlement de Paris. Malgré ses imperfections et ses insuffisances, il réalisait une sensible amélioration pour ceux des pays de la monarchie qui n'avaient jamais eu de représentation locale, pour les pays d'élections. Pour ceux au contraire qui avaient eu autrefois des États et qui en sollicitaient en vain le rétablissement, c'était, en apparence au moins, une sorte de déchéance : au lieu d'une Assemblée dont les membres étaient librement élus par chacun des trois Ordres du Clergé, de la Noblesse et du Tiers État, il leur fallait en accepter une dont la moitié des membres étaient nommés par le roi et élisaient eux-mêmes la seconde moitié. Aussi, tandis que l'Édit était accueilli avec reconnaissance dans les pays d'élections, les pays d'États, la Franche-Comté, la Guyenne, le Dauphiné réclamèrent vivement contre ses dispositions.

Cependant, à y regarder de plus près, les pays d'États eux-mêmes y trouvaient un bénéfice. Et d'abord on leur accordait un commencement d'organisation, un embryon de représentation qui, si incomplets fussent-ils, valaient toujours mieux que le néant. Puis, en créant le gouvernement provincial, le Gouvernement avait posé deux règles qui constituaient un important précédent : il avait décidé, au regard de ces Assemblées, le « doublement du Tiers » et le « vote par tête » : le Tiers État aurait autant de représentants que les deux autres Ordres réunis, et les délibérations seraient prises, non plus à la majorité des Ordres (ce qui permettait aux deux Ordres privilégiés de faire échec au tiers), mais à la majorité des votants, quel que fût leur rang social. Le Parlement de Grenoble enregistra donc l'Édit pour ce qui concernait le Dauphiné; il le fit, il est vrai, en réservant les privilèges de la province; il stipula que les règlements électoraux à intervenir devraient lui être soumis, que l'Assemblée ne pourrait consentir d'imposition nouvelle et que les États provinciaux seraient convoqués à bref délai. L'événement justifia ses défiances.

L'Assemblée se réunit le 1ᵉʳ octobre; le premier soin de son Président, Lefranc de Pompignan, archevêque de Vienne, fut, en ouvrant les travaux, de critiquer le mode de nomination des membres et d'indiquer ses préférences pour l'élection. Les Séances furent presque aussitôt suspendues qu'inaugurées; aucun des points réservés par le Parlement de Grenoble n'ayant été concédé, celui-ci fit interdiction à l'Assemblée de continuer à siéger; elle se sépara à la fin de l'année sans avoir statué sur aucune des affaires dont elle avait été saisie.

II

N était retombé dans la situation antérieure à 1787; le Dauphiné n'avait point reconquis ses États et n'avait plus d'Assemblée provinciale. Ailleurs, la guerre était engagée entre le roi et les Parlements; celui de Bordeaux avait été exilé à Libourne pour son opposition à l'Édit de juin; plusieurs membres de celui de Paris avaient été arrêtés pour avoir protesté contre le lit de justice du 19 novembre. Les magistrats de Grenoble décidèrent de protester à leur tour contre les mesures qui frappaient leurs confrères; ils le firent en termes solennels : « Vous ne commandez pas, Sire, à des esclaves; vous commandez à une nation libre; Votre Majesté lui doit la liberté des lois. »

Ce n'était point seulement, chez les personnages composant ces hautes Cours judiciaires, abnégation patriotique et dévouement à la légalité; bien que privilégiés eux-mêmes, ils aimaient à se poser en défenseurs des droits du peuple; à ce titre, ils réclamaient les États provinciaux et s'opposaient à de nouveaux impôts; ils pressentaient que l'on en viendrait, tôt ou tard, à convoquer les États Généraux; ils espéraient que leur noble attitude leur vaudrait une influence prépondérante sur les Députés du Tiers, comme en 1614. Mais, quoi qu'il en fût de leurs mobiles intimes, il y avait en 1788 une véritable insurrection des Parlements contre l'autorité royale; le roi résolut de les briser.

De là, les Édits du 8 mai 1788 : la compétence civile et criminelle des Tribunaux de bailliage était notablement accrue au détriment de celles des Parlements; un grand nombre d'offices de magistrats étaient supprimés à Paris. Enfin, et c'était là le plus sensible, le droit de chaque Parlement d'enregistrer les actes du roi avant qu'ils ne fussent applicables dans les pays de sa juridiction et de les soumettre à un examen spécial au point de vue des droits et coutumes du ressort, ce droit était révoqué : il n'y aurait plus désormais pour toute la France qu'un seul enregistrement; cet enregistrement, on le confiait à une Cour plénière où entreraient des Conseillers du Parlement de Paris et des fonctionnaires de l'ordre administratif sans aucun représentant du Tiers État. Réformes avantageuses, sans contredit, à l'unité nationale, et dont certaines furent acclamées quelques années plus tard, mais qui, à cette heure, avaient pour unique résultat de détruire les seuls centres de résistance légale que connût la France.

Ces Édits heurtaient les magistrats dans leurs intérêts; ils soulevèrent l'indignation du public qui se crut pour jamais privé de tout soutien. Partout il fallut des lits de justice pour en imposer l'enregistrement aux Cours que l'on voulait décapiter; presque partout, en Bretagne, en Franche-Comté, etc., il y eut des mouvements populaires. A Grenoble, où des lettres de cachet avaient été décernées contre des magistrats, ce fut la Journée des Tuiles (7 juin); le commandant de la province, le duc de Clermont-Tonnerre, fait prisonnier, dut rapporter les ordres d'exil. Ce n'était point une simple émeute, mais bien le début d'une révolution : le génie viril que le Dauphiné tient du voisinage de la montagne, l'esprit d'indépendance et d'initiative que ses anciennes franchises et son humeur batailleuse avaient donné à la population étaient une garantie que la Journée des Tuiles aurait un lendemain.

Le 14, en effet, le Conseil général de la ville de Grenoble, avec l'adjonction de plusieurs notables des trois Ordres, supplia le roi d'abroger les Édits du 8 mai :

« L'Assemblée, considérant que les maux qui affligent le Royaume et la Province en particulier ont pour cause la promulgation illégale et effrayante des nouveaux édits et ordonnances transcrits à main armée sur les registres de divers Parlements, que ces nouvelles loix tendent visiblement à la subversion de l'État et Constitution monarchique;

« Que la Nation française non plus qu'aucune de ses provinces ne peuvent être *privées de son droit actuel et toujours subsistant de représentation immédiate auprès du Souverain et bien moins celle du Dauphiné qui a, en sa faveur, les loix et les concordats les plus positifs;*

« *Que porter atteinte à ces loix, c'est ébranler les fondements de l'état social qui repose tout entier sur la foi des contrats et la religion des serments;*

« *Que* l'impôt ne peut être légalement établi que par le consentement des peuples réunis en Assemblée nationale par représentants librement élus, *seul moyen d'exprimer leurs vœux et leurs doléances, et de subvenir aux besoins de l'État par les voies les moins onéreuses;*

« *Que les nouveaux Tribunaux, substitués aux Parlements du Royaume dans le moment même où ils réclamoient l'Assemblée générale de la nation, n'ont été et ne peuvent être envisagés que comme les instruments du despotisme pour multiplier arbitrairement les impôts et étouffer toute espèce de représentation;...*

« *Que l'exil du Parlement a achevé de jetter la consternation et la terreur;...*

« *Qu'il est urgent de pourvoir à cet état critique;*

« *Que pendant l'interruption des États et la dispersion des Cours souveraines, cet office ne peut être rempli que par les citoyens réunis dans une Municipalité,*

« *A arrêté et délibéré unanimement de supplier Sa Majesté de vouloir bien retirer les nouveaux édits,*

« *Rendre à la province ses magistrats et les réintégrer dans la plénitude de leurs fonctions, permettre la* convocation des États particuliers de la Province en y appelant les membres du Tiers-État en nombre égal à celui des membres du Clergé et de la Noblesse réunis et par voie d'élection libre;

« Convoquer les États Généraux du royaume *à l'effet de remédier aux maux de la nation;*

« *Adhérant aux motifs et principes des arrêts du Parlement des 9 et 20 mai dernier, au vœu universel, l'Assemblée tient pour traitres à la Patrie et infâmes ceux qui pourroient prendre place dans les nouveaux Tribunaux et y concourir de ministère par leur postulation ou autrement...* »

Et, dans sa lettre au roi, le Conseil de ville disait : « *Les privilèges que nous serions prêts à sacrifier pour le bien de la Nation dans une Assemblée générale, ne nous seront point enlevés sans notre consentement. Nos têtes sont à vous, Sire, mais nos lois nous sont plus chères que nos têtes.* »

III

ES consuls de Grenoble envoyèrent copie de la délibération du *14 juin* aux villes et bourgs du Dauphiné, en les invitant à nommer des députés en vue de « délibérer ultérieurement sur les droits et intérêts de la province ». Les Notables de Romans se réunirent le *16* pour examiner la proposition; après un éloquent discours du Maire, Dedelay d'Agier, ils décidèrent unanimement d'y adhérer et désignèrent un membre du Clergé, un de la Noblesse et deux du Tiers État pour les représenter à la réunion provoquée par la ville de Grenoble. Par tout le pays ce fut le même enthousiasme *(1)*. En vain le duc de Clermont-Tonnerre qui, Dauphinois lui-même, mettait une mauvaise grâce caractérisée à exécuter les ordres de son Souverain et avait fréquemment, lui aussi, réclamé la réunion des États, fit-il interdiction à la Municipalité de Grenoble de s'assembler; en vain le Maire de Romans fut-il arrêté pendant la nuit du *10* au *11 juillet* et incarcéré en Languedoc : l'opinion s'était prononcée avec une telle vigueur que force fut au Gouvernement de céder. La réunion, que l'on avait d'abord projeté d'interdire, fut tolérée, à condition qu'elle ne se ferait pas à Grenoble même; elle se tint au château de Vizille le *21 juillet*, et cela sous la protection des troupes du roi.

Il y avait à Vizille *50* membres du Clergé, *165* de la Noblesse; *79* villes

---

(1) Quelques villes seules, que les édits désignaient comme sièges de grand bailliage, furent rebelles au mouvement; tandis que la noblesse de ces villes s'y associait, le tiers se tint à l'écart.

ou bourgs du Dauphiné étaient directement représentés par près de 400 députés; 60 nobles et 25 bourgs avaient envoyé leur adhésion.

L'Assemblée siégea pendant dix-neuf heures sous la présidence du comte de Morges, avec Mounier pour secrétaire. Tous les vœux, toutes les protestations de la province y furent réunis dans une série de résolutions solennelles rédigées à l'avance par Mounier, que l'on vota à l'unanimité (1), presque sans débat, et que l'on commenta dans une lettre au roi. Après quoi, l'on s'ajourna au 1er septembre.

Les Français, disaient ces résolutions, ne peuvent être imposés sans leur consentement; les États de la province, avant d'être rétablis, doivent être modifiés dans leur organisation, mais les trois Ordres seuls ont qualité pour indiquer les modifications désirables, « puisqu'on ne saurait innover sans leur consentement dans leur ancienne Constitution »; aucune nouvelle taxe ne sera accordée au roi sans que les États Généraux en aient délibéré; pour les prochains États dauphinois, le Tiers sera « doublé ». Les trois Ordres ne sépareront jamais leur cause de celle des autres provinces, et en soutenant leurs droits particuliers, ils n'abandonneront pas ceux de la nation.

Dans la lettre au roi, qui était une ardente philippique contre les actes arbitraires commis durant les derniers mois, se lisaient ces éloquentes et sévères paroles : « Quelle que soit la constitution d'un État,... la loi doit être l'expression de la volonté générale. Pour être convaincu de la nécessité d'obéir, il faut avoir senti l'utilité du précepte; s'il est détesté par le peuple, il n'est plus une loi, il ne saurait lier valablement, il enchaîne tout au plus par la force, dont l'empire n'est jamais ni légitime ni durable... Sire, les limites qui séparent la monarchie du despotisme sont malheureusement faciles à franchir. Le despotisme s'établit quand le Monarque emploie, pour faire exécuter ses volontés particulières, les forces publiques dont il n'a reçu le dépôt que pour faire observer les lois. »

---

(1) Un seul des vœux adoptés divisa l'assemblée : celui qui disait qu'au sein des États provinciaux reconstitués, toutes les places devraient être données à l'élection, alors que jusque-là, la présidence appartenait à un membre des ordres privilégiés désigné par le roi; 59 voix se prononcèrent pour l'ajournement de cette question.

Cette imposante et unanime manifestation de l'une des plus fidèles provinces du royaume produisit par toute la France une profonde sensation; le procès-verbal de la réunion de Vizille, aussitôt imprimé et répandu à profusion, devint le mot d'ordre du pays entier. Le Gouvernement en fut atterré. Une chose surtout lui parut redoutable : l'absolue communauté de vues et d'actions qui s'était révélée entre les trois Ordres, fait si nouveau et si significatif, qu'au moment de lever la Séance du 21 juillet, un membre du Tiers crut devoir en complimenter les privilégiés; à quoi le comte de Morges répondit « qu'ils seraient toujours prêts à s'unir avec le Tiers pour s'occuper du salut de la Patrie ». Le Dauphiné avait parlé trop haut et trop bien, il avait trop hardiment affirmé qu'il ne paierait point d'impôts s'il n'obtenait raison, pour qu'on ne l'entendît point. Le Gouvernement songea bien un instant à faire arrêter le comte de Morges et Mounier; mais Loménie de Brienne recula devant les conséquences probables et l'inutilité d'un tel coup de force, et se résigna à convoquer, pour le 30 août, une « Assemblée officieuse chargée de délibérer un plan d'États provinciaux. »

En cédant aux instances de la population dauphinoise, le Gouvernement du roi avait tenu à régler lui-même les conditions dans lesquelles se ferait cette Assemblée préparatoire. Sa prétention, parfaitement légitime, apparut alors, dans l'état de surexcitation et de suspicion où l'on se trouvait, comme un acte d'usurpation. L'Édit du 2 août, qui statuait sur la matière, et qui ne fut que légèrement modifié par celui du 16, donnait cependant satisfaction aux vœux principaux émis à Vizille : il accordait, au Tiers État le doublement, et, ce qui en était la conséquence logique, le vote par tête. En dehors des dix-sept archevêques et évêques, que l'Édit admettait comme membres de droit, les députés du Clergé devaient être élus par les diverses corporations ecclésiastiques de la province; ceux de la Noblesse, par tous les gentilshommes payant l'impôt foncier ou personnel; ceux du Tiers, par des délégués élus eux-mêmes par tous les habitants non nobles ni clercs, propriétaires et payant l'impôt; de plus, le Tiers votant par arrondissement d'élection, il fallait, pour être éligible dans cet Ordre, payer l'impôt réel ou personnel dans l'arrondissement. Bien que la plupart de ces règles dussent être adoptées, en définitive, par les Assemblées de Romans, venant du roi, elles constituaient aux yeux des Dauphinois un empiètement sur leurs prérogatives : ils entendaient faire eux-mêmes leur Constitution; la liberté perdait son prix à leurs yeux lorsqu'elle était due à une concession gracieuse du Souverain; ils ne l'admettaient que fondée sur leur droit.

On commença par protester, on se préparait même à en venir aux mains, lorsque la chute de Brienne et l'avènement de Necker à la direction générale des finances produisirent une détente. Le Gouvernement renonça à son projet d'Assemblée préparatoire, ratifia la convocation faite à Vizille, mais, pour ménager ses propres susceptibilités, il y apporta deux modifications : il se réserva de désigner lui-même le Président de l'Assemblée et résolut de réunir les États provinciaux non point à Grenoble ou à Vizille, dont le nom seul évoquait désormais des souvenirs révolutionnaires, mais à Romans, où ils avaient fréquemment siégé avant 1628. Satisfaction de pure forme, aussi mesquine qu'éphémère : Romans allait, à son tour, s'illustrer dans les annales de la Révolution.

IV

LA première Assemblée des trois Ordres du Dauphiné (1) siégea à Romans du 10 au 28 septembre 1788, dans l'église des Cordeliers, dont l'emplacement est aujourd'hui occupé par les beaux ombrages de l'Hôtel de Ville. Elle comptait 593 membres : 48 du Clergé, 190 de la Noblesse, 355 du Tiers (2), qui procédaient, non de l'élection régulière, puisqu'il n'y avait pas encore de loi, mais d'une désignation officieuse, comme à Vizille. Pour rester fidèle aux principes de représentation sur lesquels on s'était mis d'accord à Vizille, l'Assemblée décida de rétablir la proportion voulue entre les trois Ordres, en accordant 95 votes au Clergé et en réduisant ceux du Tiers à 285 ; cela donnait au Tiers l'égalité contre les deux premiers Ordres réunis. Puis, par une acclamation unanime, sur la proposition de la Noblesse, on renouvela l'arrangement de 1554, qui, abolissant les corvées, y avait substitué des taxes pesant également sur toutes les classes.

L'admirable union dont la population de Dauphiné avait fait preuve dans la période de résistance au pouvoir et dans l'assaut qu'elle avait donné pour reconquérir

---

(1) La seconde, qui se tint du 2 au 8 novembre, eut pour mission de délibérer sur les modifications apportées par le Gouvernement du roi au projet de Constitution locale adopté par la première ; la troisième, qui s'ouvrit le 1er décembre, fut seule, à proprement parler, session d'États provinciaux, la Constitution étant, dans l'intervalle, devenue définitive.

(2) Le Tiers État de Valence n'était point représenté.

ses libertés, ne se démentait donc point, lorsque, pour la première fois depuis un siècle et demi, ses délégués tenaient des assises régulières. Son passé même lui facilitait la tâche de préparer l'avenir : la vieille noblesse avait perdu un grand nombre de ses chefs dans les guerres extérieures ou religieuses; beaucoup de petits nobles pauvres étaient descendus au rang des laboureurs, tandis que des bourgeois industrieux s'étaient élevés aux premières places; tous avaient la fière et vaillante allure que donnent l'air libre de la montagne et le contact de la frontière; l'égalité était presque accomplie parmi eux avant que d'être proclamée.

L'Assemblée se mit aussitôt à l'œuvre pour arrêter son projet de Constitution provinciale. A partir de ce moment se forme et se dessine peu à peu le courant qui amènera bientôt les États à poser les principes de la Constitution du royaume tout entier. Ce qui, à Grenoble, à Vizille même, n'était qu'aspirations confuses, idées générales dictées principalement par le besoin de couvrir et de justifier un mouvement de caractère essentiellement local dans ses origines, voire réactionnaire dans ses tendances, puisqu'il s'agissait surtout de revenir aux privilèges provinciaux du passé, tout cela maintenant se précise, se condense, s'affirme; du programme politique qui va être formulé à l'usage du Dauphiné sortira sans le moindre effort celui qui convient à la France et que l'Assemblée constituante adoptera : égale accession de tous aux fonctions publiques; vote de l'impôt et des lois par les représentants de la Nation, dont les décisions obligent l'ensemble du pays; subordination du pouvoir à la volonté populaire.

Revenir à l'ancienne forme des États du Dauphiné, il ne pouvait en être question; nul n'y avait songé en ces derniers temps, ni le Parlement, malgré l'intérêt qu'il eût pu y trouver, ni le Gouvernement lui-même, dont l'édit du 2 août avait manifesté les intentions. Sous ce régime, les villes principales étaient représentées par leurs consuls, les communautés villageoises de la province réunies n'avaient qu'un seul et unique mandataire ; les prélats occupaient presque tous les sièges réservés au Clergé; les possesseurs de fiefs monopolisaient tous ceux de la noblesse. C'était précisément l'opposé des revendications présentes du Dauphiné; on en fit table rase.

L'Assemblée de Romans décide que les États auront 144 membres : 24 du Clergé, 48 de la Noblesse et 72 du Tiers, et que tous recevront une indemnité pendant la durée des sessions. Plus de membres de droit; vingt-cinq ans d'âge pour l'électorat ou l'éligibilité : telles sont les règles générales. Les 24 *sièges du Clergé sont répartis entre l'épiscopat, les commandeurs de Malte, les églises, cathédrales ou collégiales, les bénéficiers, communautés, curés, chaque catégorie choisissant séparément ses députés. Pour les deux autres Ordres, les sièges sont distribués entre les arrondissements d'élection; dans la noblesse, il faut être propriétaire pour être électeur, avoir cent ans de noblesse, et payer* 50 *livres d'imposition foncière pour être éligible; mêmes conditions pécuniaires dans le Tiers État, où le vote se fera à deux degrés. Mandat de quatre ans avec renouvellement par moitié tous les deux ans; non-rééligibilité des membres sortants; sessions annuelles; commission intermédiaire permanente et élue, fonctionnant dans l'intervalle des sessions, poursuivant l'exécution des décisions des États, y suppléant en cas d'urgence : voilà pour l'organisation des États.*

Quant à leurs attributions, les principales seront la répartition des taxes, les travaux publics, les dépenses diverses de la province, la surveillance de l'administration des établissements publics, villes et communautés, le vote des emprunts et impôts nécessaires à la province, sous réserve de l'approbation royale. Les États pourront faire au roi toutes représentations; ils éliront les députés du Dauphiné aux États Généraux, mais, pour la circonstance, il leur sera adjoint un nombre de députés égal à celui qu'ils comprennent d'habitude et élus dans la même forme. La Constitution est couronnée par la proclamation de ce double principe qu'elle ne pourra être modifiée que par une Assemblée composée comme l'Assemblée actuelle et que les lois d'emprunts et d'impôts nationaux ne seront applicables en Dauphiné qu'après avoir été consenties par les États Généraux du royaume. Puis, pour marquer qu'en s'opposant à la nomination du Président des États par le roi, les trois Ordres n'ont pas entendu soulever une question de personne, mais seulement affirmer leurs franchises, on choisit pour présider la prochaine session celui-là même qui vient de diriger les débats, l'archevêque de Vienne.

A peine connue dans ses détails, la nouvelle Constitution du Dauphiné souleva quelques objections; on lui reprocha d'exclure de l'éligibilité les anoblis de fraîche date, les fermiers et les fonctionnaires du fisc, d'interdire au Tiers de prendre ses députés dans les rangs de la Noblesse ou du Clergé, et, par-dessus tout, de confier l'élection des députés de la province aux États Généraux, à un collège unique où, les trois Ordres se trouvant confondus, le Tiers État influerait presque souverainement sur la désignation des représentants spéciaux des Ordres privilégiés. Le roi ne s'arrêta pas à ces critiques, fondées pour la plupart sur des intérêts personnels sacrifiés ou des ambitions déçues. Un Arrêt du Conseil, du 22 octobre, ratifia la Constitution dauphinoise en n'y introduisant que de légers amendements : il ne reconnaissait de droit de contrôle aux États que sur les seuls travaux accomplis aux frais de la province; il limitait leur surveillance financière sur les communautés; il leur refusait la communication des lois générales du royaume avant leur enregistrement; il n'admettait qu'à titre transitoire, jusqu'à promulgation d'une loi commune à toute la France, le système d'élection des députés aux États Généraux.

Mais, si modestes que fussent ces restrictions, c'était infiniment trop au gré des Dauphinois. Leurs vieux instincts s'étaient réveillés; l'esprit républicain qui couvait dans quelques-unes des hautes vallées commençait à gagner la plaine. Prêts à faire des concessions pour le bien général de la nation, ils voulaient être maîtres souverains chez eux, lorsqu'ils n'avaient affaire qu'au roi. La seconde Assemblée de Romans, en novembre, prétexta que l'arrêt du 22 n'avait pas été enregistré, pour dire qu'il n'était pas exécutoire; elle maintint intégralement son projet primitif, sauf quelques changements de rédaction. Le temps des résistances aveugles étant heureusement loin, le Dauphiné obtint sans peine que l'on passât condamnation sur les derniers dissentiments qui subsistaient entre lui et la couronne. La Constitution provinciale fut appliquée telle qu'il l'avait votée.

La session des États dauphinois restaurés et régulièrement élus s'ouvrit enfin à Romans le 1ᵉʳ décembre; une minorité bruyante, d'un tiers environ, formée de tous les mécontents, tenta à diverses reprises, mais en vain, d'entraver leurs délibérations. Après avoir, en réponse à une dépêche de Necker, adressé à ce Ministre un mémoire en date du 9, où ils exposaient les règles qui devaient, suivant eux, régir la prochaine convocation des États Généraux (1), ils expédièrent quelques affaires locales et firent

---

(1) L'arrêt du Conseil du 27 décembre, qui statua sur la matière, s'inspira presque en tous points de ce mémoire et du système que le Dauphiné venait de se donner pour l'élection de ses États particuliers.

notamment un remarquable règlement pour les travaux publics, sur un intéressant rapport que leur avait fait l'intendant de la province, Caze de la Bove. Mais les États de Romans n'avaient point seulement à s'occuper des intérêts du Dauphiné; ils devaient préparer pour leur part la réunion des États Généraux, élire leurs députés et leur donner des instructions. C'est à cette œuvre qu'ils consacrèrent principalement leur session; c'est là qu'il les faut suivre désormais.

Il fut plus large, cependant, pour les conditions à exiger des électeurs du premier degré et ne leur demanda que d'être inscrits au rôle des impositions.

V

ON sait, et il serait inutile de rappeler, les causes politiques et financières qui déterminèrent la royauté à convoquer les États Généraux : les déficits des budgets, les réclamations réitérées des Parlements, le vœu unanime du pays de voir le roi s'entourer des représentants de la nation et n'établir d'impôts nouveaux qu'avec leur consentement, vœu qui est notamment formulé à chaque instant par les diverses Assemblées locales du Dauphiné : par la ville de Grenoble, le *14 juin 1788*; par l'*Assemblée de Vizille*, le *21 juillet*; par les trois Ordres réunis à Romans, dans leur lettre au roi, du *13 septembre*, etc. Ce n'est cependant que le *8 août* qu'un Arrêt du Conseil convoqua les États Généraux pour le 1er *mai 1789*. Cette date fut plus tard avancée, puis reculée; question de détail; la nation tenait ses États, et, en attendant, l'exécution des Édits du 8 mai était suspendue.

Mais sous quelle forme les États seraient-ils réunis? Comment leurs Membres seraient-ils élus? L'Arrêt du 8 août demeurait muet à cet égard. Les Parlements auraient voulu que l'on suivît les règles de *1614*, qui leur assuraient, ou à peu près, la plupart des sièges attribués au tiers État. Les écouterait-on ? Ou inaugurerait-on un nouveau mode d'élection et de délibération ? La question était grave; elle agita le pays pendant un an; sur ce point s'engagea, en *1789*, la lutte qui devait amener les États Généraux à se transformer en Assemblée constituante.

En *1614*, le Clergé avait eu *140* députés, la Noblesse *152*, le Tiers État *181*, ces derniers, presque tous officiers de justice ou de finances; chacun des trois Ordres avait délibéré séparément, et, comme chacun avait ses intérêts et ses privilèges distincts, l'accord ne put jamais se faire entre eux; le pouvoir royal n'eut qu'à manœuvrer habilement entre des revendications le plus souvent contradictoires, à opposer les unes aux autres, pour frapper les États d'impuissance et repousser également les doléances contraires portées au pied du trône. Ce n'était point là, comme dans les Constitutions qui organisent deux Chambres, le même peuple représenté dans deux Assemblées qui se contrôlent et se tempèrent mutuellement; c'étaient trois peuples, trois Frances en conflit nécessaire, en hostilité déclarée. Comment espérer que le Clergé, la Noblesse ou les fonctionnaires représentant le Tiers État, étant chacun maître absolu de ses votes, renonçassent à leurs privilèges, financiers ou autres, au bénéfice de la communauté? La nature humaine n'est point coutumière d'un tel désintéressement. Aussi, lorsqu'on parla de tenir des États Généraux en 1789, tous ceux qui prétendaient détruire les privilèges, tous ceux qui aspiraient à voir l'impôt frapper également les citoyens, clercs ou laïques, nobles ou roturiers, tous ceux qui voulaient que la réunion des États ne fût point une comédie et qu'il en sortît une sérieuse rénovation sociale, tous ceux-là demandèrent avec instances le doublement du Tiers et le vote par tête.

L'idée n'était point absolument neuve; les anciens États du Languedoc avaient toujours pratiqué ce système; il avait été appliqué en 1787 aux Assemblées provinciales. Mais le Tiers État y attachait un prix immense; lorsqu'en 1787, on parlait de restaurer les États du Dauphiné, les Notables de Romans avaient, le 23 juillet, adhéré au projet « néanmoins sous les modifications nécessaires concernant le nombre des votants, leurs préséances, l'égalité des suffrages... sans lesquelles modifications les gens du Tiers État n'oseraient espérer le bien général et surtout celui de leur Ordre »; de même à Grenoble, le 14 juin 1788. Ce sentiment était si général, si impérieux, que le Tiers État du Dauphiné avait d'abord hésité, craignant d'être dupe, à suivre le Parlement et les privilégiés dans leur lutte contre les Édits du 8 mai; c'est seulement sur la promesse que le doublement lui serait concédé, qu'il consentit à agir; la promesse, on l'a vu, avait été tenue. Tandis qu'en Bretagne ou en Béarn les privilégiés seuls livraient bataille pour la conservation de leurs privilèges, en Dauphiné l'on avait ainsi réalisé l'union des classes et jeté les bases d'une révolution démocratique.

Grand était l'embarras du roi, placé entre les Parlements et la tradition d'une part, et le vœu manifeste du pays; il sentait que cette réforme qu'il avait accordée au Dauphiné entraînerait, une fois appliquée aux États Généraux, une véritable révolution. Cédant aux conseils de Necker, il pensa sortir de peine en s'en référant à une seconde Assemblée de Notables qu'il réunit le 5 octobre à Versailles. Les Notables étaient des privilégiés; ils repoussèrent toute modification à l'ancien ordre de choses. Necker voyait cependant que l'on ne pouvait s'en tenir décemment aux usages du passé; mais, homme de demi-mesure, il proposa une solution qui n'en était pas une : un Arrêt du Conseil du 27 décembre, après avoir décidé que les Membres des États Généraux seraient élus au prorata de la population et du chiffre des contributions de chaque bailliage, accorda le doublement du Tiers sans rien dire du vote par tête. Qu'était-ce pourtant que le premier sans le second? Un acte d'hypocrisie gouvernementale, une satisfaction platonique; peu importait le nombre des députés du Tiers, si ces députés devaient siéger en Chambre séparée et n'étaient pas mis à même de profiter de leur force numérique pour vaincre dans un vote commun les coalitions des deux autres Ordres. En continuant à se montrer hésitante et timorée, la royauté s'affaiblissait et se discréditait.

De là, la lettre des États de Romans au roi, le 8 novembre; de là aussi les termes catégoriques des pouvoirs qu'ils donnèrent, le 31 décembre, à leurs députés aux États Généraux, leur défendant « de délibérer séparément ». Le premier de ces documents est antérieur à l'Arrêt du Conseil; le second fut rédigé par Mounier avant que cet arrêt fût connu à Romans; l'eût-on connu, avec son insuffisance, que les termes des pouvoirs n'eussent sans doute pas été changés : sans le vote par tête, les États Généraux pouvaient avorter piteusement; il fallait violer le consentement du roi.

On pourrait être tenté de voir dans les pouvoirs des députés du Dauphiné une sorte de mandat impératif comme on l'entend de nos jours; les pouvoirs du 31 décembre sont au contraire un acheminement à la suppression de tout mandat de ce genre, à la liberté absolue des élus du peuple. L'usage était, en effet, jusqu'en 1789 — et cet usage fut appliqué dans presque toutes les provinces pour l'élection de l'Assemblée constituante — que chaque collège électoral rédigeât un cahier de doléances; les députés étaient chargés d'en soutenir les conclusions sans jamais s'en départir ; et, une fois les États réunis, en prenant dans tous les cahiers des bailliages les points qui leur étaient communs, chaque Ordre rédigeait son cahier général qu'il remettait au roi. C'était là, à proprement parler, le mandat impératif.

Mounier, qui fut le principal inspirateur de la Révolution en Dauphiné, était hostile à cette procédure; il y voyait avec raison un amoindrissement du rôle assigné aux députés, une gêne considérable pour la liberté de délibération et d'action des États Généraux. Il détermina les États du Dauphiné à ne point faire de cahiers et à les remplacer par des pouvoirs; dans ces pouvoirs, on mit une condition essentielle, mais une seule, à l'exercice du mandat conféré aux députés de la province: celle de ne délibérer que sous les formes à défaut desquelles on ne pouvait espérer de résultats sérieux. Après quoi viennent de simples indications : une Constitution pour la France; des Assemblées nationales législatives fréquentes et périodiques; le vote de l'impôt pour un temps limité, de manière à rendre obligatoire, à des délais rapprochés, la réunion des États ; des sécurités pour la liberté individuelle; la liberté de l'industrie et du commerce; et plus tard, dans une addition du 9 janvier, le respect des propriétés avec le principe d'une juste indemnité si l'on en change le régime, ce qui implique que la suppression des droits féodaux ou de la qualité nobiliaire attachée à certaines terres devra s'opérer par la seule voie du rachat. Mais tout cela « en s'en rapportant à ce que les députés estimeront en leur âme et conscience pouvoir contribuer au bonheur de la Patrie. »

Le bonheur de la Patrie! Cette pensée constante a dominé l'histoire entière de la Révolution en Dauphiné, et c'est peut-être par là, plus encore que par la netteté et l'énergie de ses aspirations que la province s'est illustrée. Ailleurs, la résistance aux Édits royaux a été plus locale; on a réclamé, sans doute, la convocation des États Généraux, mais pour restaurer autant que possible les anciens privilèges provinciaux. Dans le Dauphiné, bien qu'il compte parmi les pays qui peuvent, au nom de l'histoire, se réclamer de leurs privilèges, rien de semblable. « La Patrie d'un Français doit être dans toute la France », a écrit Barnave, dans une brochure qui parut le 7 juin 1788, et cette parole trouve aussitôt son application. La ville de Grenoble, dans sa lettre au roi, dit que la province est prête à sacrifier ses privilèges au bien de la nation; le 24 octobre, Mounier, secrétaire des États, convie les États du Béarn au même renoncement; l'Assemblée de Romans obéit sans restriction à cette inspiration, elle « confond les intérêts du Dauphiné avec ceux du reste du royaume » en vue de la félicité commune, et c'est seulement pour « le cas où des obstacles imprévus ne permettraient pas aux États Généraux de prendre les résolutions salutaires qu'elle a le droit d'en espérer », qu'elle réserve les droits de la province. Même sentiment aussi chez les syndics de Grenoble, qui, sollicités par plusieurs corporations de négociants d'organiser au sein des États Généraux une représentation spéciale du commerce, répondent noblement : « Puisque les États Généraux doivent délibérer sur les intérêts de la France entière, il ne faut pas que leurs membres se considèrent comme laboureurs, marchands, militaires, jurisconsultes, mais uniquement comme citoyens. » Les États de Romans furent guidés par des motifs identiques, lorsque, dans leur séance du 12 janvier 1789, ils repoussèrent la prétention des Universités à avoir des députés distincts. De local et de particulariste qu'il était au début, le mouvement est donc devenu national; l'intérêt particulier s'efface devant le bien commun.

Les États de Romans n'avaient plus qu'à élire leurs députés. C'était bien tôt pour le faire, les convocations n'ayant pas encore été lancées par le roi, le nombre même des sièges attribués à chaque province n'étant point fixé. Cependant, on procéda au scrutin avec l'accord des représentants du roi, pour éviter d'avoir à réunir à nouveau les États dans un trop bref délai. Le mode d'élection auquel on eut recours était sans précédent et prêtait peut-être à certaines critiques. Jusque-là, dans les pays d'élection, les députés étaient élus directement par les sections de vote; dans les pays d'États, ils l'étaient par les États eux-mêmes, sans adjonction aucune. L'Assemblée de Romans inaugura un autre système : elle s'adjoignit, conformément à la récente Constitution provinciale, un nombre d'électeurs égal à celui de ses membres, élus comme elle l'avait été elle-même; puis, faisant une première application des principes qu'elle avait proclamés, elle vota en un seul collège et désigna 4 membres du Clergé, 8 de la Noblesse et 12 du Tiers État. En tête de la députation du Dauphiné aux États Généraux figuraient Mounier, Barnave, Bérenger, l'archevêque Lefranc de Pompignan, le comte de Morges, le marquis de Blacons et le comte d'Agoult; le maire de Romans, Dedelay d'Agier, fut élu suppléant.

VI

LES *États Généraux furent ouverts solennellement à Versailles le 5 mai 1789 : dès lors, on peut suivre jour par jour, durant les premiers mois de la Révolution, l'exécution des vœux des États de Romans ; la monarchie, aux prises avec l'Assemblée nationale, donne le même spectacle de tergiversation, d'inintelligence et de sénile entêtement que l'on a vu en Dauphiné ; à Versailles comme à Romans, elle fait tout pour hâter sa ruine.*

C'est d'abord la Séance d'inauguration. L'usage était que les députés du Tiers se tinssent tête nue lorsque le roi et les membres des deux autres Ordres se couvraient, et que leur orateur ne s'adressât au roi qu'à genoux. Les Dauphinois ont interdit à leurs députés « de consentir aux distinctions humiliantes qui avilirent les communes dans les derniers États Généraux. » Plutôt que de laisser les députés se couvrir, le roi préfère ne pas remettre sa coiffure, et, pour n'avoir pas à dispenser l'orateur du Tiers État d'haranguer le roi à genoux, on décide qu'il ne parlera point.

Le 6 mai, le Tiers, à qui un local distinct a été assigné pour tenir ses Séances, résout d'attendre les deux autres Ordres, afin de procéder en commun à la vérification des pouvoirs des députés. Le 7, il invite formellement le Clergé et la Noblesse, sur la proposition de Mounier et de Malouet, à se réunir à lui. Des négociations s'engagent, que la royauté cherche à entraver et qui prennent plus d'un mois. Le 10 juin, le Tiers s'impatiente ; il adresse aux Ordres privilégiés une dernière sommation ; le 16, il se proclame Assemblée nationale et déclare que l'impôt, jusqu'ici illégal, sera perçu « provisoirement jusqu'au jour de la séparation de la présente Assemblée. »

4

Le 19, le Clergé se détermine à la majorité des voix à se joindre au Tiers; parmi les premiers prêtres qui se présentent à l'entrée de la salle où siègent les députés de la nation, est l'archevêque de Vienne, Lefranc de Pompignan; quelques nobles les imitent, au milieu desquels le marquis de Blacons et le comte d'Agoult; partout, ce sont les Dauphinois qui donnent l'exemple.

Le roi veut empêcher la réunion des Ordres; le 20 juin, on ferme la salle réservée au Tiers, sous couleur d'y faire les préparatifs d'une Séance royale; les députés se rendent au Jeu de Paume, leur président Bailly guidant leurs pas. Là, sur l'initiative de Mounier, qui reproduit presque textuellement les pouvoirs qu'il tient des États de Romans, ils déclarent que là où ils sont, là est l'Assemblée nationale; que rien ne peut les empêcher de continuer leurs délibérations, et ils jurent, à l'unanimité moins une voix, de ne point se séparer avant l'achèvement et l'affermissement de la Constitution.

A cette date, la Révolution est faite; la souveraineté nationale, proclamée tout d'abord par les Dauphinois en 1788 lorsqu'ils se sont donné à eux-mêmes une Constitution sans s'attarder à l'opposition du pouvoir royal, la souveraineté nationale s'affirme maintenant en face de la royauté au profit de la France entière; la Constitution française sera démocratique, car le Clergé et la Noblesse sont domptés; les nouvelles lois seront égalitaires, car les privilégiés sont désormais à la discrétion du Tiers. Le reste viendra à son heure par voie de déduction naturelle : fréquence et périodicité des Assemblées, vote de l'impôt, liberté du commerce, etc. Le 20 juin implique toutes ces réformes. D'autres journées révolutionnaires, le 14 juillet, le 4 août, ont laissé un souvenir plus émouvant et, pour ainsi dire, plus tangible. Aucune ne vaut par sa grandeur et sa pureté le serment du Jeu de Paume.

Mais, hélas! des ombres allaient bientôt obscurcir le magnifique tableau que présenta la France en ce jour où le droit, trop longtemps méconnu, servi par des cœurs vaillants et généreux, avait obtenu raison des intrigues de la Cour et de l'égoïsme des privilégiés. Peu après la clôture des Séances des États de Romans, des germes de division s'étaient manifestés en Dauphiné. Dans cette province où, depuis deux ans, les trois Ordres agissaient de concert, il s'était rencontré quelques nobles et quelques prêtres, ulcérés de n'avoir point été choisis comme députés aux États Généraux, pour réclamer contre l'élection, sous prétexte que le mode de scrutin employé n'était pas, à leur guise, suffisamment « populaire »; la protestation fut jugée vaine, mais elle avait suffi à semer la défiance parmi les alliés de la veille.

Il en fut de même à l'Assemblée constituante : les résistances inconsidérées du début laissèrent une blessure au fond des cœurs; les efforts, maladroits ou cruels, de la Cour et des privilégiés pour ressaisir une partie de ce qu'ils avaient perdu et tromper les aspirations nationales, avivèrent la plaie. La Révolution, que la France, dans un sublime enthousiasme, avait d'abord rêvée pacifique et magnanime, eut à son tour ses tristesses, ses horreurs et ses déceptions. Les réformes qu'elle eût voulu obtenir sans trouble, la nation dut les arracher de force. La lutte engendra des haines qui, aujourd'hui encore, ne sont pas apaisées. Quelles espérances entraînantes ou quels désastres nationaux nous rendront jamais l'union et la vitalité qu'avaient le Dauphiné et, avec lui, la France à l'approche de 1789 ?

ANDRÉ LEBON.

PROCÈS-VERBAL
DE
L'ASSEMBLÉE GÉNÉRALE
DES
TROIS-ORDRES
DE LA
PROVINCE DE DAUPHINÉ

Tenue en la Ville de Romans, par permiſſion du Roy.

━━━━━━━━━━━━━━━

Du Mercredi, dix Septembre mil ſept cent quatre-vingt-huit, dans l'Égliſe des Révérends Peres Cordeliers, à dix heures du matin.

Les Trois-Ordres ſe ſont rendus en la ville de Romans le cinq Septembre, étant formés par les perſonnes dont les noms ſont ci-après, ſans obſervation de rang ni de préſéance dans chaque Ordre, ſoit entre les perſonnes, ſoit entre les différentes Villes, Bourgs & Communautés.

CLERGÉ

Monseigneur l'Archevêque de Vienne, Préſident.
Monſeigneur l'Evêque de Grenoble.

MM. L'Abbé de la Salcette, Procureur-fondé de M. l'Archevêque d'Embrun.
L'Abbé Lagier-de-Vaugelas, Procureur-fondé de M. l'Evêque de Die.
L'Abbé du Puy-des-Saudrais, Procureur-fondé de M. l'Evêque de Gap.
L'Abbé Afforti, Procureur-fondé de M. l'Evêque de Saint-Paul-Trois-Châteaux.
L'Abbé de Chantemerle, Procureur-fondé du Chapitre de Valence, le Siège vacant.

Commandeurs de Malthe.

| MM. Le Bailli de Laubepin. | MM. Le Commandeur de Roſans. |
| Le Commandeur de Menon. | Le Commandeur de Rigaud. |

Députés des Egliſes Cathédrales.

MM. L'Abbé de St. Albin. . . .	*Chanoine de l'Egliſe de Vienne.*
L'Abbé Bernard.	—
De Creſſy	*Chanoine de l'Egliſe d'Embrun.*
De Sieyes.	—
Barthelemy.	*Chanoine de l'Egliſe de Grenoble.*
Anglès.	—
L'Abbé de St. Pierre. . . .	*Chanoine de l'Egliſe de Valence.*
De Lalombardiere.	—

MM. Agnès. . . . . Chanoine de l'Eglife de Die.
　　Lagier-de-Vaugelas.　　　　—　　　　—
　　De St. Genis. . . . . . . Chanoine de l'Eglife de Gap.
　　De Cazeneuve.　　　　　　　—　　　　—
　　De Seillans. . . . . . .⎫ Chanoines de l'Eglife de Saint-Paul-
　　Girard . . . .⎭　　Trois-Châteaux.

Députés des Eglifes Collégiales.

MM. De Rachais. . . . . . . Doyen des Comtes du Chapitre de
　　　　　　　　　　　　　　　　St. Pierre & St. Chef.
　　De Laporte. . . . . . . Chanoine & Comte du Chapitre de
　　　　　　　　　　　　　　　　St. Pierre & St. Chef.
　　Brochier. . . . . Chanoine de St. André-de-Grenoble.
　　De Légalieres.　　　　　　 —　　　　—
　　Bouvier Defmarets. . . . Chanoine de St. Barnard-de-Romans.
　　Suel.　　　　　　　　　　　—　　　　—
　　Borel. . . . . Chanoine de l'Eglife de Creft.
　　Marcellin.　　　　　　　　 —　　　　—
　　De Courgeux. . . . . . . Chanoine de l'Eglife de Montelimar.
　　De Veyrenc.　　　　　　　 —　　　　—

Députés des Dioceses.

MM. Perronet. . . . . Du Diocefe de Vienne.
　　Reymond.　　　　　　　　　—　　　　—
　　Rouy. . . . . Du Diocefe d'Embrun.
　　Roux.　　　　　　　　　　 —　　　　—
　　Chabert. . . . . Du Diocefe de Grenoble.
　　Hélie.　　　　　　　　　　—　　　　—
　　Liorat. . . . . Du Diocefe de Valence.
　　Sylve.　　　　　　　　　　—　　　　—

MM. David-Serene. . . . . . . *Du Dioceſe de Die.*
　　Brun.　　　　　　　　　　　—　　　　—
　　Eſcallier. . . . . *Du Dioceſe de Gap.*
　　Abonnel.　　　　　　　　　—　　　　—
　　Solier. . . . . *Du Dioceſe de Saint-Paul-Trois-Châ-*
　　　　　　　　　　　　　　　　　　teaux.

NOBLESSE

Election de Grenoble.

MM. Le Comte de Morges.　　　　|　MM. Ofarrell.
　　Le Chevalier du Bouchage.　|　　　De la Valette.
　　Le Marquis de Baronat.　　　|　　　De Riviere.
　　Le Comte de Bailly.　　　　 |　　　Bourne.
　　Le Vicomte de Bardonenche. |　　　Sibeud de St. Ferriol.
　　Le Chevalier de Belle.　　　|　　　De Roſtaing.
　　De Barbier.　　　　　　　　　|　　　De Bonniot.
　　Le Chevalier du Peloux.　　 |　　　Des Herbeys.
　　Prunelle de Liere.　　　　　|　　　Le Chevalier de Bonniot.
　　De Menon de Champſaur.　　　|　　　Le Comte d'Arces.
　　De la Valonne,　　　　　　　|　　　Le Marquis d'Arces.
　　Garnier de Peliffiere.　　　|　　　Le Marquis de Pina de St.
　　Du Villard.　　　　　　　　　|　　　　Didier.
　　De Chuzin.　　　　　　　　　 |　　　De Lambert, fils.
　　De Girin.　　　　　　　　　　|　　　De Moulezin.
　　Le Marquis de Langon.　　　 |　　　De Charency.
　　De Portes d'Amblerieu.　　　|　　　De St. Ours.
　　Le Baron de Ponat.　　　　　|　　　De Galbert.
　　Le Chevalier de Largentiere.|　　　Boſonier de Vomane.
　　Le Baron de Vanterol.　　　 |　　　De Vaujany.

MM. De Voiffanc.
  De Chalvet.
  Le Vicomte de Chabons.
  Dupuy-de-Bordes.
  Ravier d'Herbelon.
  De Bouffier de Cezarges.
  Le Chevalier de Pina.
  Le Chevalier de Salvaing.

MM. Le Chevalier de Porte.
  De Savoye, *Lieutenant-Général de Police de la Ville de Grenoble.*
  Le Chevalier de Bruno.
  De Baratier.
  De Longpra de Fiquet.

Election de Vienne.

MM. Le Comte de Beclos.
  Jean de Richaud, pere.
  Jean de Richaud, fils.
  Louis de Richaud.
  Louis de Bouillanne.
  Jofeph de Bouillanne.
  Le Comte de Chabons.
  Serro du Serf de Croze, *cadet.*
  Moreau de Bonrepos.
  De Chivallet de Chamond.
  Albanel de Ceffieux.
  De Mépieu.
  Etienne de Richaud.
  André de Richaud.
  Le Comte de Chaponay.
  Planelli, Marquis de Maubec.
  Le Comte de Vallier.
  Le Marquis de Corbeau.
  De Veffillieu.
  De Perret.
  Le Chevalier de Moydieu.

MM. Le Chevalier Alphonfe de Dolomieu.
  De Neyrieu de Domarin.
  Le Chevalier de Rachais.
  De Moidieres.
  Le Vicomte de Leyffin.
  Le Marquis de Loras.
  Le Comte de Loras.
  De Saint-Clair.
  De Saint-Germain.
  De Poifieux.
  De Jonage.
  Le Comte de Vallin.
  Le Marquis de Boiffac.
  Le Comte de Monts.
  Le Vicomte de Vaulx.
  Le Comte de Melat.
  Le Comte de Revol.
  De Dijon.
  Du Vivier-Solignac.

Election de Romans.

MM. De Chaptal de Grand-Maifon.
De Chaptal du Seillac.
Grand.
Grand de Château-Neuf.
Luzy de Peliffac.
Chaptal de la Mure.
De Rivole.
De Canel.
Dijon de Cumane.
Le Marquis de Chaftellard.
Le Chevalier de Pluvinel.
Le Vicomte de Chabrieres.
De Sibeud.
Le Vicomte de Tournon.
Le Chevalier de Murinais.

MM. Du Perron.
Le Marquis de Saint-Vallier.
Le Marquis de Pifançon.
Le Chevalier de Pifançon.
Du Gardier de Robert.
De la Porte.
Le Baron de Gillier.
Le Marquis de la Roque.
Le Marquis de Beaufemblant.
De Montchoreil.
Du Vivier de Lentiol.
De Delley d'Agier.
De Barletier.
Le Lolle.
De Glaffon.

Election de Valence.

MM. Le Chevalier de Vaugrand.
De Joffelin.
Desjaques.
D'Eurre.
Du Beffé.
De Barjac de Randon.
Le Comte d'Urre.
De Gallier.
De Tardivon.
Cartier de la Sabliere.

MM. Le Chevalier de la Roliere.
De Ravel.
Le Marquis de Veynes.
Le Marquis de la Roliere.
Le Marquis de Vefc de Beconne.
Le Chevalier de Roftaing-Chamferrier
Le Marquis de la Roquette.
De Marquet.

MM. Le Chevalier de Mont-Rond.
    Le Chevalier de Mery.
    Le Comte du Pont.
    Du Colombier.
    De Saint-Laurent.

MM. Blanc de Saint-Laurent.
    De Sucy.
    Le Baron de Cofton.
    De Barjac.
    De Mazade.

Election de Gap.

MM. De Ventavon.
    Jullien de Queyrel.
    De Pons.
    Le Marquis de la Vilette.

MM. Taxis du Poët.
    Le Marquis de Moléon.
    Le Comte de Revigliafc de Veynes.

Election de Montelimar.

MM. Le Marquis du Pilhon
    Jean de Richaud. ⎫
    Gabriel de Richaud. ⎬ *de Quint.*
    Jean Pierre de Richaud des Bornes.
    Le Baron de Planchette de Piégon.
    Dupuy de la Marne.
    Rigaud de Lille.
    Le Marquis Dupuy-Montbrun.
    Le Comte d'Allard.
    De Calamand.
    De Rouviere
    Le Chevalier de la Condamine.
    Le Marquis Duclaux-Befignan.

MM. Le Comte de Suze.
    De Lacofte de Maucune.
    Le Comte de Marfanne, fils.
    Le Marquis de Blacons, pere.
    Le Marquis de Blacons, fils.
    Du Palais.
    De Charens.
    De Petity de Saint-Vincent.
    Louis de Gilbert de Genfac.
    Le Marquis de Léautaud de Montauban.
    Le Marquis de Plan de Sieyes.
    Le Marquis de Clerc de la Deveze.
    De Mornas.

MM. Le Baron de Mont-Rond.
　　Le Marquis d'Athenolt.
　　Le Chevalier de la Deveze-Beaufort.

MM. Amédée de Gillier.
　　De Chaftellier.
　　Le Chevalier de la Deveze.
　　Des Aymar.

Noms des Gentilshommes qui, étant furvenus depuis l'ouverture de l'Affemblée, ont voté pour les Abfents, & de ceux qui ont donné pouvoir, par lettres ou par procurations, d'adhérer à ce qui fera décidé par l'Affemblée.

Election de Grenoble.

MM. Le Chevalier de Murat.
　　Le Marquis de Marcieu.
　　Le Comte des Adrets.
　　Le Comte de Bardonenche.
　　Le Comte de Brizon.
　　Le Comte d'Herculais.
　　Jean-Baptifte de Bergerand.
　　Le Chevalier de Morges.
　　Du Vernei de Saint-Marcel.

MM. Le Comte de Morard.
　　Le Savoye, ainé.
　　De Pellafol, pere.
　　De Pellafol, fils.
　　Vial d'Alais.
　　Le Chevalier de Sayve.
　　De Lamotte.
　　De Bruno de Saint-Sevenon.
　　Perrot-du-Thaud.

Election de Vienne.

MM. Le Marquis de Buffevent.
　　Le Baron de Vernas.
　　Le Comte de Revol, pere.
　　Le Comte de Revol, fils.

MM. De Combles.
　　Jofeph de Richaud.
　　Le Chevalier de Larnage.
　　Le Marquis de Leyffin.

MM. Le Marquis de Serezin.
 Le Chevalier de Boczozel-Montgontier.
 De Vavre de Bonce.
 De Meffrey de Cezarges.
 Le Comte de Levis.
 De Michallon.
 Prunelle.
 D'Evrard de Courtenay.
 Le Comte de Mercy.
 De Bovet.

MM. Dangelin.
 Clapperon-de-Millieu.
 De Pufignan.
 Dalmas de Reottier
 De Fleury.
 De Tournon de Bonnevallet.
 De Gumin de Chatellard.
 Serro du Serf de Croze, ainé.
 Rigaud de Terre-Baſſe.
 Le Chevalier de Moro.

Election de Romans.

MM. Le Chevalier Alexandre de Pifançon.
 Sigaud de Baronat.
 Le Chevalier de Reynaud.

MM. Le Marquis de Vachon.
 Le Marquis de Murinais.
 Le Comte de Murat-Murinais.
 De Saulcy.

Election de Valence.

MM. De Rofiere, fils.
 De Ravel.
 Magnan.

MM. Jacques de Bouillanne.
 Louis de Bouillanne.

Election de Gap.

MM. De Saulcy.
 Jean-Antoine de Queyrel.
 André de Queyrel.
 Joſeph de Queyrel.

MM. Jacques de Queyrel.
 De Moydan.
 Le Comte de Ruffo.
 De Vitalis.

Election de Montelimar.

MM. Le Marquis de Jovyac.
    Le Marquis de Saint-Ferreol.
    Le Marquis de Lagarde.
    Le Marquis de Moreton-Chabrillan.
    Le Marquis de Lattier.
    De Gontin.
    Jean-Claude de Richaud.
    Jean-Pierre de Richaud.
    Jean-Elie & Jean-Louis de Richaud, *Freres.*
    Jean-David de Richaud.
    Jean-Claude & Jean-Antoine Richaud, *Freres.*
    Jean-Moyfe de Richaud.
    Gabriel de Richaud.
    De Rochegude.
    De Chaftelet.
    De Perrier.
    Jean & Jean-Pierre de Richaud, *Freres.*
    Jean-Pierre & Antoine de Ribaud, *Freres.*
    David-Jean de Bouillanne.
    Jean-Matthieu & Pierre de Richaud, *Freres.*
    Pierre de Richaud.

MM. Gafpard, Jean & Matthieu de Bouillanne, *Freres.*
    Jacques de Bouillanne.
    Moyfe & Claude de Bouillanne, *Freres.*
    Jean-Pierre de Bouillanne.
    Pierre, Jean-David, Jean-Matthieu, Jean-Pierre & Jean de Richaud, *Freres.*
    Bernard de Volvent.
    De Blégier, Marquis de Taulignan.
    Jacques-Melchior Ladret de la Condamine.
    Des Ifnard de Langlerie.
    De la Fayolle.
    De Ventaillac.
    De la Tourne.
    De Berbegier de Lalbarde.
    Charles de Bouillanne.
    Louis de Bouillanne de Saint-Martin.
    De Bouillanne de la Cofte.
    De Ferre de la Calmette.
    Oddoz de Bonniot de Saint-Jullien.
    Le Baron de Sainte-Croix.

MM. Le Chevalier de Bonne de Lefdiguieres.
Le Marquis de Befignan, *pere*.

MM. Le Marquis du Poët.
De Cabaffolle.
Le Marquis de Sade.

TIERS-ETAT

Election de Grenoble.

Noms des Villes, Bourgs, Paroiffes & Communautés qui ont nommé des Députés.	Noms des Députés.
Ville de Grenoble.	MM. Piat-Defvial, *Avocat*, Barthellemy, *Avocat*, Bertrand, *Avocat*, Gagnon, *Médecin*, Allemand-Dulauron, *Proc. du Roi au Siege de Police*, Bottut, *Synd. du Commerce*, Pafcal, *Négociant*, Robert, *Procureur*, Rubichon, *Négociant*, Mounier, *Juge Royal de Grenoble*.
St. Ferjus.	Bernard, *Lieutenant en la Judic. épifc. de Grenoble*.
St. Martin le Vinoux.	Eynard, *Avocat*.
Courenc, Bouqueron, Mas du Molard	Romain-Mallein, *Avocat*.
Mandement de Montbonnod :	
Montbonnod, Saint-Mury, Meylan, Biviers, Saint-Ifmier, Clémes, Saint-Nazaire, Bernin, Saint-Martin de Miferé	Réal, *Avocat*, Bigillion, *Châtelain*

Noms des Villes, Bourgs, Paroiffes & Communautés qui ont nommé des Députés.	Noms des Députés.
Crolles.	MM. Berthieu, *Bourgeois*.
Lumbin.	Grand-Dufay, *Bourgeois*.
St. Hilaire & St. Pancrace. . . .	Guerre, *Avocat*.
La Terraffe.	Pifon du Galland, *fils, Juge épifcopal de la ville de Grenoble*.
Le Touvet.	Chabert, *fils, Avocat*.
Mandement de la Buiffiere :	
La Buiffiere, Barraux, Sainte Marie d'Aloi, Sainte Marie du Mont, St. Vincent de Mercufe, La Flachere & Montalieu, Saint Marcel, Belle-Chambre.	Amar de Chatelard, *Bourgeois*, Bernard, *Bourgeois*, & Chabert, *Notaire*.
Belle-Combe, Chapareillan . . .	Bravet, *Notaire*.
Le Sapey.	Bernard, *Châtelain*.
St. Pierre-de-Chartreufe, Entremont, Chartrouffe.	Bigillion, *Avocat*.
La Rochere.	Farconet, *Avocat*.
Entre-deux Guier-le-bas.	Grabit, *Bourgeois*.
Saint Chriftophe.	Farconet, *Avocat*, Millioz, *Bourgeois*.
Miribel.	Farconet, *Avocat*, Vachon, *Notaire*.
Saint Laurent-du-Pont.	Farconet, *Avocat*, Margot, *Notaire*.
Mandement d'Avalon & Bayard :	
Avalon, Le Motaret, Villard-Benoît, Saint Maximin, Grignon. . . .	Paturel, *Secretaire-Greffier d'Avalon*, Paganon, *Feudifte*.

de la Province de Dauphiné, 1788.

Noms des Villes, Bourgs, Paroisses & Communautés qui ont nommé des Députés.	Noms des Députés.
Allevard, Saint Pierre d'Allevard.	MM. Guerre, *Avocat*, Dufresne, *Notaire*, Doyat de Layat, *Bourgeois*.
La Batie d'Arvillard, Pinfot.	Guerre, *Avocat*, Dufresne, *Notaire*.
Le Cheylas, Morestel.	Pin, *Notaire*.
Goncelin.	Sabatier, *Notaire*.
Tencin.	Jullien, *Notaire*.
Lapierre.	Bon, *Procureur*.
Le Champ.	Laforte-Jourdan, *Bourgeois*.
Froges.	Mécou, *Notaire*.
Theys.	Dorgeval, *Lieut. de Chât.* Brette, *Notaire*.
Hurtieres.	Brette, *Notaire*.
Les Adrets.	Blanchet, *Bourgeois*.
Laval.	Mathieu-Descombes, *Avocat*.
Saint Agnès.	Helie, *Notaire*.
Villard-Bonnod, Lancey, La Combe de Lancey, St. Muris Monteymond	Jail, *Avocat*.
Le Versoud.	Bruno Micoud, *Bourgeois*.
Uriage, Revel.	Arvet, *Avocat*.
Domene.	Perronard, *Notaire*.
Giere.	Vessillier, *Bourgeois*.
St. Martin d'Here, Poizat.	Teisseire, *Négociant*.
Eybens.	Muraillat, Ravanat.
Herbeys.	Arthaud, *Châtelain*.
Bresson.	Ducros, *Avocat*.
Jarrie-le-Haut, Jarrie-le-Bas, Echirolles, Champagnier.	Renauldon, *Avocat*.

Noms des Villes, Bourgs, Paroisses & Communautés qui ont nommé des Députés.	Noms des Députés.
Brié, Les Angonnes.	MM. Bouvier, *Bourgeois*.
Vaulnaveys-le-Haut, Vaulnaveys-le-Bas.	Jat, *Notaire*.
Vizille, Champ.	Boulon, *Avocat*.
Lafrey, St. Jean-de-Vaux, Notre-Dame-de-Vaux, La Motte St. Martin.	Dumolard, *Notaire*.
Marcieu, Savel.	Arnaud, *Bourgeois*.
Mandement de Rattier :	
Nantes, Sievoz, Oris, La Valdens, La Valette.	Desmoulins, *Fils*.
Mandement de la Mure :	
Ville de la Mure.	Aman, *Avocat*, Guillot, *Notaire*.
St. Theoffrey, St. Honoré, Pierre Chatel, Sousville, Surville, Prunieres, Ponsonas, Mayres, Cognet, Cholonge, Villard St. Pancrasse, St. Arey.	Aribert-Desjardins, *Bourgeois*.
Mandement de Valbonnais :	
Valbonnais, Le Perier, Entraigues, Chantelouve, Valjoffrey.	Bernard, *Avocat*, Blanc, *Notaire au Perier*.
Mandement d'Oysans :	
Le Bourg-d'Oysans, La Grave, Villard d'Arenes, Le Mont-de-Lans, Clavans, Misoen, Venosc, Saint Christophe, Les Gauchoirs, Villard-Aymond, Villard-Reculas,	

Noms des Villes, Bourgs, Paroiſſes & Communautés qui ont nommé des Députés.	Noms des Députés.
Huez, La-Garde, Oz, Ornon, Allemond	MM. Bettou, *Notaire*, Robert, *Bourgeois*.
Chichiliane & Saint-Barthelemi . .	Poncet, *Fils*.
St. Laurent-en-Beaumont. . . .	Vivian.
Poligny.	Legentil, *Avocat*.
Bourg de Corps.	Imbert-des-Granges, *Avocat*.
Beaufain.	Laugier, *Médecin*.
Afpres-lès-Corps.	Imbert-des-Granges, *Avocat*, Mounier, *Juge-Royal de la Ville de Grenoble*.
Les Côtes de Corps, Saint Jacques en Valgodemard.	Imbert-des-Granges, *Avocat*.
Saint Bonnet, La Motte.	Meyer, *Bailli du Champſaur*.
Cordeac, Morges, Sainte Catherine.	Dos, *Châtelain*.
Ambel.	Pal, *Avocat*, Laugier, *Médecin*.
Aubeſſagne.	Pal, *Avocat*.
Clémence d'Ambel, Guillaume-Peroufe, Villard-la-Loubiere, Saint-Maurice en Valgodemard . . .	Mounier, *Juge-Royal de Grenob*. Imbert-des-Granges, *Avocat*, Barnave, *fils, Avocat*.
Moneſtier d'Ambel, Pellafol . . .	Achard de Germane, *Avocat*.
La Morte.	Ruelle, *Fils*.
Bourg de Mens.	Segond, *Echevin*.
Cornillon en Trieves.	Delachaux, *Châtelain*.
Saint Jean-d'Hérans.	Jouguet, *Avocat*.
Clelles.	Blanc, *Notaire à Grenoble*.
Saint Eufeby, Treminy.	Mounier, *Juge-Royal de Grenoble*.

Noms des Villes, Bourgs, Paroisses & Communautés qui ont nommé des Députés.	Noms des Députés.
Mandement de Saint-Firmin :	
Saint Firmin, Villard-Saint-Firmin, La Brouë, Reculas, Lespreaux, Lesparcellet.	MM. Mounier, *Juge-Royal de Grenoble.*
Monestier-de-Clermont, St. Michel-Lesportes, St. Martin-de-Clelles, Touranne	Allemand, *Notaire*, Faucherand, *Notaire.*
Roissard.	Faucherand, *Notaire.*
Saint Guillaume, Saint Andeol. .	Faucherand, *Bourgeois.*
Sinard.	Allemand, *Notaire*, Faucherand, *Bourgeois.*
Lenchatre.	Aymard, *Châtelain.*
La Cluse, Paquier	Santon, *Notaire.*
Gresse	Martin, *Consul.*
Treffort.	Gacher, *Consul.*
Chabottes.	Brochier.
Vif.	Dejean, *Bourgeois.*
Varces	Joly, *Substitut.*
Saint-Baudille & Pipet, Le Percy, Claix, Allieres, Risset, Fontanieu.	Royer, *aîné, Avocat.*
Seyssins, Seyssinet, Roux de Comiers, Montrigaud, Pariset, Saint Nizier.	Faure, *Avocat*, Jouguet, *Avocat.*
Fontaine	Escoffier, *Procureur.*
Lans, Villard-de-Lans, Meaudres, Autrans.	Jullien, *Notaire au Villard,* Blanc, *Notaire à Meaudres.*
Sassenage, Engins, Noyarey.. . .	Dumas, *Avocat.*
La Buisse.	Berland, *Consul.*

Noms des Villes, Bourgs, Paroiſſes & Communautés qui ont nommé des Députés.	Noms des Députés.
Bourg de Voiron.	MM. Allard-du-Plantier, *Avocat*, Tivollier, *Négociant en gros*.
Voreppe, Pommiers.	Coindre la Tivolliere, *Bourg*, Charvet, *Aîné, Bourgeois*.
Cornillon près Fontanil, Saint Vincent-du-Plâtre.	Chanet, *fils, Avocat*.
Quaix.	Guiller, *Procureur*.
Proveſieux	Bertier, *Châtelain*.
Sarcenas.	Brun, *fils, Bourgeois*.

Noms des Communautés dont les Députés ne ſe ſont pas rendus à l'Aſſemblée, & de celles qui ont déclaré adhérer aux Délibérations qui y ſeront priſes.

La Bâtie-Meylan.
Murianette.
Venon.
Beſſe, Auris, Livet, *en Oyſans*.
Saint Maurice, Lallé & Avert.
Chichilianne en Trieves.
Notre-Dame de Comiers.
Saint Georges-de-Comiers.
Saint Pierre-de-Comiers.
Avignonet.

Saint Egreve.
Saint Jean-le-Vieux.
Monteynard.
Veurey.
Notre-Dame de Mezage.
Saint Pierre-de-Mezage.
Prébois.
Le Moneſtier-du-Percy.
Montorcier-de-Chaliol.
La Farre.

Election de Vienne.

Noms des Villes, Bourgs, Paroisses & Communautés qui ont nommé des Députés.	*Noms des Députés.*
Ville de Vienne, Revantin, Vaux-Gris, Coste-d'Arcy, Moydieu, Beauvoir-de-Marc, Villeneuve-de-Marc, Saint George-d'Esperanche, Septeme, Diemoz, Seyfuel, Ternay, Serpaize, Ilins.	MM. Peyrard, *Échevin de Vienne*, Chabroud, *fils, Avocat*, Almeras-de-la-Tour, *Avocat*, Revollat, *Médecin*.
Saint Simphorien d'Ozon, Marenes, Chaponay, Chandieu, Toussieu, Feyzin, Venissieu, Villeurbanne, Bron, Azieu & Genas.	Comberousse, *Avocat*, Guy, *Avocat*, Armanet, *Notaire*, Fleury, *Bourgeois à Feyzin*, Cuty, *Marchand*.
Ville de Crémieu.	Alricy, *Avocat*.
Falavier, Saint Priest, Myons, Saint Laurent-de-Mure, Frontonas, Chonas, Communay, Vernioz, Simandre.	Danthon, *Avocat*, Jocteur-Montrosier, *Avocat*, Labbe, *fils, Avocat*, Pagnoud, *Marchand à Saint-Priest*, Vivier, *Marchand à Roche*.
Chavanoz, Anthon, Villette, Mons, & Anieres, Jonage, Pusignan, Ja-	

Noms des Villes, Bourgs, Paroisses & Communautés qui ont nommé des Députés.	Noms des Députés.
neriat & Malatrait, Charvieu, Colombier, Tignieux, Chamagnieux, Moyrieu, Veyssillieu, Panoffas, Moras de Vessillieu.	MM. Beaudrand, *Avocat*, Sornin, *Bourgeois*, Ponsard, *Notaire aux Constantins*, Douare, *Bourgeois, à Veyssilieu*, Perrin, *Notaire, à Bellacueil.*
Mandement de Quirieu :	
Quirieu, Bouvesse, Courtenay, Amblagnieu, Saint Baudille, Charette, Meypieu, Arandon, Creys, Versieu.	
	Nugue, *Procureur*, Bouvier, *Bourgeois à Bouvesse.*
Bourg de Moreftel.	Grandval, *Consul.*
Brangues, Bouchage, Vezeronce .	Michoud, *Secretaire Greffier.*
Les Avenieres.	Trollier *Avocat & Châtelain-Royal du Pont de Beauvoisin,* Chevalier de Maison Blan-Blanche, *Juge des Avenieres.*
La Bâtie-Montgafcon.	Bouvier, *Bourgeois à Renaudel.*
La Tour-du-Pin, Saint Jean-de-Soudin, Ceffieu, Roche, Toirin, La Chapelle-de-la-Tour, Saint Clair-de-la-Tour, Montcara de-la-Tour, Saint Didier-de-la-Tour, Sainte Blandine, Dolomieu, Tuelin, Vassfelin, Vignieu, Arcisse & Cruffilieu, Saint Chef, Laval, Verfin,	

Noms des Villes, Bourgs, Paroiſſes & Communautés qui ont nommé des Députés.	Noms des Députés.
Chamon, Trieux, Montcara, Salagnon	MM. Labbe, *père*, *Avocat*, Durand, *Procureur*, Grumel, *Notaire*, *à St. Chef*, Perroncel, *Bourgeois à Vignieu*, Lhoſte, *Bourgeois à La Tour-du-Pin*.
Aoſte, Leyſſin & Chimilin. . . .	Roche, *Négociant*.
Romagnieu.	Drevon, *Notaire*, Chevallier, *Négociant*.
Ville du Pont-Beauvoiſin. . . .	Berlioz, aîné, *Négociant*, Permezel, *Notaire*.
Saint Jean-d'Avelane.	Favot, *Notaire*.
Foreſtiers-du-Pont	Drevon, *Notaire*.
Vaulſerre.	Broſſat, *Châtelain*.
Preyſſins.	Roche, *Avocat*.

Mandement de St. Geoire :

Bourg de Saint Geoire, Maſſieu, Saint Sixte, Merlas, La Chapelle, Saint Beuil, La Ramelliere, Vellanne, La Sauge.	Paſcal-la-Rochette, *Avocat*.

Comté de Clermont :

Chirenc, Clermont, Maſſieu, Billieu, Charavines, Aprieu, Burcin, Oyeu.	Hilaire, *Avocat*.
Chabons, Pupetiere.	Guigues, *Procureur*.
Bizonnes, Saint Didier de Bizonnes, Flacheres, Belmont, Mont-Revel, Doiſſin, Virieu, Blandin, Chelieu,	

Noms des Villes, Bourgs, Paroisses & Communautés qui ont nommé des Députés.	Noms des Députés.
Paniffage, Chaffignieu, Vallancogne, Saint Honoré & Tépin, Paladru, Montferrat, Les Abrets, Fitilieu, Saint André-la-Palud, La Bâtie-Divifin, Saint Didier-de-Champagne.	MM. Vallet, *ancien Procureur du Roi au bailliage de Graifivaudan,* Comte, *Bourgeois à Paladru,* Treilliard,*Négociant à Aprieu,* Apprin, *Négociant à Virieu,* Martin, *Bourgeois, à Preffins.*
Bourg de la Cofte Saint André. . .	Chenavaz, *Notaire.*
Gillonay.	Perreton, *fils, Avocat,* Dupuy, *Fils, Bourgeois.*
Saint Hilaire de la Cofte, Ornacieux, Balbin & Sardieu, Comelle, Nantouin, La Frette, Champier, Longechanal, Le Mottier Boczozel, Eydoche, Faramans, Semons, Pomiers, Boffieu, Revel.	Pafcal, *Médecin à la Côte-Saint-André,* Lefebvre, *Bourgeois à Revel,* Roux-la-Colombiere, *Bourgeois à Lemps,* Salomon, *Bourgeois à Boffieu,* Magnin, *Notaire à Champier.*
Lemps, Colombe, Bevenais. . .	Sappey, *Notaire & Châtelain.*
Ville de Bourgoin, Ruys, Montceaux, Saint Alban & Vaux, L'Ifle	

Noms des Villes, Bourgs, Paroiſſes & Communautés qui ont nommé des Députés.	Noms des Députés.
d'Abeau, Saint Savin & Demptezieu, Maubec, Nivolas, Serczin, Moras & Vaux, Les Eparres, Meyrieu, Châteauvilain Buffieres, Sucieu, Saint Victor, Torchefelon Biol, Eclofe, Chatonay, Saint Jean-de-Bournay, Faverges. . .	MM. De Roziere-de-Champagnieux, *Avocat*, Picot-la-Beaume, *Avocat*, Couturier, *Notaire, aux Epares*, Vernet, *Bourgeois, à Faverge*, Tranchant, fils, *Négociant à Bourgoin*.
Auberive, Saint Clair-près-Condrieu, La Chapelle-près-Rouffillion, Pinet, Millieu, Montleans, Moiffieu & Pact, Ville-fous-Anjou, Pousfieu, Affieu & Surieu, Bozancieu, Montfeveroux.	Thevenin, *Procureur*, Servant, *Notaire à Montfeveroux*, Reymond, *Négociant à Vienne*, Giroud, *Notaire à Pouffieu*, Jaquier, *Not., à Affieu*.

Communautés adhérantes.

Hieres.	Chozeaux.
Chatelan.	Saint Hilaire-de-Brens.
Optevoz.	Meyzieu & Chaffieu.
Annoifin.	Deffines & Charpieu.
Serrieres.	

Election de Romans.

Noms des Villes, Bourgs, Paroisses & Communautés qui ont nommé des Députés.	Noms des Députés.
Ville de Romans.	MM. Mortillet, 1ᵉʳ *Échevin*, De Lacour d'Ambezieu, *Avocat*, Legentil, *Avocat*, Dochier, *fils*, *Avocat*.
Bourg du Péage de Pizançon. . .	Lacour, *Notaire*.
Chatillon & St. Jean.	Mortillet, *Avocat*.
Peyrins.	Julliet, *Notaire*.
Beaumont-Monteux.	Giraud, *Avocat*.
St. Paul-lès-Romans.	Enfantin, *Avocat*.
Pizançon & Delphinaux, St. Lattier, Triols, Montmiral, Montagne, St. Antoine, Crepol, Onay, Saint Bonnet, St. Chriftophe du Bois, Montrigaud, St. Veran. . . .	De Lacour d'Ambezieu, *Avocat*, Dochier, *fils, Avocat*, Lacour, *Notaire*, Geniffieu, *Négociant*, Mortillet, *Bourgeois*, De Valois, *Bourgeois*, Gontier, *Bourgeois*.
Chatte.	Julin, *fils, Bourgeois*.
Villard-Chevrieres, Blanieu, Beffin, St. Appolinard. . , . . .	De Boiffieu, *Avocat*.
Dionay.	Nievolet, *Lieutenant de Châtel*.
St. Sauveur, Murinais.	Payn du Perron, *Avocat*.
Ville de St. Marcellin.	Guillermet, *Avocat*.
Bourg de Roybon.	Nievelet, *Notaire*.
Chaffelai.	Gigard, *Châtelain*.

ms des Villes, Bourgs, Paroisses & Communautés qui ont nommé des Députés.	Noms des Députés.
Bourg de Vinay, Bourg de l'Albenc.	MM. Champel, *Avocat*.

Mandement de Montferrier :

Gras, Chanteffe, Chapuifiere, La Roche.	Champel, *Avocat*.
Polienas.	Triolle, *Bourgeois*.
Bourg de Tulins.	Charpenez, *Notaire*.
Vourey.	Broffat, *Notaire*.
Bourg de Moyrans.	Magnin-Defayes, *Échevin*.
Bourg de Rives.	Martel, *Notaire*, Salomon, aîné, *Négociant*.
Izeaux, Saint Paul-lès-Izeaux. . .	Repiton-Préneuf, *Avocat*.
Reaumont, Beaucoiffant, La Forterefse, Brion, Breffieu, Vatillieu, Viriville, Thodure, Penol, Marcolin, Lans de l'Etang, Montrigaud.	Imbert, *Notaire*, Mognat, *Bourgeois*, Vachon, *Notaire*, Jacolin, *de Réaumont*, Salomon, aîné, *Négociant*, Blanchet, *Négociant*, Juvenet, *Notaire*.
Silans	Vinoys, *Bourgeois*.
Saint Etienne-Saint-Geoirs. . . .	Cochet, *Châtelain*.
Lentiol.	Gril, *Bourgeois*.
Bourg de Beaurepaire.	Doriol.
Bourg de Moras.	Quincieux.
Serre, Auberive, Montchenu, Baternay, Mantaille, Jarcieu, Anjou, Rouffillon, Sablon, Montbreton, Champagne, Albon.	Ribaud-Gaubernard, *Avocat*,

Noms des Villes, Bourgs, Paroisses & Communautés qui ont nommé des Députés.	Noms des Députés.
	MM. Reynaud-Florentin, *Notaire*, Fontaine, *Gradué*, Peroufe-de-Montclos, Boiffonnet, *Bourgeois*.
Bourg de Saint Vallier, Serve. . .	Gagnere, *Médecin*.
Laveron.	Bonnet, *Notaire*.
Bourg de Saint Donat.	Colonge, *Bourgeois*.
Arthemonay, Reculais.	Legentil, *Avocat*, François, *Avocat*.
Saint Martin d'Août, Châteauneuf-de-Galaure, Fay, Beaufemblant, Bren, Clavezon, Saint Uze-Bertus, Chaunes, Le Mollard, Mureil, Vals, Ponfard, Margès. . . .	Monet, *Avocat*, Fleury *fils*, *Avocat*, Reymond, fils, *Avocat*, Genin, *Médecin*, Colonge, *Bourgeois*.

Noms des Communautés dont les Députés ne se font pas rendus à l'Assemblée, & de celles qui ont déclaré adhérer aux Délibérations qui y feront prises.

Montfalcon, Crifpalot, Varacieu.

Election de Valence.

Saint Quentin, Montaud, Lariviere, Saint Gervais & Rovon. . . .	Achard, *Avocat*.
Cognin.	Rubichon, *Bourgeois*.
Beauvoir.	Vignon, *Châtelain*.

Noms des Villes, Bourgs, Paroisses & Communautés qui ont nommé des Députés.	Noms des Députés.

Royannez :

Rancurel, Prefles, Saint Roman. .	MM. Vignon, *Procureur*.
Saint André.	Robert, *Procureur*, Bletton, *Notaire*.
Auberives.	Bletton, *Notaire*.
Bourg du Pont-en-Royans. . . .	Vignon, *Procureur*, Tezier, *Licentié-ès-droits*.
Choranche, Chatelus, Echevis, Ste. Hulalie & St. Hilaire	Tezier, *licentié-ès-droits*.
Saint Laurent, Laval-Saint-Memoire.	Barthellemy, *Avocat*.
Bourg de St. Jean-en-Royans, Saint Thomas, Bouvantes.	Ezingeard, *Notaire*.
La Mote-Fanjas.	Cara-du-Bechat, *Bourgeois*.
Saint Nazaire.	Cara-de-Maffottier, *Châtelain*, Maffot, *Négociant*, Terrot, *Bourgeois*.

Royannez :

Saint Juft-de-Claix, Rochechinard.	Maffot, *Négociant*, Terrot, *Bourgeois*.
Eymeu.	Simond, *Notaire*, Enfantin, *Bourgeois*.
Hoftung.	Bournat, *Procureur*, Carrichon, *Bourgeois*.
Jaillans, Meymans, Beauregard. .	Royet.
Oriol, Saint Martin-le-Colonel. .	Bon, *Procureur*.
La Saone, Izeron, Clerieu, Château-Neuf-d'Ifere, Chanos & Curfon, Mercurol, Veaune, Crofes, Lar-	

Noms des Villes, Bourgs, Paroisses & Communautés qui ont nommé des Députés.	Noms des Députés.
nage, Jeiffans, Chantemerle, Chavane, Marfas, La Motte-de-Galaure.	MM. Jubié, *Négociant à la Saone*, Jourdan, *Licentié-ès-droits*, Servan, *Bourgeois à Mercurol*, La Roche, *Notaire à la Motte-Galaure*, Feugier, *Notaire à la Roche-de-Glun*.
Ville de Tain.	De Gros, *Juge de Tain*, Bret, *Notaire-Royal*.
La Roche-de-Glun.	Beranger, *Juge*, Feugier, *Notaire & Secretaire-Greffier*.
Le Bourg-lès-Valence.	Dupont, *Négociant*.
Bourg de Loriol.	Gagnat de la Couronne, *Avocat*, Blancard, *Avocat*.
Charpey.	Badoux, *Avocat*, Bochard, *Procureur à Romans*.
Alixan.	Revol, *Avocat*.
Ville de Valence, Montelier, Fiançayes, Marches, Saint Maman, Rochefort & Sanfon, Le Chafal, Barbiere, Ville de Chabeuil, Montelegier, Beaumont, La Vache, Montvendre, Barcellonne.	Bayle, *Avocat*, Beranger, *Avocat*, Bouvier, *Notaire à Valence*, Urtin, *Notaire, premier Conful de Chabeuil*, Bellier, *Conful de Charpey*.

Noms des Villes, Bourgs, Paroiſſes & Communautés qui ont nommé des Députés.	Noms des Députés.
Ambonil.	MM. Bancel, *Bourgeois*.
Bourg d'Etoile.	Melleret.
Montoiſon.	Didier, *Avocat*, Pey, *Notaire & Châtelain*.
Château-Double & Peyrus, La Beaume-Cornillanne, Ourche, La Rochette, Urre, Upie, Montmeyran, Livron, Clioufclat, Mirmande.	Roux, *Avocat*, Lambert, *Avocat*, Durozet, *Notaire à Montmeyran*, Dupré, *Notaire à Livron*, Bellier, *Négociant à Peyrus*.
Vaunaveys.	Didier, *Avocat*.
Alex.	Ollivier, *fils*, *Avocat*, Thomé, *licentié-ès-droits*.
Aubonne.	

Election de Gap.

Bailliage de Gap :

Ville de Gap, Rambaud, Jarjayes, La Bâtie-Vieille, La Bâtie-Neuve, Romette, Chaudun, Saint Etienne-en-Devolui, Saint Difdier-en Devolui, La Cluze-en-Devolui, Rabau, La Roche-des-Arnaud, Mont-Mort, Manteyer, Saint

Noms des Villes, Bourgs, Paroiſſes & Communautés qui ont nommé des Députés.	Noms des Députés.
André-la-Freyſſinouſe, Pelleautier, Neffes.	MM. Marchon, *Maire de Gap*, La Baſtie, *fils, Avocat du Roi au Bailliage*, Moynier-du-Bourg, *Procureur*.
Bourg de Tallard, La Saulce.	Jacquemet, *fils, Avocat*.
Ventavon.	Brun, *Avocat*.
Château-Vieux-ſur-Tallard, Le Tret, Sigoyer, Fouilloufe, Lardier & Valençat, Moneſtier-Allemont, Upaix, Le Poet, Monteglin, Arzelier, Saleon, La Bâtie-Mont-Saleon, Eyguyans, St. Genis & Notre Dame, Chabeſtan ou Laric, Le Saix, Agnelles, St. Jullien en Beauchêne, St. André en Beauchêne, Ribiers.	Faure-Lacombe, *premier Échevin de Tallard*, Morgand, *Notaire à Saint André en Beauchêne*, Amat, *fils, Notaire à Ribiers*.
Barret-le-Haut, Barret-le-Bas.	Viguier, *Procureur au Parlement*.
Antonaves, Pomet, Château-Neuf-de-Chabres	Abel, *Bourgeois*.
Laragne.	Faure-la-Combe, *Échevin de Tallard*.
Lazer.	Ducros, *Avocat*.
Bourg de Veynes, Aſpremont.	Paſcal, *fils, Avocat*.

Noms des Villes, Bourgs, Paroiffes & Communautés qui ont nommé des Députés.	Noms des Députés.
Montbrun, Hommes de Gabriel Reymond, La Beaume-des-Arnaud, Argenfon & la Parerie, La Pierre, Hommes de la Roche-Mont-Clus, Le Barfac, Mont-Rond, Saint Cyrice, Très-Cléoux, Montjay, Chanouffe, Sorbieres, Montmorin, Bruis, Val-Sainte-Marie, Ribeyret, Saint-André-en-Rozans, Mozages & Benivent.	MM. Gontard, *Notaire à Serres*, Faure, *Notaire à Orpierre*, Chauvet, fils, *Bourgeois à Montjay*.
Bourg de Serres, Savournon, Mont-Clus, Sigotier, La Grand. Afpres. Moydans.	Achard de Germane, *Avocat*. Barillon, *Bourgeois*. De Bertrand-de-Montfort, *Vibailli du Buis*. Vachier.
Saleyrans, Saint Pierre-Avèz. Bourg d'Orpierre, Etoile, Ville-Bois, Sainte Colombe. Eourres.	Gabriel, *Bourgeois*. Faure, *Notaire à Orpierre*. Viguier, *Procureur au Parlement*, Gabriel, *Bourgeois*.

Bailliage d'Embrun.

Ville d'Embrun, Saint André-lès-Embrun, Saint-Sauveur-lès-Embrun, La Roche-fur-Embrun, Puy-Saint-Eufeby, Guilleftre, Ville de

Noms des Villes, Bourgs, Paroiſſes & Communautés qui ont nommé les Députés.	Noms des Députés.
Mont-Dauphin & Eyglier, Château-Roux, Saint Clément, Saint Crépin, Rifoul, Vars, Seillac, Reottier, Chancela, Freiffinieres, Largentiere.	MM. Ardouin, *Avocat*, Blanc, *Avocat*, Roffignol, *Notaire et Châtelain de la Roche-ſur-Embrun*, Bonardel, *Notaire à Mont-Dauphin*.
Crévoux, Les Orres, Baratier, Les Crottes, Savines, Saint Apollinaire, Prunieres, Bourg de Chorges, Mont-Gardin, Eſpinaſſe, Theus, Avançon, Saint Etienne-d'Avançon, Rouffet, Breziers, Valferre, Rochebrune, Réalon, Puyſanieres, Le Saulce.	Colomb, *Avocat*, Souchon, *Notaire à Chorges*.
Remolon.	Colomb, *Avocat*.

Bailliage de Briançon.

Ville de Briançon.	Chancel, *Conſul*.

Ecarton de Briançon :

Vallouize, Moneſtier-de-Briançon, La Salle, Saint Chaffrey, Villard-Saint-Pancrace, St. Martin-de-Queyrieres, Mont-Genevre, Neu-

Noms des Villes, Bourgs, Paroiſſes & Communautés qui ont nommé des Députés.	Noms des Députés.
vache, Servieres, Puy-St.-André, Puy-Saint-Pierre.	MM. Grand-de-Champrouet, *Aſſeſ-ſeur au Bailliage de Briançon*, Faure, *Avocat & Notaire à Briançon*, Martinon, *Notaire au Moneſtier-de-Briançon*, Guille, *Notaire à Saint Martin-de-Queyrieres.*
Ecarton de la vallée de Queyras :	
Arvieu, Molines, Château-Ville-Vielle, Abriès, Aiguilles, Saint Jeran, Riſtolas.	Fantin, *Avocat à Arvieu*, Berthelot, *fils, Bourgeois à Abriès.*

Noms des Communautés dont les Députés ne ſe ſont pas rendus à l'Aſſemblée, & de celles qui ont déclaré adhérer aux Délibérations qui y ſeront priſes.

Le Noyer.	Furmeyer.
Château-Neuf-d'Oze.	Peyre.
Saint Auban-d'Oze.	Saint Pierre.
Châtillon-le-Déſert.	

Election de Montelimar.

Sénéchauſſée de Montelimar.

Ville de Montelimar. . . . . . . MM. Cheynet, *ancien Avocat du Roi, Maire de la ville de Monteli-*

Noms des Villes, Bourgs, Paroisses & Communautés qui ont nommé des Députés.	Noms des Députés.
	mar Serret, *Procureur du Roi en la Sénéchauffée*, Freycinet, *Négociant*.
Ancone.	MM. Eybert, *Conful*.
Les Tourrettes, Lachamp. . . .	Pain, *Confeiller en l'Election de Montelimar*.
Savaffe, Lataupie, Bonlieu. . . .	De Bertrand-de-Montfort, *Vibailli du Buis*.
Pont de Baret, Felines, Soufpierre. Château-Neuf-de-Mazenc, Charrols, Manas, Puy-Saint-Martin. . .	Chaniac, *Avocat*.
Poët-Laval.	Chaniac, *fils, Avocat*.
	Vernet, *fils, Conful*.
Bourg de Dieu-le-Fit.	Morin, *Négociant en gros*.
Sauzet, Saint Marcel-lès-Sauzet, Condillac, Marfane, Cléon-d'Andrans, Eyzahuc, Montjoux, Vefc, Odeffred, Aleyrac, Rochefort, Portes, Puygiron, Latouche, La Bâtie-Rolland, Efpeluche, Montboucher.	Pellapra, Pain, *Confeillers à l'Election de Montelimar*, Freycinet, *Négociant à Montelimar*, Mirabel, *Gradué*, Marcellin, *Laboureur à la Touche*, Bauzon, *Conful de Château-Neuf-de-Mazenc*, Bernard, *Conful de Mont-Boucher*.

5

Noms des Villes, Bourgs, Paroiſſes & Communautés qui ont nommé des Députés.	Noms des Députés.
Château-Neuf-du-Rhône, Rac, Donzere, Ville de Pierrelatte, Rouſſas, Granges-Gontardes, La Garde-Adhémar, Vallaurie, Chamaret-le-Maigre, Taulignan, Alençon, Blacons, Buiſſe, La Roche-Saint-Secret.	MM. Flotte, *Chirurgien à Taulignan*, Meynot, *Négociant à Donzere*, Bignan-de-Coyrol, *Négociant à Suze-la-Rouſſe*, Varonnier, *Bourgeois, à Pierrelatte*, Delaye, *Négociant à la Garde-Adhémar*, Barthelemy de St. Martin, *Châtelain de Chamaret-le-Maigre.*
Suze-la-Rouſſe.	Bignan de Coyrol, *Négociant.*

Bailliage de Saint-Paul-Trois-Châteaux.

Ville de Saint-Paul-Trois-Châteaux, Saint Reſtituy, Beaume-de-Tranſit.	Thune, *Procureur Fiſcal de Saint-Paul-Trois-Châteaux.*

Bailliage du Buis.

La Ville du Buis, La Roche, Montaulieu & Rocheblave, La Bâtie-

Noms des Villes, Bourgs, Paroisses & Communautés qui ont nommé des Députés.	Noms des Députés.
Coste-Chaude, Rochebrune, Câteau-Neuf-de-Bordette, La Rochette sur Saint Auban, Montbrun, Reillanete, Propiac, La Penne, Montauban, L'Epine, Redortier, Pleysian, Laborel, Izon & Chabreil-lès-Izon, Roussieu, Chauvac, Vers, Saint Sauveur.	MM. De Bertrand, *Comte de Montfort, dans les Etats du Saint Siège, Lieutenant-Général au bailliage du Buis, Député des Jurisdictions de son Siege*, Vachier, *Avocat*.
Ville de Nyons.	De Bertrand-de-Montfort, Romieu-Desforgues, Goubert, *Échevin*.
Venterol & Novezan, Clansayes, Vinsobres, Teyssieres, Condorcet, Aubres, Saint Maurice, Molans, Saint-Marcellin-lès-Vaison, Pierre-Longue, Saint Auban, Rions, La Fare, Olan, Vercoiran, Arpavon, Mevouillon, Sainte Euphemie, Bésignan, Poët-Empercipe, Mont-Réal, Curnier.	Consolin-de-Bacular, *Licentié ès-droits*, Goubert, *Échevin de Nyons*, Givaudan, *Bourgeois à Sahune*, Vian, *Notaire à Sainte-Euphemie*.

Noms des Villes, Bourgs, Paroiſſes & Communautés qui ont nommé des Députés.	Noms des Députés.
Sénéchauſſée de Creſt & de Diois.	
Ville de Creſt, Roche-ſur-Grane, Piégros, Cobone, Divajeu, Lambres, Chomeane, Mornans & Barri, Bourdeaux, Bezaudun, Crypies, Leſtonils.	MM. Richard, *Avocat, Maire de Creſt.*
Grane.	Brochier, *Notaire.*
Autichamp.	Chaniac, *fils, Avocat.*
Saou, Francillon, Célas.	Gauteron, *Marchand.*
Soyans, Auriple, Châtel-Arnaud, Saint-Morand, Saint-Sauveur.	Didier, *Avocat.*
Saillans.	Barnave, *fils, Avocat,* Barnave.
Saint-Benoît-de-Rimon, La Chaudiere, Eſpenel	Reynier, *Négociant à Eſpenel.*
Veronne.	Roman-de-Fonroza, *Avocat à Die,* Barnave, *de Saillans.*
Barri & Verchini.	Barnave, *fils, Avocat.*
Montclar.	Richard, *Maire de Creſt,* Didier, *Avocat.*
Le Vercors.	
La Chapelle.	Blanc, *Marchand.*
Saint-Martin, Saint-Jullien, Saint-Agnan.	Argoud, *Échevin de Die.*
Vaſſieu.	De Lamorte, *Maire de Die,* Argoud, *Échevin à Die,* Lagier-de-la-Condamine, *Avocat.*

Noms des Villes, Bourgs, Paroisses & Communautés qui ont nommé des Députés.	Noms des Députés.
Le Pouet, Romeyer, Barnave, Volvent.	MM. De Lamorte, *Maire de Die.*
La Ville de Die, Chamaloc, Montlaur, Genfac, Montmort.	De Lamorte, *Maire de Die*, Lagier-de-la-Condamine, *Avocat à Die.*
Aix, Molieres.	Lagier-de-la-Condamine, *Avocat à Die.*
Laval-d'Aix.	Garin, *Conful.*
Châtillon-lès-Die, Glandage, Bonneval.	Blanc-Grandcombe, *Notaire, à Châtillon.*
Menglon.	Reynaud-de-la-Gardette, *de l'Académie de Valence.*
Boulc, Creyers, Mifcon.	Pafcal, *Notaire à Luc.*
Pradelles, Brette, Petit-Paris, Guifans, Bouvieres, Penes-fur-Barnave.	Nier, *Greffier.*
St. Nazaire-le-Défert.	Achard-de-Germane, *Avocat.*
Luc.	Ferroud, *Maître particulier des eaux & Forêts, à Die.*
Lefches.	Joubert, *Conful.*
Trefchenu.	Chancel, *Conful.*
Lus-la-Croix-Haute.	Laval, *Bourgeois.*
La Motte-Chalançon, Réottier, Chalençon, Eftablet.	Magnan, *Avocat & Notaire, à la Motte-Chalençon.*

Noms des Villes, Bourgs, Paroisses & Communautés qui ont nommé des Députés.	Noms des Députés.
Gigors, Beaufort, Plan-de-Baix, Saint-Ferréol, Pontaix, Barsac, Saint-Andéol-en-Quint, Saint-Jullien-en-Quint, Egluy & le Col-de-Veran, Ansage, Omblese, Le Pescher, Arnayon, Poyols, Beaurieres, Saint-Cassien, La Bâtie-Cramezin, Saint-Dizier, Bellegarde, Charens, Valdrome, Les Prés, La Bâtie-des-Fonds, Ville-Perdrix, Chaudebonne, Joncheres, Fourcinet.	MM. Richard, *Maire de Crest*, Reboul-la-Julliere, *Avocat à Crest*, Reynaud-de-la-Gardette, *de l'Académie de Valence*, Grangier, *Notaire à Sainte-Croix*, Pourtier, *Bourgeois à Beaufort*, Tortel, *Procureur du Roi, à la Maîtrise de Die*, Chevandier, *Négociant à Die*.

Noms des Communautés dont les Députés ne se sont pas rendus à l'Assemblée, & de celles qui ont déclaré adhérer aux Délibérations qui y seront prises.

Aubenas.	Aouste.	Sainte-Croix.	Montferrand.
Marignac.	Aucelon.	Mirabel, aux Baronnies.	Sahune.
Mirabel, en Diois.	Ourcinas.		Tulletes.
Suze, en Diois.			Rochegude.

LES TROIS-ORDRES ont tenu, chacun féparément, des affemblées, particulieres, les cinq, fix, fept, huit & neuf de ce mois, pour reconnoître ceux qui ont le droit d'être admis à l'Affemblée générale, & vérifier les pouvoirs, des Députés.

Meffieurs de la Nobleffe, afin que les autres Ordres puiffent fe proportionner à leur nombre, ont irrévocablement fixé celui des votants, pour cette Affemblée, aux perfonnes de leur Ordre qui fe font trouvées à Romans le cinq, & qui étoient au nombre de cent quatre-vingt-dix, & arrêté que Meffieurs du Clergé ne formant que le nombre quarante-huit, on comptera le fuffrage de chacun d'eux pour deux voix, jufqu'au nombre de quatre-vingt-quinze voix.

Ces arrangements approuvés par Meffieurs du Clergé, & communiqués au Tiers-Etat, ont été également approuvés par cet Ordre, & les Repréfentants des Communes, afin de fe réduire à l'égalité de fuffrages avec les deux autres Ordres, ont délibéré de fixer à deux cents quatre-vingt-cinq le nombre de ceux qui pourront voter dans les féances générales ou particulieres, & de faire cette réduction de maniere que le diftrict de chaque élection foit à-peu-près également repréfenté : & comme le défaut de temps n'a point permis de fe livrer aux calculs qu'auroient pu exiger les intérêts refpectifs de chaque élection, il a été convenu que pour l'Affemblée actuelle feulement, fans tirer à conféquence pour l'avenir, & fans préjudice de la véritable repréfentation qui pourroit appartenir aux différentes élections, les députés du diftrict de l'élection de Grenoble nommeroient entr'eux foixante-quatre perfonnes; ceux de l'élection de Romans, quarante-quatre; ceux de l'élection de Valence, trente; ceux de l'élection de Montelimar, trente-fept; ceux de l'élection de Vienne, n'étant qu'au nombre de foixante-fept, il a été réfolu que devant avoir foixante-treize voix, d'après la proportion ci-deffus, ils nommeroient fix perfonnes, à chacunes defquelles, ils donneroient deux voix; que ceux de l'élection de Gap, n'étant qu'au nombre de trente-un, en nommeroient fix qui auroient également double voix.

Les diverfes Elections fe font divifées pour procéder à la nomination de ceux qui doivent opiner dans le Tiers-Etat. Les Repréfentants des Communautés qui compofent l'Election de Grenoble, ont nommé MM. *Piat-Defvial, Barthellemy–Dorbane, Dumas, Eynard, Bertrand, Bernard, Farconet, Meyer, Pifon-du-Galand, Allemand-Dulauron, Renauldon, Romain-Mallein, Royer,* ainé, *Réal, Pal, Imbert-Defgranges, Jail, Guerre, Chabert,* fils, *Bigillion, Bernard,* de Valbonnois, *Boulon, Arvet, Aman, Gagnon, Laugier, Robert, Pafcal, Rubichon, Botut, Bon, Bouvier, Chanel,* fils; *Dejean, Teiffcire, Guillot, Helie, Chabert, Dufrefne, Jullien,* du Villard de Lans; *Jat, Jullien,* de Tencin; *Allard-Duplantier, Amard-de-Chaftelard; Allemand-des-Chemins; Faucherand,* Notaire; *Blanc, Grand-du–Fay, Mécou, Santon, Dos, d'Orgeval, Bigillon-de-la-Bâtie, Coindre de la Tivoliere, Brette, Jouguet, Desjardins, Defmoulins, Dumolard, Margot, Faure, Sabatier, Vivian & Mounier.*

Les Repréfentants des Communautés qui compofent l'Election de Vienne, ont nommé ceux qui, parmi eux, doivent avoir deux voix.

MM. *Hilaire, Chabroud, fils; de Rofiere-de-Champagnieu, Fleury,* Bourgeois de Feyzin; *Revolat,* Médecin; *Michoud,* Bourgeois.

Ceux de l'élection de Romans ont nommé MM. *de Lacour-d'Ambefieux, Broffat,* de Moyrans; *Mortillet,* de Romans; *Quincieux, Dochier, Champel, Reynaud, Florantin, Doriol, Colonge, Lacour,* Notaire; *Geniffieux, Nivolet, Mogniat, Enfantin, Bonnet, Vachon, Julliet, Gril, Gontier, Legentil, Fleury, François, Genin, Giraud, Fontaine, Mortillet,* de Saint-Jean; *Peroufe, Repiton-Préneuf, Reymond, Cochet, Ribaud-Gaubernard, Pain du Perron, Boiffonnet, Julin, Jacolin, Gagniere, Monet, Guillermet, Juvenet, Triolle, Salomon, Charpeney, Imbert & Boiffieu.*

Ceux de l'élection de Valence, MM. *Ezingeard, Vignon, Rubichon, Cara de Maſſotier, Didier, Melleret, Revol, Servan, Bochard, Bournat, Achard, Degros, Bret, Urtin, Blancard, Bellier, Bleton, Berenger, Bouvier, Bayle, Teiſier, Terrot, Maſſot, Bellier*, de Peyrus; *Duroſet, Dupont, Jubié, Lambert, Roux & Pey.*

Ceux de l'élection de Gap ont déclaré donner deux voix à MM. *Marchon, Colomb, Achard de Germane, Champrouet, Ardoin & Blanc.*

Ceux de l'élection de Montelimar ont nommé MM. *de Bertrand de Montfort, Cheynet, Freycinet, Chaniac,* pere; *Lamorte, Romieu, Vachier, Conſolin-de-Baculard, Barnave*, Notaire; *Blanc, Grand, Combe, Bignan, Chevandier, Lagier de la Condamine, Pais, Grangier, Varronier, Meynot, Morin, Lajuliere, Barnave,* fils; *Roman-de-Fonroſa, Argoud, Ferroul, Magnan, Thune, Richard, Serret, Mirabel, Reynaud-la-Gardette, Marcellin, Brochier, Chaniac,* fils; *Pourtier, Givaudan, Laval, Paſcal & Delaye.*

Dans chaque aſſemblée d'élection il a été dreſſé des procès-verbaux des nominations ci-deſſus, pour être remis entre les mains du ſecretaire, ainſi que les pouvoirs des Députés.

Le neuf, MM. les Commiſſaires du Roi ayant été prévenus que tout étoit diſpoſé pour tenir la premiere ſéance de l'Aſſemblée générale, l'ont indiquée pour le lendemain, à dix heures du matin; & en conſéquence, AUJOURD'HUI, DIX SEPTEMBRE, à dix heures & demie du matin, la Nobleſſe & le Tiers-Etat étant réunis dans l'Egliſe des Cordeliers, où ne s'étoit encore rendu qu'un petit nombre de Meſſieurs du Clergé, il a été repréſenté que MM. les commiſſaires du Roi ont fait notifier aux différents Ordres, que l'intention de SA MAJESTÉ eſt que M. l'archevêque de Vienne préſide cette aſſemblée, ſauf aux Trois-Ordres à faire les proteſtations qu'ils jugeroient convenables. La matiere miſe en délibération, il a été réſolu de reconnoître la Préſidence de M. l'Archevêque de Vienne, pour cette Affemblée feulement, & fous des proteftations dont le projet a été lu & unanimement adopté.

Enfuite MM. le Commandeur de Rofan, le Comte de Marfane, le Vicomte de Leyffin, Barthellemy-d'Orbane, Chabroud & Blancard, ont été chargés de fe rendre chez M. l'Archevêque de Vienne, pour lui faire part de la réfolution qui vient d'être prife.

M. l'Archevêque de Vienne étant entré avec M. l'Evêque de Grenoble, & accompagné par la plus grande partie de Meffieurs de l'Ordre du Clergé, qui ne s'étoient pas encore rendus; M. le Comte de Morges, Préfident de l'Ordre de la Nobleffe, en s'adreffant à M. l'Archevêque de Vienne, a dit à haute voix :

« MONSEIGNEUR, l'Affemblée me charge expreffément de vous dire que
» fi elle s'eft abftenue de délibérer fur l'élection de la perfonne qui devoit
» la préfider, & vous reconnoît pour Préfident, c'eft pour donner à Sa
» Majefté des marques de fon refpect pour fes intentions ; que c'eft pour
» cette Affemblée feulement, & fans préjudice à tous les droits & intérêts
» de la Province, & au vœu déjà manifefté des différents Ordres, concer-
» nant l'élection libre de toutes les perfonnes & de toutes les places ;
» laquelle proteftation fera inférée dans le Procès-Verbal de cette Affem-
» blée. »

M. l'Archevêque de Vienne a répondu : *J'adhère à cette Proteftation & j'y joins la mienne.*

M. l'Archevêque s'eft placé au fond de la Nef, près du Sanctuaire, ayant à fa droite le Clergé, à fa gauche la Nobleffe, & le Tiers-État des deux côtés, & en face joignant immédiatement les deux premiers Ordres, le tout fans obfervation de rang, d'âge & de préféance dans chaque Ordre; M. l'Evêque de Grenoble & M. le Comte de Morges ont fiégé chacun à la tête de leur Ordre. Le Tiers-Etat n'a point élu de Préfident.

Enfuite M. le Préfident a dit, qu'il paroiſſoit convenable d'avertir MM. les Commiſſaires du Roi, que l'Aſſemblée étoit formée. M. Mounier, Secretaire, a été député pour fe rendre à cet effet chez MM. les Commiſſaires du Roi. M. Mounier, étant revenu, & M. le Duc de CLERMONT-TONNERRE ayant fait prévenir l'Aſſemblée, par le Capitaine de fes Gardes, que MM. les Commiſſaires du Roi étoient à l'entrée de l'Eglife, l'Aſſemblée a député M. l'Evêque de Grenoble & MM. l'Abbé de la Salcette, le Chevalier de Murinais, le Marquis de Loras, le Comte de Marſane, le Vicomte de Leyſſin, de Bertrand-de-Montfort, Barthellemy-d'Orbanc, Chabroud, Dambeſieu, Marchon & Blancard, qui ont reçu, trois pas au delà de la porte de l'Eglife, M. DE CLERMONT-TONNERRE, Duc & Pair de France, Chevalier des ordres du Roi, Lieutenant Général de fes Armées & de la Province de Dauphiné, y commendant; M. le Comte de Narbonne-Fritzlard, Grand-Croix de l'Ordre de Saint Louis & Commandeur de l'Ordre Saint Lazare; M. Cafe, Baron de la Bove, intendant de la Province.

MM. les Commiſſaires du Roi font entrés, accompagnés de MM. les Députés; l'Aſſemblée s'eſt levée pour les recevoir, & MM. les Commiſſaires du Roi l'ont faluée.

MM. les Commiſſaires du Roi ayant pris leurs places dans l'Aſſemblée, M. LE DUC DE CLERMONT-TONNERRE a remis au Secrétaire, qui s'eſt avancé pour la recevoir, la lettre clauſe de Sa Majeſté, aux Trois-Ordres de la Province, & le Secrétaire a fait lecture de cette lettre, dont la teneur fuit :

De par le Roi Dauphin.

TRÈS CHERS ET BIEN AMÉS, nous avons chargé notre coufin LE DUC DE TONNERRE, le fieur Comte de Narbonne & le fieur Cafe de la Bove,
» d'aſſiſter, en qualité de nos Commiſſaires, à l'Aſſemblée que nous avons
» convoquée à Romans & que vous compofez; ils vous feront, ainſi que

» nous le leur avons ordonné, connoître nos intentions, & vous devez
» avoir, en ce qu'ils vous diront de notre part, la même confiance que
» vous auriez en notre perfonne. Convaincus de votre zele pour le bien
» public & pour notre fervice, nous fommes d'autant plus perfuadés que
» vous vous conformerez ponctuellement à nos ordres, qu'ils ont unique-
» ment pour but l'avantage de notre province de Dauphiné ; & la préfente
» n'étant pour autre fin, nous ne vous la ferons ni plus longue ni plus
» expreffe. DONNÉ à Verfailles, le dix août mil fept cent quatre-vingt-huit.
» *Signé*, LOUIS. DE LOMENIE, Comte DE BRIENNE. »

Ladite lettre a été laiffée fur le bureau.

MM. les Commiffaires du Roi étant affis & couverts; & les Membres de l'Affemblée étant également affis & couverts, M. le DUC DE CLERMONT-TONNERRE a dit :

MESSIEURS,

« Le Roi ayant fuffifamment fait connoître fes intentions modifiées,
» fuivant les circonftances & le vœu des Trois-Ordres, S. M. veut bien
» encore vous donner une nouvelle preuve de fa bonté paternelle, en
» rétabliffant, fous une forme plus avantageufe, vos Etats provinciaux qui
» étoient fufpendus.

» Vous allez, Meffieurs, vous occuper d'un travail d'autant plus intéres-
» fant, qu'il doit opérer le bonheur particulier des peuples de cette Pro-
» vince & celui de leurs defcendants.
» VOTRE zele ne laiffera fûrement rien à defirer à cet égard.

» J'OSE me flatter, Meffieurs, que le mien vous eft affez connu pour
» n'avoir aucun doute que je ne coopere en tout ce qui pourra dépendre
» de moi, pour donner à la Province de nouvelles preuves de mon atta-
» chement. »

Ensuite M. Cafe, Baron de la Bove, a dit :

Messieurs,

« Le Roi, uniquement occupé du bonheur de fes peuples, n'attend que
» de connoître le vœu de la Nation, pour lui affurer à jamais une admi-
» niftration qui concilie fes vrais intérêts avec l'honneur du nom François
» & l'amour qu'elle porte à fon Souverain.

» Si la connoiffance des befoins de l'Etat a été le principe des événe-
» ments qui, dans quelques Provinces, ont pu caufer quelques alarmes,
» les lumieres qui ont été répandues depuis long-temps pour éclairer les
» peuples, les élans de patriotifme qui en ont été les effets, la publicité de
» la fituation des finances, les améliorations projetées, les retranchements
» effectués, enfin la juftice & la bonté paternelle de Sa Majefté,......
» que faut-il de plus pour infpirer la confiance & raffurer toutes les claffes
» des Citoyens ? Un Miniftre défigné par l'opinion publique, le guide le
» plus fûr pour éclairer les Rois, eft rappellé aujourd'hui à la tête des
» finances. La Nation va être raffemblée autour du Trône, fous les yeux
» d'un Monarque qui ne cherche que la vérité. Au moment de cette époque,
» peut-être la plus touchante de nos annales, pour le Prince & pour fes
» fujets, le moindre foupçon feroit un crime; la reconnoiffance feule &
» l'enthoufiafme pour le Souverain, font les feuls fentiments qui doivent
» fe manifefter & s'éternifer dans tous les cœurs.

» Sa Majefté a toujours annoncé qu'Elle conferveroit les privileges de
» fes Provinces; Elle vous donne aujourd'hui un témoignage bien authen-
» tique de la fidélité de fes engagements; on peut même dire qu'Elle y
» ajoute une recherche qui doit vous prouver à quel point Elle veut être
» affurée des moyens les plus efficaces de faire votre bonheur

» Dans la crainte que vos formes anciennes ne puiſſent exciter de nou-
» velles réclamations, Elle vous raſſemble pour vous conſulter, & vous
» mettre à portée de lui faire connoître celles que vous croirez les meilleures
» pour procurer au Dauphiné une conſtitution ſage, en peſant, dans une
» juſte balance, les intérêts des différents Ordres, & ceux de tous les
» Cantons de cette Province.

» Heureux, Meſſieurs, ſi, après avoir cherché conſtamment à y faire
» tout le bien qui pouvoit dépendre de moi, éclairé aujourd'hui de vos
» lumieres & de vos exemples, je peux encore me flatter d'y contribuer. »

M. l'Archevêque, préſident, a répondu au nom de celle-ci, et a dit :

« Monsieur, c'eſt avec la joie la plus vive que nous recevons de votre
» bouche la nouvelle aſſurance des bontés paternelles du Roi envers le
» Dauphiné ; quel ſera le véritable & l'heureux fruit de notre reconnoiſ-
» ſance ? Quelle preuve en devons-nous à Sa Majeſté ? Un ouvrage entrepris
» avec ardeur, ſuivi avec application, terminé avec une ſage célérité, ſalu-
» taire à cette Province, digne des Trois-Ordres qui ſont ici raſſemblés.
» Vous allez être témoin, Monſieur, de leurs efforts & de leurs travaux ;
» dans le compte que vous en rendrez, vous n'aurez que des éloges à
» donner aux Membres de l'Aſſemblée, & qu'une douce ſatisfaction a
» répandre dans le cœur de notre Souverain. MM. les Commiſſaires du
» Roi trouveront en nous un zèle actif, & unanime. Nous eſpérons d'eux
» de puiſſantes reſſources pour ſeconder le patriotiſme & pour contribuer
» au bien public. »

MM. les Commiſſaires du Roi ſe ſont levés, ont ſalué & ſe ſont mis en
marche, pendant laquelle les Membres de l'Aſſemblée étoient debout &
découverts, & les mêmes Députés les ont accompagné juſqu'à l'endroit où
ils les avoient reçu.

MM. les Commissaires du Roi retirés, & les Députés étant rentrés & ayant repris leurs places, M. l'Evêque de Grenoble s'adressant à M. l'Archevêque de Vienne, a dit :

Monseigneur,

« Les sentiments que vous avez témoigné & garanti à la tête de cette
» Assemblée, en présence de MM. les Commissaires du Roi, justifient
» pleinement les motifs d'égard & de confiance qui ont porté les Trois-
» Ordres à maintenir en votre faveur le choix indiqué par le gouverne-
» ment; j'y adhere avec satisfaction, & serai toujours empressé d'offrir à
» votre expérience, vos lumieres & vos vertus, l'hommage qui leur est dû. »

Ensuite M. l'Evêque de Grenoble s'adressant à l'Assemblée, a dit :

« Mais, Messieurs, forcé, par un devoir rigoureux, de prévoir tout ce qui
» pourroit porter atteinte aux droits que j'ai à défendre, j'oserai, Messieurs,
» vous prier de vouloir bien me permettre de protester ici & devant vous,
» contre tout ce qui pourroit être induit de ma présence, dans cette Assem-
» blée, à laquelle le desir de partager vos travaux pour le bien public, m'a
» fait une loi d'accourir; j'oserai encore demander qu'il en soit fait mention
» dans vos regiſtres; je suis prêt, Messieurs, au moment qu'il vous plaira
» de m'indiquer, & avec confiance dans vos lumieres & votre équité, à
» mettre sous vos yeux les motifs & les titres qui autorisent le siege que
» j'ai l'honneur d'occuper, à réclamer son ancien droit de présider les
» Trois-Ordres dans les Etats du Dauphiné. »

M. l'Evêque de Grenoble continuant d'adresser la parole à l'Assemblée, a représenté l'état actuel de la Province, & a proposé de charger une Commission d'adresser une lettre au Roi, qui exprimeroit la reconnoissance des Trois-Ordres, les assurances de leur zele pour seconder ses vues bienfaisantes, & réclameroit le prompt retour de la Justice.

Les Députés de la Cathédrale de Grenoble ont déclaré adhérer aux proteftations de M. l'Evêque de la même Ville.

M. Planelli, Marquis de Maubec, a dit :

Messieurs,

« En annonçant, comme vous l'avez fait, que le vœu général de la
» Province étoit que dans les nouveaux Etats toutes les places fuffent
» électives, & en ne faifant aucune exception, qu'il me foit permis de
» vous repréfenter que ce feroit porter atteinte, de la maniere la plus
» décifive, aux droits & aux privileges des premiers Barons, dont les
» prérogatives font établies fur les titres mêmes que vous réclamez.

» Ce n'eft pas, Meffieurs, que je ne fuffe perfonnellement empreffé de
» faire dès-aujourd'hui le facrifice d'un privilege qui, en m'affurant, à la
» vérité, de droit, une place diftinguée dans vos Etats, me flatteroit infini-
» ment moins que fi vos fuffrages daignoient m'y appeller; mais je dois
» éviter de me compromettre principalement vis-à-vis des autres premiers
» Barons, qui font abfents, & qui fe propofent fans doute de vous faire
» connoître leurs réclamations, tant pour la Séance diftinguée dont ils
» ont toujours joui dans vos anciens Etats, que pour les autres préroga-
» tives attachées à leurs Baronnies. Comme je craindrois de ne pas
» défendre fuffifamment des intérêts dont ils ne m'ont pas chargé, je
» n'entrerai dans aucun détail à cet égard; je me bornerai donc, Meffieurs,
» à vous repréfenter que le vœu général de la Province étant de recouvrer
» fes anciens privileges, il ne doit pas, ce me femble, vous paroître jufte
» de détruire entièrement des droits établis fur des titres anciens; qu'en
» rétabliffant vos Etats fous une forme plus avantageufe, vous pourriez
» peut-être conferver aux premieres Baronnies quelques diftinctions qui
» ne feroient aucun tort à la liberté des élections; que ce feroit porter

» préjudice & atteinte à leur propriété, que d'anéantir les prérogatives qui
» y font attachées, & que c'eft un avantage dont vous pouvez dans la fuite
» jouir vous-mêmes, que de conferver à quelques terres de la Province des
» diftinctions particulieres.

» Au furplus, je ne préfume pas, Meffieurs, que dans aucun cas votre
» intention foit jamais de priver les premiers Barons du droit de commi-
» timus au Parlement, dont ils jouiffent de tout temps, & qui tient abfolu-
» ment à leur propriété.

» Mais quels que foient les facrifices que vous exigiez de moi, ils ne
» me coûteront rien lorfqu'ils me feront dictés par le vœu général, &
» qu'ils tendront réellement au bien public.

» Cependant, Meffieurs, j'efpere qu'eu égard aux motifs que j'ai eu
» l'honneur de vous expofer, vous ne défapprouverez pas qu'en adhérant
» d'avance à vos prochaines réfolutions, ce foit fous la réferve, & fans
» préjudice des droits, privileges & prérogatives qui étoient attachés à ma
» Baronnie dans le temps des anciens Etats de la Province, & que ma
» proteftation, à cet égard, foit infcrite fur vos regiftres. »

L'assemblée a arrêté que les proteftations de M. l'Evêque de Grenoble & de M. le Marquis de Maubec, feroient laiffées fur le bureau, pour y être enfuite délibéré, & que les difcours qui ont été prononcés dans la préfente féance par MM. les Commiffaires du roi & M. le Préfident, feroient confignés dans le procès-verbal.

M. le Préfident a renvoyé la féance fuivante à cinq heures de relevée de ce jour.

L'Assemblée s'étant formée de nouveau, à l'heure ci-deſſus, M. le Préſident a obſervé qu'il falloit nommer un Secretaire; & M. Mounier a été nommé & confirmé par acclamations.

Après quoi M. le Préſident a dit qu'il falloit lire de nouveau la Lettre écrite par Sa Majeſté aux Trois-Ordres, pour délibérer ſur ſon enregistrement.

La lettre ayant été relue par le Secretaire, il a été unanimement délibéré qu'elle feroit enregiſtrée.

M. le Préſident ayant propoſé de nommer des commiſſaires, tant pour aſſiſter à la rédaction du procès-verbal, que pour préparer les divers objets des Délibérations & en rendre compte à l'Aſſemblée, la propoſition faite par M. le Préſident, ayant été adoptée, il a été arrêté qu'à l'iſſue de cette Séance les Ordres ſe ſépareroient : le Clergé, pour nommer ſix Commiſſaires; la Nobleſſe, pour en nommer douze, deux dans chaque élection, & le Tiers-Etat dix-huit; c'eſt-à-dire, trois dans chaque Election, & que ces trente-ſix Commiſſaires auroient le pouvoir de former différents Bureaux afin de diviſer entr'eux les objets dont ils doivent s'occuper.

M. le Préſident a indiqué la Séance ſuivante à demain, à neuf heures du matin, & il a ſigné.

† *J. G. Archev. de Vienne, Préſident.*
Mounier, *Secretaire.*

Du Jeudi, onze Septembre, mil sept cent quatre-vingt-huit, à neuf heures du matin.

L'Assemblée ayant pris féance, elle a témoigné à Monsieur l'Evêque de Grenoble le desir d'inscrire dans le procès-verbal le discours qu'il a prononcé; il a répondu que ce vœu, honorable pour lui, étoit une loi; qu'il espéroit pouvoir y satisfaire, quoiqu'il n'eut rien d'écrit le jour qu'il avoit eu l'honneur de parler à l'Assemblée.

M. le Préfident a dit qu'il feroit convenable de nommer l'Imprimeur de l'Assemblée; & le Sieur Cuchet a été nommé par acclamations.

Ensuite, M. le Préfident a dit que des Curés des différents Dioceses de la Province se trouvant actuellement à Romans, defireroient qu'il fût permis à deux d'entr'eux de se préfenter à cette Assemblée, & qu'on voulût bien les entendre.

L'Assemblée ayant donné fon confentement, M. Lemaistre, Curé de la paroisse de Saint Laurent de la Ville de Grenoble, & M. Fusier, Curé de Chirens, sont entrés, & M. Lemaistre a dit qu'ils étoient chargés, par un grand nombre de leurs Confreres, de préfenter à l'Assemblée un Mémoire contenant des protestations; il en a été fait lecture à haute voix. M. le Préfident a invité MM. Lemaistre & Fusier à laisser leur Mémoire sur le bureau, pour y être délibéré, & ils se sont retirés; le Mémoire étoit de la teneur suivante :

« Messieurs les Curés soussignés, se trouvant actuellement à Romans,
» supplient l'Assemblée de confidérer qu'en confiant leur Election aux
» bureaux Diocéfains, on les a privé du droit d'élire librement leurs
» Repréfentants, droit dont ils doivent jouir comme tous les autres

» Citoyens ; qu'ainfi ils font fondés, tant en leur nom, qu'en celui d'un
» grand nombre d'autres Curés, dont ils ont les pouvoirs par écrit, à
» protefter contre la nomination qui a été faite par les Bureaux Diocéfains,
» & contre toute induction qu'on voudroit en tirer à leur préjudice, efpé-
» rant de Meffeigneurs & Meffieurs du Clergé & des autres Ordres, qu'ils
» voudront bien arrêter que, dans toutes les Affemblées des Trois-Ordres
» ou Etats de la Province, les Curés ne pourront être repréfentés que par
» leurs Députés librement élus fous les yeux de leurs Supérieurs ; & les
» fouffignés fupplient encore l'Affemblée d'agréer les témoignages de leur
» reconnoiffance, & de déclarer que les Préfentes feront inférées dans le
» Procès-Verbal. Fait à Romans, le 10 feptembre 1788. *Signés, Doyat,*
» Curé de Saint Martin-de-Miferé ; *Goubet,* Curé de la Mure ; *Jofferand,* Curé
» de Valbonnois ; *Robert,* Curé de Crolles ; *Coufin,* Curé de Notre-Dame-de-
» Vaulx ; *Boifferand,* Curé de Saint Aupre ; *Senaud,* Curé de Savel ; *Roche,*
» Curé de Saint Martin-de-Cornillon ; *Granier,* Prieur-Curé de Parifet ;
» *Lemaiftre,* Curé de Saint Laurent-de-Grenoble ; *Bourgeat,* Curé de Villard-
» Aimon, en Oifans ; *Perronnet,* Curé de Giere ; *Terry,* Curé de la Batie,
» diocefe de Belley ; *Brocheri,* Curé de Saint Clair, diocefe de Vienne ;
» *Darmard,* Curé de Montmiral, diocefe de Vienne ; *Fuzier,* Curé de
» Chirens ; *Biguet,* Curé de Peyrins ; de *Crolard,* Curé de Mours, diocefe
» de Vienne ; *Charbonnel,* Prieur-Curé d'Autichamp, diocefe de Valence ;
» *Clairfond,* Curé de Chabrillan, diocefe de Valence ; *Roux,* Prieur & Curé
» de la Chapelle-en-Vercors ; *Aurioufe,* Curé de Die & Archiprêtre ; *Bellier*
» *du Charmeil,* Curé de Saint Ulalie, diocefe de Die ; *Bellier,* Curé de
» Laval-Saint-Mémoire, même diocefe ; *Allegre,* Prieur-Curé d'Omblefe,
» diocefe de Die ; *Vernet,* Curé de Dieulefit ; *Chabrot,* Prieur-Curé de
» Bezaudun ; *Crouzon,* Curé de Château-Neuf-de-Mazenc, diocefe de Die ;
» *Meyffin,* Curé de Moretel en Dauphiné, diocefe de Lyon ; *Tournu,* Curé
» de Saint Geoire-en-Valdeyne, diocefe de Vienne ; *Perrier,* Curé de
» Moras, même diocefe. »

La matiere mife en délibération, MM. du Clergé ont déclaré qu'ils avoient eux-mêmes, de leur propre mouvement, délibéré d'une maniere conforme aux defirs de MM. les Curés, & il a été unanimement arrêté par les Trois-Ordres, qu'à l'avenir on ne pourroit admettre dans les Etats ou Affemblées des Trois-Ordres, comme Repréfentants de MM. les Curés, que les Députés qu'ils auroient librement élus fous les yeux de leurs Supérieurs.

Il a enfuite été fait lecture de la lifte des trente-fix Commiffaires nommés hier dans les différents Ordres, après la Séance générale.

MM. l'Evêque de Grenoble, l'Abbé de la Salcette, l'Abbé de Vaugelas, le Commandeur de Rofan, le Doyen de l'Eglife de Vienne; Sollier, député de l'Eglife de Saint-Paul-Trois-Châteaux; le Marquis de Baronnat, le Marquis de Langon, le Chevalier du Bouchage, de Saint-Germain, le Chevalier de Murinais, le Marquis de Beauffemblant, de Tardivon, de Barratier, le Marquis de Blacons, fils; le Comte de Marfane, le Marquis de la Villette, le Marquis de Pina de Saint-Didier, Barthellemy-d'Orbane, Piat-Defvial, Pifon-Dugaland, Chabroud, de Rofiere de Champagnieu, Hilaire, de Lacour-d'Ambéfieux, Champel, Guillermet, Blancard, Bérenger, Didier, Bertrand de Montfort, Lagier-de-Lacondamine, Barnave, fils; de la Batie, Brun & Achard de Germane.

M. Chabroud a dit que la Communauté de la Guillotiere eft en inftance au Confeil de Sa Majefté, pour réclamer la jouiffance de tous les Privileges de la Province de Dauphiné, dont elle fait partie; qu'elle efpere que les Trois-Ordres voudront bien protéger fes réclamations, & qu'elle leur a député à cet effet les fieurs Allard & Ferrand, lefquels fupplient l'Affemblée de leur permettre d'entrer.

Sur cette propofition, il a été réfolu d'entendre les fieurs Ferrand & Allard qui, ayant été avertis, font entrés; & après avoir remis leurs pouvoirs, ont fupplié les Trois-Ordres d'examiner leur Mémoire & leurs Pieces juftificatives.

Il a été auffi-tôt délibéré que ce Mémoire fera laiffé fur le Bureau, ainfi que les Pieces qui y font relatives; qu'elles feront remifes aux Commiffaires, pour en faire leur rapport à l'Affemblée; que les fieurs Ferrand & Allard peuvent cependant affurer à leurs Commettants que les Trois-Ordres font très-difpofés à protéger leurs réclamations après l'examen de leurs Titres : & M. le Préfident ayant fait part aux fieurs Ferrand & Allard, de la réfolution qui vient d'être prife, ils fe font retirés.

M. le Préfident a dit qu'il feroit utile de renvoyer à l'examen des Commiffaires les objets contenus dans les Difcours de M. l'Evêque de Grenoble, ainfi que fes proteftations & celles de M. le Marquis de Maubec, ce qui a été accepté par l'Affemblée.

MM. les Commandeurs de Malthe ayant été placés immédiatement après MM. les grands-Vicaires délégués par les Archevêques & Evêques abfents, ont déclaré protefter à ce fujet, foutenant devoir être placés après les Prélats. Les Repréfentants des Archevêques & Evêques ont fait leurs proteftations contraires.

Les Repréfentants des Cathédrales & Collégiales, & les Députés diocéfains ont protefté contre la préféance prétendue par MM. les Commandeurs de Malthe, qui fe font placés au deffus d'eux, & M. de Saint-Albin, Doyen de l'Eglife de Vienne, & Abbé-Commandataire de l'Abbaye Royale d'Aulnay, & M. de Rachais, Doyen du Chapitre Noble de Saint-Pierre & de Saint-Chef, ont fait à cet égard des proteftations particulieres; MM. les Commandeurs de Malthe en ont fait de contraires.

Il a été délibéré que pour demander les opinions & compter les voix dans cette Affemblée, lorfqu'il n'y aura point de motif pour féparer les

Ordres, on appellera un Membre du Clergé, deux de la Nobleffe & trois du Tiers-État, & ainfi de fuite.

M. le Préfident a indiqué la Séance prochaine à demain, à neuf heures du matin, & a figné;

† *J. G. Archev. de Vienne, Préfident,*
Mounier, *Secretaire.*

Du Vendredi, douze Septembre mil fept cent quatre-vingt-huit, à neuf heures du matin.

M. le Marquis de Blacons, fils, a dit qu'il a été chargé, par MM. les Commiffaires, de faire le rapport des objets qui ont été difcutés dans leur féance. Il a annoncé qu'ils ont formé trois Bureaux, l'un qui doit s'occuper de préparer les rapports & examiner les affaires générales; un autre qui doit plus fpécialement s'occuper de la formation des Etats, & un troifieme pour la rédaction du Procès-Verbal & la revifion particuliere, avant de rendre compte à l'Affemblée. M. de Blacons a ajouté que ceux qui auroient des mémoires fur les Etats ou fur d'autres objets, étoient invités à en faire part aux Commiffaires, & que ceux-ci avoient penfé qu'il feroit utile d'écrire une lettre au Roi, pour exprimer les fentiments de reconnoiffance des Trois-Ordres, & demander le prompt rétabliffement des Tribunaux, dans toutes leurs fonctions, & d'écrire une lettre à M. Neker, pour lui témoigner la fatisfaction qu'ont éprouvée les Trois-Ordres de cette Province, en apprenant fon rappel au Miniftere des finances.

Sur ce rapport, l'Affemblée a approuvé la divifion des bureaux, & a délibéré que les lettres propofées par MM. les Commiffaires, feroient écrites, & qu'ils feroient priés de les préparer ; il a été également délibéré que lorfqu'il fera fait lecture de quelques mémoires dans l'Affemblée, on ne pourra prendre aucune délibération fur les objets qui y feront contenus, fans renvoyer au lendemain, & qu'en conféquence, après leur lecture, ils feront remis aux Commiffaires.

M. le Préfident a dit qu'il étoit de la derniere importance qu'aucune des perfonnes qui compofent cette Affemblée, ne s'abfentât de la Ville de Romans avant d'en avoir prévenu & d'avoir fait connoître leurs motifs ; fur quoi il a été délibéré que lorfqu'on auroit des motifs indifpenfables pour s'abfenter, on feroit obligé d'en faire part à M. le Préfident, ou au plus ancien de chaque Election qui lui en rendroit compte.

M. l'Evêque de Grenoble a remis fur le bureau la copie du Difcours qu'il a prononcé dans la premiere Séance, pour être inférée dans le Verbal, ainfi que l'Affemblée a bien voulu lui en témoigner le defir.

Ce Difcours eft de la teneur fuivante :

Messieurs,

« Dans ce moment où les Trois-Ordres font raffemblés pour les intérêts
» les plus précieux de la Province, notre premier mouvement eft de jeter
» les yeux fur elle. Nous avons des motifs d'efpérance, mais ils ne peuvent
» encore avoir fait difparoître toute agitation & toute jufte inquiétude. De
» quelle utilité pourroient être nos efforts fans le retour entier & préalable
» du calme & de la paix ? Nous devons chercher à infpirer la confiance,
» fentiment néceffaire pour opérer le bien. Quel droit pourrions-nous y
» prétendre par un filence qui, dans la crife violente où nous fommes
» encore, pourroit être envifagé comme une coupable fécurité ?

» Sans doute nous avons à offrir au Roi l'assurance de notre respect, de
» notre amour & de notre zele pour seconder ses vues bienfaisantes ; mais
» nous trahirions sa confiance si nous hésitions à lui faire connoître le
» malheur de son peuple, & combien il devient chaque jour plus pressant
» de lui porter secours. Le plus digne hommage que doive au Roi notre
» reconnoissance, c'est celui de la vérité. Nous avons à espérer qu'elle
» n'éprouvera plus d'obstacles.

» Douze Membres de la Noblesse de Bretagne, rassurés par une confiance
» inébranlable dans la bonté du Roi, & par l'espérance que leurs concitoyens
» parviendront à éclairer sa justice; fiers de leurs propres sentiments, de la
» réclamation publique de la Noblesse du Dauphiné, & de se voir les victimes
» de leur dévouement aux droits de leur patrie, sont encore dans les fers
» comme des criminels d'Etat. M'honorant d'être leur compatriote, je me
» félicite, Messieurs, de pouvoir être ici l'interprète & le garant de la recon-
» noissance qu'ils ne peuvent vous témoigner; j'aime à augurer que, dans ce
» moment même, ce ne sont déjà plus des réclamations & des doléances,
» mais des actions de grâces que nous avons à préparer en leur faveur.

» Le sort des droits & privileges de la Province est encore en suspens.
» Le silence forcé des Tribunaux est une source de confusion & de désordre ;
» c'est une calamité publique. La fraude est enhardie par l'impunité; les
» contestations entre les citoyens restent indécises, sans espoir de dédom-
» magement; les propriétés sont en souffrance, ou dans une réelle inquié-
» tude, on pourroit même en avoir sur sa sûreté personnelle ; les prisons
» regorgent ; point de Tribunaux pour punir ou pour absoudre; l'inno-
» cence peut y être entassée avec le crime, elle n'a plus les mêmes moyens
» pour se faire reconnoître; sa voix ne peut plus se faire entendre, sans
» doute nous lui devons la nôtre.

» La promesse des Etats-Généraux, promesse authentique, dont la France
» entiere s'est empressée de se saisir; le rétablissement de nos Etats Provin-

» ciaux, le rappel heureux d'un nouveau Miniftre que le public fe plaît à
» honorer de fon eftime & de fa confiance, tout femble devoir nous encou-
» rager & nous faire efpérer le prompt retour de la Juftice, & la furveillance
» journaliere des Loix confiées à des Magiftrats que la Nation réclame;
» c'eft alors que notre reconnoiffance pour le Souverain que nous aimons,
» n'aura plus à connoître de bornes, & que nous verrons enfin des jours
» calmes fuccéder à des temps orageux, dont il n'y eut jamais d'exemple.

» Je croirois donc, MONSEIGNEUR & Meffieurs, que nous pourrions
» charger une Commiffion de s'occupper d'une lettre au Roi, qui expri-
» meroit, avec toute la force de la vérité, avec refpect & avec confiance,
» les fentiments dont nous fommes pénétrés; lorfqu'elle auroit eu l'aveu
» de l'Affemblée, elle pourroit être remife entre les mains de MM. les
» Commiffaires du Roi; je crois leur rendre un hommage digne d'eux, en
» ne me permettant pas de douter qu'ils s'empresseroient de la faire par-
» venir avec célérité, & de l'appuyer avec zele & de tout leur crédit. »

LA Séance a été renvoyée à demain, à dix heures du matin, & M. le Préfident a figné;

† *J. G. Archev. de Vienne, Préfident.*

MOUNIER, *Secretaire.*

Du Samedi, treize Septembre mil fept cent quatre-vingt-huit, à dix heures du matin.

M. le Marquis de Blacons, fils, a dit que MM. les Commiffaires fe font occupés de la rédaction de la lettre au Roi, & d'une lettre à M. Necker, mais qu'elles ne pourront être lues que dans la premiere Séance.

M. le Préfident a invité tous les Membres de l'Affemblée à fe rendre à une Meffe du Saint Efprit, qui feroit célébrée demain, à dix heures du matin, dans la préfente Eglife.

Il a été arrêté qu'on affifteroit à cette Meffe en Corps d'Affemblée.

M. le Préfident a renvoyé la Séance à fix heures de relevée de ce jour, pour entendre la lecture de la lettre écrite à Sa Majefté, & de celle à M. Necker, & il a figné :

† *J. G. Archev. de Vienne, Préfident.*

Mounier, *Secretaire.*

Dudit, treize Septembre mil huit cent quatre-vingt-huit, à fix heures du foir.

On a fait lecture des lettres dont la teneur fuit :

SIRE,

DE grands malheurs font quelquefois le fignal des plus heureufes révolutions. L'excès des abus rappelle fouvent à ces regles primitives, qui furent créées pour les prévenir : c'eft dans les crifes de l'Etat qu'un bon Prince, un Peuple fidele apprennent à s'entendre mutuellement, & trouvent, dans l'union de leurs volontés, la fource du bonheur des Hommes & la profpérité des Nations.

Votre province de Dauphiné éprouve encore les effets des innovations qui l'ont alarmée ; mais vous avez été fenfible à fes plaintes ; vous avez cherché la vérité dans le vœu réuni de fes Citoyens. Pourroit-elle douter du fuccès prochain que lui garantit votre juftice, & feroit-ce le moment de s'appéfantir fur des événements qui bientôt ne fe retraceront plus que par le fouvenir des vertus développées dans le fein de Votre Majefté, & de l'éclatante fidélité dont nous avons donné les preuves ?

La promeffe donnée d'affembler inceffamment les Etats-Généraux du Royaume, la Convocation prochaine de ceux du Dauphiné, & la Province occupée à délibérer fur leur formation, tous les abus prêts à s'évanouir, toutes les efpérances juftifiées par la préfence d'un Homme qui fait oublier à la France, pour la feconde fois, qu'il n'a pas reçu le jour dans fon fein, il ne nous refte qu'à fupplier V. M. de preffer le moment où nous n'aurons à vous offrir que des actions de grâces.

Vous avez reconnu ces droits imprefcriptibles, qui cimenterent l'union entre vos aïeux & nos peres ; vous avez fait revivre ces anciennes maximes qui fervirent de fondement au plus majeftueux des Empires, qui créerent votre puiffance, qui firent notre gloire, notre bonheur & peut-être jufques à nos vertus.

Gardons-nous, Sire, d'en perdre jamais la mémoire ; hâtons-nous dès ce moment d'en recueillir les fruits heureux ; & puifque votre province de Dauphiné eft la feule qui puiffe aujourd'hui Vous faire connoître fes vœux, permettez qu'elle Vous préfente, fur ces grands objets, l'expreffion de fes fentiments & le tribut de fes penfées.

Dès les premiers fiecles de la Monarchie, des principes puifés dans le caractere d'une Nation également fiere & fidelle, poferent des bornes au pouvoir & concilierent la Majefté des Rois avec la liberté des Hommes.

Le chaos du régime féodal fit oublier quelques temps leurs droits refpectifs, mais il ne put les anéantir.

Les anciennes formes reparurent avec l'Etabliffement de Communes ; toutes les claffes de Citoyens, en devenant immédiatement les Sujets du

Roi, rentrerent dans l'exercice des droits primitifs, & réunirent leurs vœux dans des Affemblées générales. On vit renaître à la fois l'autorité du Monarque & la liberté des Sujets. Le Prince, trop long-temps réduit aux fimples prérogatives de la fuzeraineté, reprit par degrés l'exercice du pouvoir fouverain, & fon Domaine ne fuffifant plus aux frais d'une adminiftration univerfelle & compliquée, la libre conceffion de l'Impôt s'établit naturellement entre le Peuple, propriétaire, & le Prince, adminiftrateur.

Ce droit fut conftamment exercé par les Affemblées nationales.

Ainfi, du fein du Gouvernement féodal naquit une magnifique conftitution ; un Roi légiflateur ; une Cour, organe fuprême & dépofitaire des Loix, & l'Affemblée nationale, en qui réfide exclufivement le droit d'accorder les fubfides & de fanctionner les Loix nouvelles.

La volonté active, SIRE, & la puiffance de faire les loix, furent réfervées à Vous feul ; à la Nation, le libre confentement ; aux Magiftrats, de prononcer les loix établies.

Sous ces formes auguftes, SIRE, on voyoit la plus heureufe harmonie préfider aux délibérations. Raffemblée autour de fon ROI, la Nation jouiffoit également du bonheur de le connoître & de celui d'en être connue. Le Prince & le Peuple traitant enfemble fans médiateur, ne laiffoient point entr'eux de place pour la calomnie ; le Peuple reftoit libre en obéiffant à des loix faites fous fes yeux, & le Prince ne rencontroit point d'obftacle à des volontés préparées au milieu des acclamations nationales.

SIRE, c'eft avec une femblable conftitution que la Province de Dauphiné fut tranfmife enfuite à vos aïeux, & les principaux articles de fes privileges font la répétition des grandes maximes du gouvernement François.

Sa Cour fouveraine & fes Etats lui furent confervés comme partie intégrante de fa conftitution. Les loix, pour y être exécutées, durent être déposées dans ſes regiſtres particuliers; ſes Citoyens ne durent point être diſtraits de leurs Juges conſtitutionnels; les ſubſides & les nouvelles Loix n'y purent être introduits ſans le conſentement de ſes Etats.

Heureuſe la Nation Françoiſe! heureuſe la Province de Dauphiné, ſi ces précieuſes inſtitutions n'euſſent jamais été confiées qu'à la garde du Prince & du Peuple également intéreſſés à les maintenir!

Mais un pouvoir étranger cherchoit à s'établir ſur leur déſunion, & s'interpoſa pour les diviſer. Des Miniſtres ambitieux enleverent aux Sujets la confiance de leur Roi, pour s'en emparer excluſivement; attaquerent la Conſtitution, pour ſubſtituer aux Loix leurs inconſtantes volontés.

Leur premier attentat, SIRE, fut d'enlever à la Nation la libre expreſſion de ſes vœux; au Roi, ſes vrais Conſeillers; au Peuple, ſes Repréſentants; c'eſt dans ces vues qu'ils ceſſerent, au commencement du ſiecle dernier, d'aſſembler les Etats-Généraux du Royaume, & qu'ils ſuſpendirent bientôt après ceux de la province de Dauphiné.

Dans ce ſilence forcé du Peuple, dans cet oubli de la Conſtitution, les Magiſtrats ſe trouverent les ſeuls qui puſſent défendre les droits de la Nation. Ils s'oppoſerent à l'altération de ſes Loix, & nous leur en devons des actions de grâces : ils accorderent pour elles des ſubſides, & l'aveu ſolemnel de cette erreur, les en a ſeule juſtifiés.

ET cependant, SIRE, c'eſt pour cet aveu, c'eſt pour la noble franchiſe à laquelle votre Royaume doit aujourd'hui l'eſpoir de ſa reſtauration, qu'on a tenté de les anéantir, & d'enſevelir avec eux les derniers fondements de nos libertés.

AVEC quels ſentiments rappellerons-nous cet enchaînement de maux, cette criſe violente, où nous avons vu perſécuter publiquement le patrio-tiſme & l'honneur; provoquer l'intérêt particulier; conſommer la ruine des finances, & bleffer la Majefté du Trône, jufqu'à lui faire oublier fes engagements.

Pénétrés, Sire, jufqu'au fond de nos cœurs, du fentiment de vos vertus, livrés avec la plus profonde confiance à votre juftice enfin éclairée, nous détournons nos yeux de ces fcenes d'effroi; nous ofons attendre dans l'avenir des dédommagements égaux à tous les maux que nous avons fouffert; mais daignez, Sire, daignez effacer promptement les traces qui nous les rappellent.

Si, lorfque ces plaintes parviendront à V. M. quelqu'un de vos fideles Sujets languit encore dans votre difgrâce; fi d'indignes fers retiennent encore ces courageux Magiftrats, ces fideles Bretons, punis pour avoir voulu porter jufqu'à Vous la vérité que vous vouliez entendre, rendez-leur promptement la liberté que réclament pour eux les Loix dont vous êtes le protecteur; accordez-leur le jufte prix de tant de maux & de tant de vertus, & faites difparoître à jamais l'abus, trop long-temps toléré, dont ils ont été les victimes.

Sire, la Nation attend avec impatience le moment où, délivrée de toutes fes alarmes, elle pourra fe livrer, fans trouble, au fentiment qui l'attache à Votre Perfonne.

Faites difparoître des Loix dont le retrait peut feul ramener la fécurité; rendez à la Nation, rendez-nous cet ordre antique de jurifdiction; ces Magiftrats, ces Tribunaux qui font une propriété de votre peuple, une partie effentielle de fes droits, & qui ne fauroient fubir de changements fans fa participation.

Nos Etats vont être convoqués, & Votre Majefté n'attend que notre vœu fur la nouvelle forme qu'ils doivent recevoir; mais l'intérêt de la Nation, mais notre propre intérêt, nous obligent à vous fupplier de hâter le moment où ceux du Royaume feront raffemblés.

C'eft là, Sire, & là feulement que nous pourrons vous offrir le facrifice de nos propriétés, & les plus éclatantes preuves de notre dévouement.

Il importe au bonheur public, à votre Peuple, à Votre Majefté, que les Provinces foient adminiftrées, que leurs Impôts foient répartis, que leurs Privileges foient défendus par leurs Etats particuliers; mais les vrais principes de la Monarchie, l'intérêt de l'Etat & la Majefté du Trône & de la Nation, exigent impérieufement que les Délibérations générales, & furtout l'octroi de l'Impôt, foient exclufivement réfervés aux Etats-Généraux du Royaume.

Ces principes ont été manifeftés dans des Actes émanés de Votre Majefté. Daignez, Sire, nous faire promptement jouir des avantages qu'ils nous promettent : environnée d'un grand nombre de Repréfentants librement élus par toutes les Provinces du Royaume, Votre Majefté réunira le zele & les lumieres de tous les Ordres de l'Etat, & la Nation abandonnera, fans danger, toute fa confiance à des Repréfentants, dont l'élection libre aura fondé le droit, épuré la compofition, & dont le grand nombre confondra, dans l'intérêt commun & général, le trop dangereux afcendant des intérêts particuliers.

Nous fommes, avec un profond refpect,
SIRE,
De Votre Majefté,

Les très-humbles, très-obéiffants & très-fideles Sujets & Serviteurs, les Trois-Ordres de la Province de Dauphiné.

Signé, † J. G. *Archev. de Vienne, Préfident.*

Mounier, *Secretaire.*

LETTRE écrite à M. NECKER, par les Trois-Ordres de la Province de Dauphiné, affemblés à Romans, le 14 Septembre 1788.

Monsieur,

La Nation étoit dans les alarmes, elle touchoit à fa ruine, lorfqu'un Roi jufte vous rappelle ; cet événement a été feul une grande révolution : au deuil profond qui régnoit dans tout le Royaume, ont fuccédé la joie & les acclamations univerfelles.

Les Trois-Ordres de la Province de Dauphiné reçoivent la récompenfe de leur refpectueufe fermeté, en vous voyant reprendre l'adminiftration des finances, que pour le bonheur des François vous n'auriez jamais dû quitter. Le paffé nous apprend affez ce que nous devons efpérer de l'avenir ; vous avez toujours pris pour guide l'opinion publique ; c'eft d'elle feule que vous attendez les éloges qui vous font dus. Jouiffez, Monfieur, de votre gloire. Jamais un Miniftre ne fut honoré, comme vous l'êtes aujourd'hui, du témoignage flatteur de l'eftime & de la reconnoiffance des Trois-Ordres d'une Province.

Nous avons l'honneur d'être,

Monsieur,

Vos très humbles & très obéiffants Serviteurs, les Trois-Ordres de la Province de Dauphiné.

Signé, ✝ J. G. *Archev. de Vienne, Préfident.*

Mounier, *Secretaire.*

M. le Préfident a indiqué la Séance fuivante au quinze de ce mois, à dix heures du matin, & a figné :

✝ J. G. *Archev. de Vienne, Préfident.*

Mounier, *Secretaire.*

Du Dimanche, quatorze Septembre mil fept cent quatre-vingt-huit, fur les dix heures du matin.

L'ASSEMBLÉE s'eft réunie dans l'Eglife des RR. PP. Cordeliers; le Secrétaire a été député à MM. les Commiffaires du Roi, pour les avertir qu'il étoient attendus; ils ont été reçus à l'entrée de l'Eglife par les Religieux célébrants, revêtus de leurs ornements, & ont affifté à la Meffe du Saint-Efprit, ainfi que l'Affemblée. M. le Préfident a figné.

✝ J. G. *Archev. de Vienne, Préfident.*
MOUNIER, *Secretaire.*

Du Lundi, quinze Septembre mil fept cent quatre-vingt-huit.

LE Secrétaire a fait lecture du Procès-Verbal.

Il a été arrêté qu'à l'avenir on lira dans chaque Séance le Procès-Verbal de la Séance précédente.

M. le Marquis de Blacons, fils, a dit : « Meffieurs, j'ai l'honneur de
» préfenter à l'Affemblée le vœu unanime de deux cents dix-neuf Gentils-
» hommes, & de plufieurs Membres du Clergé, fur la Corvée ; il a été
» reconnu jufte que l'impofition qui doit la remplacer, fût fupportée par
» les Trois-Ordres, conformément à la tranfaction de mil cinq cent
» cinquante-quatre. »

» Il paroît néceffaire de confirmer ce vœu pour montrer toujours de
» plus en plus l'unité de principes & d'intérêts des Trois-Ordres de cette
» Province. »

Meſſieurs de l'Ordre du Clergé ont déclaré unanimement adhérer au vœu de Meſſieurs de la Nobleſſe, & en conſéquence il a été arrêté que les Corvées, pour la conſtruction & entretien des chemins, feront irrévocablement abolies & remplacées par une contribution en deniers, ſur les Trois-Ordres, conformément à la tranſaction du ſix Février mil cinq cent cinquante-quatre.

Meſſieurs du Tiers-Etat ayant conféré entr'eux, l'un d'eux a dit : « Meſſieurs, je ſuis chargé par mon Ordre de vous renouveller ſes remer- » cîments; il n'oubliera jamais votre empreſſement à lui rendre juſtice. »

Meſſieurs du Clergé & de la Nobleſſe ont répondu par des applaudiſſements.

M. le Préſident a dit qu'il falloit renvoyer la première Séance à Mercredi, dix-ſept de ce mois, à dix heures du matin, afin de laiſſer aux Commiſſaires le temps de s'occuper d'un plan pour une nouvelle formation des Etats, ce qui a été accepté par l'Aſſemblée, & M. le Préſident a ſigné.

✝ J. G. <i>Archev. de Vienne, Préſident.</i>
Mounier, <i>Secretaire.</i>

Du Mercredi, dix-ſept Septembre mil ſept cent quatre-vingt-huit, à neuf heures du matin.

LE Secretaire a fait lecture du Procès-Verbal de la Séance précédente.

M. Piſon-du-Galand a dit » qu'il a été chargé par MM. les Commiſſaires de rendre compte à l'Aſſemblée, des objets dont ils ſe ſont occupés; après avoir préſenté quelques obſervations générales ſur les fonctions des Etats, il a invité l'Affemblée à délibérer fur le nombre des Perfonnes qui doivent la compofer, fur la fomme qu'on doit leur accorder pour les indemnifer des frais de voyage & de féjour, & fur les qualités néceffaires pour être élu : il a annoncé que les Commiffaires ayant examiné ces diverfes queftions, fe font arrêtés au nombre de cent quarante-quatre, qu'ils ont penfé que les Membres des Etats, qui ne feroient pas employés dans la Commiffion intermédiaire, ne doivent avoir que fix livres par jour, & feulement pendant l'efpace d'un mois, lors même que la tenue des Etats feroit prorogée au-delà de ce terme; que pour être éligible, il faut être âgé de vingt-cinq ans accomplis, & payer cinquante livres d'impofitions réelles. »

La matiere mife en délibération, il a été arrêté que les Membres des Etats feront au nombre de cent quarante-quatre; c'eft-à-dire, de vingt-quatre Perfonnes de l'Ordre du Clergé; quarante-huit de celui de la Nobleffe, & de foixante-douze de celui du Tiers.

L'Affemblée, confidérant que fi l'on n'accordoit aucune indemnité aux Membres des Etats, on pourroit en exclure de bons Citoyens, à qui la médiocrité de leur fortune ne permettroit pas de faire le facrifice des frais de voyage & de féjour; que cependant il eft de la plus grande importance que l'indemnité n'excède point leurs dépenfes ordinaires.

Il a été arrêté que, à l'exception des Officiers & de ceux qui compoferont la Commiffion intermédiaire, lefquels auront un traitement particulier, tous les Membres des Etats recevront, fans diftinction, fix livres par jour pendant tout le temps de leur tenue, fous la réferve, néanmoins que cette fomme ceffera d'être payée après trente jours, y compris le temps du voyage & du retour, quoique les Etats n'euffent pas encore terminé leurs féances.

Il a été de plus arrêté que nul ne fera admis aux Etats, qu'il n'ait atteint la majorité; c'eft-à-dire, qu'il ne foit âgé de vingt-cinq ans accomplis.

de la Province de Dauphiné, 1788.

Meſſieurs de la Nobleſſe ont déclaré, qu'avant de délibérer ſur la quotité de charges réelles, néceſſaires pour être éligibles, ils deſirent d'en conférer entr'eux, & d'aſſembler leur ordre ſéparément pour cet objet, ſauf à en référer enſuite dans l'Aſſemblée générale.

M. le Préſident a indiqué la ſéance prochaine à demain, dix-huit, à quatre heures du ſoir, & a ſigné.

† J. G. *Archev. de Vienne, Préſident.*
Mounier, *Secrétaire.*

Du Jeudi dix-huit Septembre, à quatre heures de relevée.

LE Secrétaire a fait lecture du Procès-verbal de la Séance précédente.

Un de MM. les Commiſſaires ayant fait part à l'Aſſemblée de pluſieurs obſervations ſur les qualités qui ſeront néceſſaires pour être admis aux Etats, les deux premiers Ordres ont déſiré de s'aſſembler ſéparément, pour s'occuper de ce qui peut les intéreſſer particulièrement dans la nouvelle conſtitution des Etats, ſauf à en référer enſuite à l'Aſſemblée générale.

En conſéquence, M. le Préſident a renvoyé la Séance à Samedi, vingt Septembre, à dix heures du matin, & il a ſigné.

† J. G. *Archev. de Vienne, Préſident.*
Mounier, *Secrétaire.*

Du Samedi, vingt Septembre mil sept cent quatre-vingt-huit, à dix heures du matin.

LE Procès-Verbal de la Séance précédente a été lu par le Secrétaire.

PLUSIEURS objets relatifs au plan des Etats, ont été examinés & difcutés dans l'Affemblée.

M. le Préfident a indiqué la Séance prochaine à Lundi vingt-deux, à neuf heures du matin, & il a figné :

† J. G. *Archev. de Vienne, Préfident.*
MOUNIER, *Secretaire.*

Du Lundi, vingt-deux Septembre mil sept cent quatre-vingt-huit, sur les neuf heures du matin.

IL a été fait lecture du Procès-Verbal de la dernière Séance.

ENSUITE M. Hilaire, l'un de MM. les Commiffaires, a fait le rapport de l'affaire du Fauxbourg de la Guillotiere, que l'Affemblée a renvoyé à leur examen ; il a dit que ce Fauxbourg eft en inftance au Confeil de S. M. contre les Prévôts & Echevins de la ville de Lyon.

« QUE dans cette inftance les Habitants de la Guillotiere demandent l'exécution de plufieurs Arrêts rendus au Confeil, au Parlement & à la Cour des Aides de Paris, qui déclarent ou préfuppofent que le Fauxbourg de la Guillotiere & tout le Mandement de Bechevelin dépendent du Dauphiné, & la réparation de deux Arrêts contraires du Confeil, qu'ils difent avoir été furpris par la ville de Lyon, les onze Décembre mil fept cent vingt-cinq & fept Septembre mil fept cent trente-quatre.

« Que, fuivant le Mémoire de ces Habitants, & même d'après les monuments hiftoriques de notre Province, le Fauxbourg de la Guillotiere, jufqu'en mil fept cent vingt-deux, a toujours fait partie du Dauphiné, qu'il a été foumis jufqu'alors à la jurifdiction de fes Tribunaux, & paye encore les droits d'entrée & de fortie, comme les autres Forains.

» Que les Habitants de la Guillotiere, à qui l'on fait fupporter aujourd'hui les charges de la ville de Lyon, n'ont aucun Repréfentant dans fon adminiftration, de maniere qu'ils font, tout-à-la-fois, traités comme Etrangers & comme Citoyens; qu'ils réclament, à ce fujet, la protection des Trois-Ordres de la Province ; qu'ils n'ont pu mettre fous les yeux de l'Affemblée les Titres rappellés dans leurs Mémoires, & énoncés dans un Arrêt du Confeil, du douze Février dernier, lequel ordonne un foit-communiqué à la ville de Lyon, puifque ces mêmes Titres font employés dans l'inftance.

» Que les Commiffaires ont penfé que les Habitants de la Guillotiere n'auroient pu valablement être féparés du Dauphiné & privés de la jouiffance de fes Privileges, fuivant lefquels nul Dauphinois ne peut être diftrait de fa jurifdiction; qu'on n'auroit pu prononcer fans avoir entendu la Province ; que cependant le défaut de production des Titres doit engager l'Affemblée à renvoyer le plus ample examen de cette affaire aux Etats, & à écrire au Miniftre des Finances, pour obtenir la furféance des pourfuites de la ville de Lyon, jufqu'à la convocation des Etats. »

La matiere mife en délibération, l'Affemblée, d'après les motifs énoncés dans le rapport, a déclaré renvoyer le plus ample examen de cette affaire aux Etats qui protégeront les réclamations des Habitants de la Guillotiere, & interviendront au procès s'ily écheoit ; & néanmoins, il a été arrêté qu'une lettre feroit adreffée au Miniftre des Finances, pour obtenir la furféance de l'inftance dont il s'agit, pendant trois mois, à compter du jour de la premiere convocation aux Etats.

M. le Préfident a dit qu'un feul jour fuffiroit à MM. les Commiffaires pour achever entièrement le projet du plan de la nouvelle formation des Etats de la Province, & il a indiqué la Séance prochaine à Mercredi, vingt-quatre, à neuf heures du matin, & il a figné :

☨ J. G. *Archev. de Vienne, Préfident.*
MOUNIER, *Secretaire.*

Du Mercredi, vingt-quatre Septembre mil fept cent quatre-vingt-huit.

LE Secrétaire a fait lecture du Procès-Verbal de la Séance précédente, enfuite il a lu le Plan propofé par MM. les Commiffaires.

M. le Préfident a dit qu'on fera diftribuer aujourd'hui, parmi les Membres de l'Affemblée, des copies de ce Plan, afin que chacun puiffe préparer les obfervations qu'il croira utiles; que cependant on peut mettre actuellement en délibération fi les Membres des Etats doivent y refter trois ans, & un tiers fortir chaque année, ou s'ils doivent y refter quatre ans, & la moitié fortir tous les deux ans.

L'ASSEMBLÉE a arrêté que les Membres des Etats doivent y refter quatre ans, & être renouvellés par moitié de deux en deux ans.

M. le Préfident a indiqué la Séance prochaine à demain Jeudi, vingt-cinq, à neuf heures du matin, & il a figné :

☨ J. G. *Archev. de Vienne, Préfident.*
MOUNIER, *Secretaire.*

Du Jeudi, vingt-cinq Septembre mil sept cent quatre-vingt-huit, à neuf heures du matin.

Le Secrétaire a fait lecture du Procès-Verbal de la Séance précédente.

Plusieurs articles du Plan proposé par MM. les Commissaires ont été relus, discutés & arrêtés.

M. le Président a renvoyé la Séance à quatre heures de relevée, & il a signé :

✝ J. G. *Archev. de Vienne, Président.*
Mounier, *Secretaire.*

Du même jour, vingt-cinq Septembre mil sept cent quatre-vingt-huit, à quatre heures de relevée.

L'Assemblée continuant de délibérer sur le plan projeté, a arrêté plusieurs articles.

M. le Président a indiqué la Séance prochaine à demain Vendredi, vingt-six Septembre, à neuf heures du matin, & il a signé :

✝ J. G. *Archev. de Vienne, Président.*
Mounier, *Secretaire.*

Du Vendredi, vingt-fix Septembre mil fept cent quatre-vingt-huit, à neuf heures du matin.

LE Secrétaire a fait lecture du Procès-Verbal de la Séance précédente, il a également fait lecture de la lettre qui doit être écrite à M. Necker & qui a été approuvée par l'Affemblée; elle eft la teneur fuivante :

Romans, le 26 Septembre 1788.

Monsieur,

« Les Trois-Ordres de la Province de Dauphiné ont l'honneur de vous
» adreffer la Délibération qu'ils viennent de prendre en faveur du Faux-
» bourg de la Guillotiere; ils vous prient d'en rendre compte au Roi, &
» d'obtenir, par vos bons offices, de la Juftice de S. M. la fufpenfion des
» pourfuites de la ville de Lyon, & du jugement de l'inftance au Confeil,
» jufqu'à la prochaine Convocation des Etats de la Province.

» Les Etats chargés par les Trois-Ordres de l'examen des réclamations
» du Fauxbourg de la Guillotiere, & des Titres qui les juftifient, s'en
» occuperont inceffamment; & la furféance que la Province efpere obtenir
» par votre médiation, vous acquerra, Monfieur, de nouveaux droits à fa
» reconnoiffance. »

Nous avons l'honneur d'être,

Monsieur,

Vos très-humbles & très-obéiffants ferviteurs, les
Trois-Ordres de la Province de Dauphiné.

Signé : † J. G. *Archev. de Vienne, Préfident.*
Mounier, *Secretaire.*

Ensuite l'Assemblée a continué l'examen du projet pour une nouvelle formation des Etats de Dauphiné, & en a arrêté plusieurs articles. M. *Duchesne*, Avocat au Parlement, que diverses circonstances ont empêché de se rendre plutôt à Romans, a assisté à la Séance ci-dessus, en qualité de Député des Communautés de *Peyre* & de *Saint Pierre*, dans l'Election de Gap. M. *Gaud*, Avocat, Député de la Communauté de *Rochegude*, dans les Baronnies, a présenté la Délibération par laquelle elle adhere à tout ce qui sera résolu par l'Assemblée.

M. le Président a renvoyé la Séance à quatre heures de relevée, & il a signé :

✝ J. G. Archev. de Vienne, Président.
Mounier, <i>Secretaire.</i></div>

Dudit jour, vingt-six Septembre mil sept cent quatre-vingt-huit, à quatre heures de relevée.

L'Assemblée ayant repris séance, a arrêté plusieurs articles du Projet présenté par MM. les Commissaires.

M. le Président a indiqué la Séance prochaine à demain, vingt-sept Septembre, à neuf heures du matin, & a signé :

✝ J. G Archev. de Vienne, Président.
Mounier, <i>Secretaire.</i></div>

Du Samedi, vingt-sept Septembre mil sept cent quatre-vingt-huit, à neuf heures du matin.

LE Secrétaire a lu le Procès-Verbal de la Séance précédente.

M. le Comte de Morges, Préfident de l'Ordre de la Noblefſe, a dit : « Vous connoiſſez déjà, Meſſieurs, les qualités éminentes qui diſtinguent » M. de Delley-d'Agier, maire de cette Ville.

» LA Province entiere a rendu juſtice au zele actif & aux lumieres de ce » Gentilhomme.

» PATRIOTE généreux, ſa vie, depuis vingt ans, eſt une ſuite d'actions » utiles à la choſe publique, & ſes ſervices Militaires, comme tous les » inſtants de ſa Retraite, depuis que ſa ſanté l'a forcé de la demander, ont » été marqués par cet amour du bien qui caractériſe les belles Ames.

» LAISSERIEZ-VOUS, Meſſieurs, ſans un témoignage de votre haute » ſatisfaction, tout ce qu'a fait pour la Patrie & pour chacun de Vous » en particulier, ce vertueux Citoyen, & n'approuveriez-vous pas que nous » priaſſions MM. les Commiſſaires du Roi de s'unir à nous pour ſolliciter, » en ſa faveur, auprès de S. M., le Cordon de ſon Ordre ? »

LA propoſition faite par M. le Comte de Morges, a été acceptée par acclamations.

M. l'Archevêque de Vienne, Préfident des Trois-Ordres, a dit que le plus grand nombre des articles du Plan propoſé pour une nouvelle formation des Etats, étant maintenant arrêtés, il feroit convenable d'envoyer une députation à MM. les Commiſſaires du Roi, pour les ſaluer de la part de l'Aſſemblée, & leur annoncer que la clôture de ſes Séances pourroit être prochaine. Il a nommé M. l'Abbé de la Salcette, M. le Marquis de Maubec, M. le Comte de Bally, M. Barthellemy-d'Orbanne, M. d'Ambefieu & M. Chabroud.

Les Députés étant revenus, M. l'Abbé de la Salcette a rapporté que MM. les Commiffaires du Roi ont témoigné combien ils font fenfibles à l'attention de l'Affemblée, & qu'ils font prêts à faire la clôture des Séances, dès qu'on leur en fera connoître le defir.

M. de Delley-d'Agier s'eft avancé au milieu de l'Affemblée, & a dit : « Meffieurs, il m'eft impoffible de pouvoir vous exprimer, comme je le » devrois, l'excès de ma fenfibilité pour toutes les marques de bonté dont » vous m'avez honoré; je ferai trop heureux, fi ma vie entiere, confacrée à » vous témoigner ma reconnoiffance, peut vous convaincre de toute fon » étendue, ainfi que de mon profond refpect pour votre augufte Affemblée. »

On a difcuté les derniers articles du Plan propofé pour une nouvelle formation des Etats de la Province; & après en avoir achevé l'examen, l'Affemblée a jugé convenable de fixer, par des Arrêtés particuliers, plufieurs principes importants, auxquels elle veut refter fidelle, & qui doivent fervir de bafe à la nouvelle conftitution des Etats.

Confidérant que le Dauphiné a toujours joui du droit de fe réunir en Corps de Province, dans des Affemblées formées par le Clergé, le Corps de la Nobleffe & les Députés de chaque Communauté.

Que l'Affemblée actuelle eft une repréfentation plus nombreufe & plus directe de la Province, que ne pourra l'être celle des Etats; qu'elle eft plus effentiellement la réunion des Trois-Ordres; que les Etats n'étant que leurs mendataires, ne doivent jamais excéder les pouvoirs qui vont leur être confiés, ni faire aucun changement à leur conftitution, fans le concours d'une pareille Affemblée.

Que l'essence de toute véritable représentation est le libre choix de ceux qui doivent être représentés; que la même liberté de suffrages doit diriger la nomination de toutes les places dans les Etats, même de la Présidence; qu'on ne sauroit s'arrêter aux protestations de M. l'Evêque de Grenoble, ni à celles de M. le Marquis de Maubec; qu'en supposant même que les prétendus droits qu'ils réclament, eussent pu faire partie de l'ancienne constitution des Etats, Sa Majesté voulant bien autoriser tous les changements qui pourront la rendre plus avantageuse, l'élection libre de toutes les places seroit le changement le plus important & le plus essentiel de tous ceux que la Province peut desirer.

Que pleins d'attachement pour la Monarchie, s'honorant du nom de François, disposés à tous les sacrifices que peuvent exiger la gloire du Monarque & celle de la Nation, les Dauphinois doivent, par leurs Représentants dans les Etats généraux du Royaume, donner l'exemple du dévouement & de la fidélité; mais que les Etats-Généraux pouvant seuls proportionner les impôts aux besoins réels, les répartir avec égalité entre les Provinces, & prévenir les déprédations dans les finances, l'octroi des subsides, & l'établissement des emprunts pour l'utilité générale du Royaume, doivent leur être exclusivement réservés.

Il a été arrêté que les Etats de la Province ne pourront excéder les pouvoirs qui vont leur être confiés, ni rien changer, sans le consentement formel d'une pareille Assemblée, à la Constitution proposée par les Trois-Ordres, & autorisée par Sa Majesté.

Il a été arrêté que nul ne sera admis aux Etats de la Province, que par le choix libre de ceux qui ont le droit de s'y faire représenter; que toutes les places y seront électives, nonobstant les protestations de M. l'Evêque de Grenoble & de M. le Marquis de Maubec.

Il a été de plus arrêté que les impôts directs ou indirects, les extensions

& prorogations d'impôts, ainsi que les emprunts pour l'utilité générale, ne pourront être établis dans le Dauphiné, que lorsque les Représentants de la Province en auront délibéré dans les Etats-Généraux du Royaume.

L'Assemblée délibérant ensuite de nouveau sur le plan proposé, a déclaré l'accepter dans tout son contenu, & en conséquence elle a arrêté qu'il sera présenté à Sa Majesté, & qu'Elle sera suppliée de l'homologuer par des Lettres-Patentes adressées à la présente Assemblée.

Sous le bon plaisir du Roi, l'Assemblée a déclaré se proroger au premier Novembre, dans la ville de Romans, & toutes les personnes présentes ont été invitées à s'y rendre, à cette époque, afin de pouvoir vérifier & enregistrer les Lettres-Patentes, sauf à être ensuite publiées & enregistrées dans les Cours & les autres Tribunaux de la Province, espérant que Sa Majesté voudra bien indiquer un autre jour, si le premier Novembre ne lui paroît pas convenable.

Sa Majesté sera également suppliée d'assembler les Etats le quinze Novembre prochain, & d'adresser à cet égard les ordres nécessaires au Gouverneur de la Province, & en son absence, au Lieutenant-Général.

Suit la teneur du Plan pour la nouvelle formation des Etats de Dauphiné, qu'ont l'honneur de présenter à Sa MAJESTÉ les Trois-Ordres de cette Province.

Article premier.

NOMBRE & QUALITÉS DE CEUX QUI DOIVENT ENTRER AUX ÉTATS

Les Etats de Dauphiné seront formés par cent quarante-quatre Représentants ou Députés des Trois-Ordres de la Province : Savoir, vingt-quatre Membres du Clergé, quarante-huit de la Noblesse, & soixante-douze du Tiers-Etat.

Art. II.

Nul ne pourra être admis aux Etats, ni voter pour la nomination des Repréfentants, qu'il ne foit âgé de vingt-cinq ans accomplis, & domicilié dans le Royaume, ou dans le Comtat d'Avignon & Venaiffin.

Art. III.

Aucun Membre des Etats ne pourra s'y faire repréfenter par Procureur.

Art. IV.

La repréfentation du Clergé fera formée par trois Archevêques ou Evêques, trois Commandeurs de Malthe, fept Députés des Eglifes Cathédrales; favoir : un de celle de Vienne, un de celle d'Embrun, un de celle de Grenoble, un de celle de Valence, un de celle de Gap, un de celle de Die & un de celle de Saint Paul-Trois-Châteaux. Cinq Députés des Eglifes Collégiales; favoir : un de celle de Saint Pierre & de Saint Chef-de-Vienne, un de Saint André-de-Grenoble, un de Saint Barnard-de-Romans, un de celle de Creft & un de celle de Montelimar, deux Curés Propriétaires, deux Députés des Abbés, Prieurs-Commandataires, Prieurs fimples, Chapelains & autres Bénéficiers; un Député des Ordres & Communautés régulieres d'Hommes, y compris celle des Religieux Hofpitaliers de Saint Jean-de-Dieu, à l'exception néanmoins des Religieux mendiants. Un Député des Abbayes & Communautés régulieres de Filles, à l'exception des Communautés mendiantes, pris parmi le Clergé féculier ou régulier de chacune defdites Communautés.

Art. V.

L'élection de ces Députés fera faite de la maniere fuivante : Les Archevêques ou Evêques éliront entr'eux; les Commandeurs de Malthe feront nommés par leurs Chapitres; ceux des Eglifes Cathédrales & Collégiales le feront également par leurs Chapitres; les Curés feront choifis alternativement dans chaque Diocefe, fuivant l'ordre ci-après; favoir : Vienne & Embrun, Grenoble & Valence, Die & Gap, Saint Paul-Trois-Châteaux & Vienne, & ainfi fucceffivement. L'élection defdits Curés fe fera dans une Affemblée formée d'un Député de chaque Archiprêtré, & tenue devant les Evêques des Diocefes en tour pour députer.

Art. VI.

Les Curés de la Province, dont les Bénéfices dépendent des Diocefes étrangers, fe réuniront; favoir : ceux du Diocefe de Lyon, au Diocefe de Vienne; ceux du Diocefe de Belley, à celui de Grenoble; ceux des Diocefes de Sifteron & de Vaifon, à celui de Saint Paul-Trois-Châteaux, & y enverront les Députés de leurs Archiprêtrés, pour concourir aux Elections.

Art. VII.

Les deux Députés des Abbés & Prieurs-Commandataires, Prieurs fimples, Chapelains & autres Bénéficiers, feront auffi choifis alternativement dans chaque Diocefe, fuivant l'ordre prefcrit par l'article V, & leur Election fe fera dans une Affemblée convoquée devant les Evêques des Diocefes qui feront en tour de députer, à laquelle feront appellés les Abbés, Prieurs & autres Bénéficiers fimples, dont les Bénéfices fitués dans la Province, feront dépendants des Diocefes Etrangers, en fuivant l'ordre expliqué par l'article VI.

Art. VIII.

Le Député des Ordres & Communautés régulieres d'Hommes fera pris alternativement dans chaque Diocefe, en commençant par celui de Vienne, & en obfervant que les Communautés régulieres des Diocefes d'Embrun & Gap, fe réuniront à celui de Grenoble, pour ne former entr'elles qu'un feul Député; que celles des Diocefes de Die & Saint Paul-Trois-Châteaux fe réuniront à celui de Valence; leur Election fera faite dans une Affemblée compofée d'un Député de chacune des Communautés régulieres, à laquelle feront appellés, dans l'ordre expliqué ci-deſſus, un Député des Communautés régulieres des dioceſes étrangers, & qui ſera tenue pardevant l'Evêque du Dioceſe de la Province, en tour de députer.

Art. IX.

Le Repréſentant des Communautés de Filles ſera élu alternativement dans chaque Dioceſe, ſuivant l'ordre expliqué par l'article V, & dans une Aſſemblée formée par les Députés du Clergé ſéculier ou régulier de chacune deſdites Communautés, laquelle ſera tenue devant l'Evêque du Dioceſe, en tour de députer.

Art. X.

Les Etats s'occuperont, le plutôt poſſible, de diviſer la Province en arrondiſſements ou diſtricts, & d'y répartir les Députés ſuivant les proportions qu'ils jugeront convenables; mais pour la premiere Convocation ſeulement, on ſuivra la diviſion des reſſorts des ſix Elections, dans leſquelles les Députés ſeront répartis de la maniere ci-deſſous indiquée, d'après les rapports combinés du nombre des feux, de celui des Habitants, & de la ſomme de leurs Impoſitions.

Art. XI.

La Nobleſſe, pour l'Election de ſes Membres, s'aſſemblera par diſtrict devant un Syndic qu'elle nommera dans chacun de ſes diſtricts ; elle répartira ſes Députés ſuivant les arrondiſſements qui ſeront formés par les Etats, & ſuivant la proportion qui ſera par eux indiquée en exécution de l'article ci-deſſus; & en attendant cette formation, les Membres de cet Ordre s'aſſembleront dans les chefs-lieux des Elections, & nommeront par la voie du Scrutin, onze Députés pour le reſſort de l'Election de Grenoble, douze pour celle de Vienne, ſept pour celle de Romans, cinq pour celle de Valence, ſix pour celle de Gap & ſept pour celle de Montelimar. Le Procès-

Verbal de leur nomination fera envoyé au Secretaire des Etats, & l'on y infcrira le nom des quatre Perfonnes qui auront réuni le plus de voix après les Députés, dans l'ordre indiqué par la pluralité des fuffrages.

Art. XII.

Pour pouvoir être Electeur dans l'ordre de la Nobleffe, il fuffira d'avoir la Nobleffe acquife & tranfmiffible, & de poffěder une propriété dans le diftrict.

Art. XIII.

Pour être Eligible dans le même ordre, il faudra faire preuve de quatre Générations faifant cent ans de Nobleffe, avoir la libre adminiftration d'immeubles féodaux ou ruraux, fitués dans l'arrondiffement & foumis à cinquante livres d'Impofitions royales, foncieres, fans qu'il foit néceffaire d'y être domicilié.

Art. XIV.

Aucun Noble ne pourra être Electeur ni Eligible en deux diftricts à la fois; le Syndic de la Nobleffe de chaque diftrict tiendra un Rôle, dans lequel fe feront infcrire les Membres de cet Ordre, qui pourront être Electeurs ou Eligibles, & cette infcription déterminera irrévocablement pour quatre ans le diftrict dans lequel ils pourront élire ou être élus, fans qu'il foit permis, pendant cet intervalle, de fe faire infcrire dans un autre, à moins qu'on n'ait ceffé d'être propriétaire dans le premier.

Art. XV.

Les Maris, dont les Femmes auront des biens foumis à cinquante livres d'impofitions royales, foncieres, pourront être Electeurs & Eligibles, il en fera de même des Veuves-propriétaires, qui pourront fe faire repréfenter par un de leurs enfants-majeurs, en vertu d'une procuration, au moyen de laquelle ils feront Electeurs & Eligibles; les difpofitions de cet article auront également lieu pour le Tiers-Etat.

Art. XVI.

Les Eccléfiaftiques & les Nobles ne pourront être admis parmi les Repréfentants du Tiers, ni affifter aux Affemblées qui feront tenues pour nommer les Députés de cet Ordre.

Art. XVII.

Lors de la premiere nomination des Repréfentants du Tiers-Etat, le diftrict de l'Election de Grenoble fournira dix-fept Députés; celui de Vienne, dix-huit; celui de Romans, dix; celui de Valence, fept; celui de Gap, neuf, & celui de Montelimar, onze, dans lequel nombre feront compris les Députés des Villes ci-après nommées; favoir : trois pour la ville de Grenoble, deux pour chacune des villes de Vienne, Valence & Romans, & un pour chacune des villes de Gap, Embrun, Briançon, Montelimar, Saint Marcellin, Die, Creft & le Buis, fauf aux Etats à régler définitivement quelles Villes doivent avoir des Députés particuliers, leur nombre & la répartition des Députés des autres Villes, Bourgs & Communautés pour chaque diftrict.

Art. XVIII.

Nul ne pourra être Repréfentant de l'Ordre du Tiers, dans les Etats, qu'il n'ait la libre adminiftration de propriétés fituées dans l'arrondiffement où il devra être élu, & fournifes à cinquante livres d'impofitions royales, foncieres, à l'exception du Briançonnois & de la vallée de Queyras, où il fuffira de payer vingt-cinq livres d'impofitions royales, foncieres, fans préjudice néanmoins des difpofitions portées par l'article XV.

Art. XIX.

Ne pourront être élus ceux qui exercent quelque Emploi ou Commiffion médiate ou immédiate de Subdélégation des Commiffaires départis, ainfi que leurs Commis & Secretaires; ceux qui exercent quelque Charge, Emploi ou Commiffion médiate ou immédiate dans toutes les parties des

Finances de S. M.; ceux qui font chargés directement ou indirectement d'aucune adjudication ou entreprife d'ouvrages publics, de même que leurs Cautions; ne feront non plus éligibles les Fermiers, pendant la durée de leurs Fermes; les Agents, Collecteurs de Rentes, Dîmes, Droits & Devoirs feigneuriaux directement ou indirectement, ainfi que leurs Cautions.

Art. XX.

Dans l'Ordre du Tiers-Etat, nul ne pourra être Electeur ou Eligible en deux lieux à la fois; il fera fait tous les deux ans, par les Officiers-Municipaux de chaque lieu, un Rôle des Electeurs & des Eligibles; lorfqu'on y aura été infcrit on ne participera point aux Elections qui fe feront dans d'autres Communautés; on ne pourra être infcrit dans le Rôle d'une autre Communauté qu'après le terme de quatre ans, à moins que pendant cet intervalle on n'ait ceffé d'être propriétaire dans la premiere.

Art. XXI.

Les Villes qui auront des Députés particuliers, les enverront directement aux Etats; elles les nommeront par la voie du Scrutin dans leurs Affemblées-Municipales, auxquelles feront appellés un Syndic de chaque Corps du Tiers-Etat, & les Propriétaires domiciliés du même Ordre payant; favoir : dans la ville de Grenoble, quarante livres d'impofitions royales, foncieres; vingt livres dans celles de Vienne, Valence & Romans; & dans les autres, dix livres.

Art. XXII.

Dans les autres lieux, même dans ceux qui font régis par l'Edit municipal, les Communautés tiendront chacune des Affemblées particulieres aux formes ordinaires; pourront néanmoins, celles qui n'ont point de Municipalités, tenir leurs Affemblées devant les Confuls, en l'abfence des Châtelains. Ces Affemblées feront indiquées par affiches, huitaine à l'avance. Dans les Affemblées des Communautés qui ont des Corps municipaux, on convoquera les Propriétaires payant dix livres d'impofitions royales, foncieres, & dans les autres, tous les Propriétaires payant fix livres : on convoquera également dans toutes ces Communautés les Propriétaires forains qui, payant les mêmes charges, auront été infcrits dans le Rôle des Electeurs.

Art. XXIII.

Dans lefdites Affemblées, les Communautés qui n'auront que cinq feux & au deffous, nommeront chacune un Député, lequel fe rendra au lieu deftiné pour l'Affemblée de l'arrondiffement; celles qui auront un plus grand nombre de feux, nommeront un Député par cinq feux, fans égard aux nombres intermédiaires, fauf aux Etats à régler le nombre des Députés des Communautés, fuivant une proportion plus jufte, s'ils peuvent y parvenir; ces Députés ne pourront être choifis que parmi les Propriétaires domiciliés ou Forains qui auront été infcrits dans les Rôles des Eligibles, & qui auront les qualités prefcrites pour être élus aux Etats, fans qu'il foit néceffaire d'être préfent à l'Affemblée pour être élu.

Art. XXIV.

Les Etats indiqueront les Chefs-lieux d'arrondiffement ailleurs que dans les Villes qui ont des Députés particuliers; & pour la premiere Convocation, les Députés de l'Election de Grenoble fe réuniront à Vizille; ceux de l'Election de Vienne, à Bourgoin; ceux de l'Election de Valence, à Chabeuil; ceux de l'Election de Romans, à Beaurepaire; ceux de l'Election de Gap, à Chorges : & ceux de l'Election de Montelimar, à Dieulefit.

Art. XXV.

Les Députés des Communautés raffemblés dans le chef-lieu du diftrict ou de l'arrondiffement, éliront parmi eux & par la voie du fcrutin, un Préfident & un Secretaire, & ils nommeront également parmi eux, & par la même voie, ceux qui devront repréfenter le diftrict aux Etats; le Procès-

Verbal de cette nomination fera envoyé au Secrétaire des Etats, & l'on y inférera le nom de fix Perfonnes qui auront réuni le plus de voix après les Députés élus, dans l'ordre indiqué par la pluralité des fuffrages.

Art. XXVI.

FORME DE LA CONVOCATION, NOMINATION DES OFFICIERS & DE LA COMMISSION INTERMÉDIAIRE

Les Etats fe raffembleront chaque année le quinze Novembre; la Convocation fera faite par le Préfident, & à fon défaut, par l'un des Procureurs-Généraux-Syndics.

Art. XXVII.

Les Députés des différents Ordres, fans aucune diftinction, recevront fix livres par jour, fans que ce paiement puiffe continuer pendant plus de trente jours, y compris le temps néceffaire pour leur voyage, quand même la tenue des Etats feroit prorogée au-delà de ce terme.

Art. XXVIII.

Les Etats choifiront leur Préfident parmi les Membres du premier ou du fecond Ordre de la Province, ayant les qualités requifes pour être admis aux Etats. Dans le cours de la quatrième année, le Préfident fera élu au fcrutin, pour entrer en fonction l'année fuivante; & celui des deux premiers Ordres, dans lequel le Préfident aura été nommé, aura un Député de moins, le Préfident devant être compté parmi les Membres des Etats.

Art. XXIX.

Les Etats nommeront deux Procureurs-Généraux Syndics, l'un pris dans le premier ou le fecond Ordre, & l'autre dans celui du Tiers. Ils choifiront dans le dernier Ordre un Secrétaire qui ne fera point partie des cent quarante-quatre Députés, fera révocable à volonté, & n'aura que voix inſtructive; ils choiſiront encore un Tréſorier qui ſera domicilié dans la Province, ainſi que ſes cautions, il ne ſera point Membre des Etats, & ne pourra y entrer que lorſqu'il ſera appellé; il ſera également révocable à volonté.

Art. XXX.

Les Etats éliront parmi leurs Membres, deux perſonnes du Clergé, quatre de la Nobleſſe & ſix du Tiers-Etat, y compris les deux Procureurs-Généraux-Syndics. Ces douze perſonnes avec le Secrétaire formeront la Commiſſion intermédiaire; les Membres de cette Commiſſion ſeront choiſis, de maniere qu'il s'y trouve des Députés de chaque diſtrict.

Art. XXXI.

Toutes les nominations ſeront faites par la voie du ſcrutin, & il ſera repris juſqu'à ce que l'une des Perſonnes déſignées ait réuni plus de la moitié des ſuffrages.

Art. XXXII.

Pour ſeconder les travaux de la Commiſſion intermédiaire, les Etats pourront établir, dans les arrondiſſements, de la maniere qu'ils jugeront convenable, des Correſpondants qui ſeront choiſis parmi les Perſonnes députées aux Etats.

Art. XXXIII.

La Commiſſion intermédiaire élira ſon Préſident par la voie du ſcrutin, dans l'un des deux premiers Ordres.

Art. XXXIV.

En l'abſence du Préſident, ſoit des Etats, ſoit de la Commiſſion intermédiaire, l'Aſſemblée ſera préſidée par la Perſonne la plus âgée de celui des deux premiers Ordres, dans lequel n'aura pas été choiſi le Préſident, en obſervant néanmoins, dans l'ordre du Clergé, le rang de la hiérarchie eccléſiaſtique.

Art. XXXV.

Les Etats s'affembleront pour la premiere fois à Romans, & indiqueront, chaque année, à la clôture de leurs Séances, le lieu où ils devront s'affembler l'année fuivante.

Art. XXXVI.

La Commiffion intermédiaire tiendra fes Séances à Grenoble, fauf aux Etats à la placer dans un autre lieu lorfque les circonftances l'exigeront; les Membres de cette Commiffion ne pourront s'abfenter fans une néceffité indifpenfable, que pendant trois mois de l'année, de maniere cependant qu'ils reftent toujours au nombre de huit dans le lieu de fon établiffement, & les Procureurs-Généraux-Syndics ne pourront jamais s'abfenter tous les deux à la fois.

Art. XXXVII.

La Commiffion intermédiaire s'affemblera au moins une fois par femaine; mais le Préfident, ainfi que les Procureurs-Généraux-Syndics, & les uns au défaut des autres, pourront la faire affembler toutes les fois qu'ils le jugeront néceffaire.

Art. XXXVIII.

Les Membres de la Commiffion intermédiaire ne pourront prendre aucune Délibération qu'ils ne foient au nombre de fept.

Art. XXXIX.

Les Membres des Etats refteront en place, pour la premiere fois, pendant quatre ans, fans aucun changement. Après ce terme, il fera élu un nouveau Préfident, & la moitié des Députés, dans chaque Ordre & dans chaque Diftrict, fortira par la voie du fort. Deux ans après, l'autre moitié fe retirera, & enfuite tous les deux ans la moitié fortira par ancienneté, de maniere qu'à l'avenir aucun des Repréfentants ne refte dans les Etats plus de quatre ans, à l'exception des Procureurs-Généraux-Syndics qui pourront être continués, par une nouvelle Election, pour quatre années feulement, & ne pourront néanmoins être changés tous les deux en même-temps : à cet effet, pour la premiere fois, l'un des deux Procureurs-Généraux-Syndics fe retirera par le fort à l'expiration des quatre premieres années, & l'autre après fix ans.

Art. XL.

Au premier changement de la moitié des Membres des Etats, on fera fortir, par la voie du fort, un Archevêque ou Evêque, deux Commandeurs de Malthe, trois Députés des Eglifes Cathédrales, trois Députés des Eglifes Collégiales, un Curé, un Député des Abbés, Prieurs & autres Bénéficiers fimples, & un Syndic des Communautés régulieres. Au fecond changement, fortiront deux Archevêques ou Evêques, un Commandeur de Malthe, quatre Députés des Eglifes Cathédrales, deux Députés des Eglifes Collégiales, un Curé, un Député des Abbés, Prieurs & Bénéficiers fimples, & un Syndic des Communautés régulieres.

Art. XLI.

Nul ne pourra être élu, de nouveau, Membre des Etats, qu'après un intervalle de quatre ans depuis qu'il en fera forti.

Art. XLII.

On fera connoître à temps ceux des Membres des Etats qui, par le fort, auront été obligés de fe retirer, afin que les divers Corps du Clergé, la Nobleffe & le Tiers-Etat, dans chaque diftrict, puiffent les remplacer; il en fera ufé de même pour la Commiffion intermédiaire, qui fera renouvellée par les Etats, aux mêmes époques.

Art. XLIII.

Lorsqu'il vaquera des places dans les Etats, avant les époques où les Membres doivent être renouvellés par moitié, les différents Corps du Clergé procéderont à de nouvelles Elections, fuivant les formes prefcrites, & quant aux Députés de la Nobleffe & du Tiers-Etat, ils feront alors remplacés dans les divers diftricts, par ceux qui, fuivant le réfultat du fcrutin, auront, dans la nomination précédente, réuni le plus de fuffrages après les perfonnes élues. Ceux qui feront admis à remplir les places ainfi vacantes, ne pourront refter dans les Etats que jufqu'au terme où auroient dû en fortir les Députés auxquels ils ont fuccédé, à moins qu'ils ne foient élus de nouveau dans les Affemblées du diftrict.

Art. XLIV.

Lorsque les places vaqueront, de la même maniere, dans la Commiffion intermédiaire, elle pourra y nommer des Membres des Etats, pris dans le même Ordre & dans le même Diftrict; & dans le cas où l'une des places des deux Procureurs-Généraux-Syndics viendroit également à vaquer, elle pourra en confier les fonctions à l'un de fes Membres, & ces différentes nominations n'auront lieu que jufqu'à la premiere convocation des Etats.

Art. XLV.

POUVOIRS DES ÉTATS & DE LA COMMISSION INTERMÉDIAIRE

Les Etats veilleront au maintien des Droits & des Privileges de Dauphiné, & notamment de celui qui ne permet pas que les Dauphinois foient diftraits du reffort des Tribunaux de la Province; ils feront la répartition de toutes les impofitions foncieres & perfonnelles, tant de celles qui feront deftinées pour le Tréfor royal, que de celles qui feront relatives aux befoins de la Province; ils ordonneront la confection de tous les chemins, ponts, chauffées, canaux, digues & autres ouvrages publics, dont ils passeront les adjudications par eux, ou par la Commiffion intermédiaire, ou par d'autres Délégués.

Art. XLVI.

Les Etats ordonneront encore la diftribution des dégrèvements, les récompenfes, indemnités, encouragements pour l'agriculture, le commerce & les arts; ils furveilleront & approuveront, par eux ou par la Commiffion intermédiaire, toutes les dépenfes relatives aux réparations des Eglifes, Presbyteres, & autres dépenfes quelconques, particulieres aux Communautés; ils furveilleront également l'adminiftration de tous les Etabliffements publics, les frais & le tirage des Milices; ils vérifieront les comptes des Officiers des Villes & Communautés, même ceux relatifs à leurs biens patrimoniaux; ils feront à Sa Majefté toutes les repréfentations qu'ils croiront néceffaires, & généralement feront chargés de tous les objets qui peuvent intéreffer le bien de la Province.

Art. XLVII.

Les Etats ne pourront accorder aucun fubfide, ni établir aucune taxe directe ou indirecte, ni confentir à aucune prorogation d'un impôt établi à temps, ni faire aucun emprunt pour le compte du Gouvernement, que lorfque les Repréfentants de la Province en auront délibéré dans les Etats-Généraux du Royaume.

Art. XLVIII.

Les Etats pourront néanmoins impofer & emprunter après en avoir obtenu la permiffion de Sa Majefté, mais feulement pour les befoins particuliers & effentiels de la Province, & fous la condition qu'ils ne feront aucun emprunt qu'en deftinant préalablement les fonds néceffaires pour le paiement des intérêts & le rembourfement des capitaux, à des époques fixes & déterminées.

Art. XLIX.

Toute loi nouvelle, avant son enregistrement dans les Cours, sera communiquée aux Procureurs-Généraux-Syndics, afin qu'il en soit délibéré conformément aux privileges de la Province.

Art. L.

Pour choisir les personnes qui seront Députées par la Province aux Etats-Généraux du Royaume, le Clergé, la Noblesse & les Communes s'assembleront pour nommer, dans les formes & avec les qualités ci-devant prescrites, un nombre de Représentants égal à celui des Membres des Etats ; ces nouveaux Représentants se réuniront avec les Etats pour élire, par la voie du scrutin, ceux qui seront envoyés aux Etats-Généraux, lesquels pourront être choisis au gré des Electeurs, soit parmi les Membres des Etats, soit parmi les autres Citoyens, pourvu que les uns & les autres soient propriétaires & domiciliés dans la Province, sans distinction de lieu & de district; on députera un nombre de Représentants du Tiers-Etat, égal au nombre de ceux du premier & du second Ordre réunis.

Art. LI.

Tous les ans avant leur clôture les Etats remettront à la Commission intermédiaire une instruction sur les objets dont elle devra s'occuper, & de l'exécution desquels elle rendra compte lors de leur prochaine convocation.

Art. LII.

La Commission intermédiaire ne pourra prendre des délibérations que pour exécuter celles de la derniere Assemblée des Etats, à l'exception des objets qu'il seroit impossible de différer jusqu'à la premiere Assemblée des Etats, & sous la réserve expresse de leur approbation.

Art. LIII.

Dans les Etats & la Commiffion intermédiaire, il ne pourra être pris de délibération que par les Trois-Ordres réunis; pourra néanmoins, l'un des Ordres, faire renvoyer jufqu'au jour fuivant une délibération propofée.

Art. LIV.

La Commiffion intermédiaire chargera fpécialement deux de fes Membres de l'examen de tous les Mémoires qui pourroient être adreffés aux Procureurs-Généraux-Syndics, relativement aux demandes des Contrôleurs ou autres Agents du fifc, contre des particuliers ou Communautés. Sur le compte qui en fera rendu, les Procureurs-Généraux-Syndics prendront fait & caufe lorfque les Etats ou la Commiffion intermédiaire l'auront jugé convenable.

Art. LV.

Les Procureurs-Généraux-Syndics pourront préfenter des Requêtes, former des demandes devant tout juge compétent, & intervenir dans toutes les affaires qui pourroient intéreffer la Province, après y avoir été autorifés par les Etats ou la Commiffion intermédiaire.

Art. LVI.

Les Etats nommeront chaque année une Commiffion particuliere pour revoir les comptes que le Tréforier aura rendus à la Commiffion intermédiaire, & pour examiner ceux qui ne l'auront pas été, & d'après le rapport des Commiffaires, ils arrêteront tous les comptes de l'année.

Art. LVII.

Le Tréforier ne pourra difpofer d'aucune fomme fans un mandat exprès des Etats, ou de ceux qui feront autorifés par eux.

Art. LVIII.

Le Tableau de fituation des fonds du pays, par recette, & par dépenfe, l'Etat motivé & nominatif de la répartition des dégrèvements, indemnités, encouragements, gratifications, feront inférés dans les Procès-Verbaux des Affemblées, & rendus publics chaque année, par la voie de l'impreffion, ainfi que toutes les Délibérations qui auront été prifes foit par les Etats, foit par la Commiffion intermédiaire, & un exemplaire fera envoyé à chaque Communauté pour être dépofé dans fes Archives.

Art. LIX.

Les Etats fixeront le traitement du Préfident, des autres Officiers, des Membres de la Commiffion intermédiaire & des Correfpondants; ils régleront les frais de bureaux & autres dépenfes néceffaires; tous ces frais feront fupportés par les Trois-Ordres.

Art. LX.

Les Etats auront le droit de faire tous les réglements qu'ils jugeront néceffaires, pourvu qu'ils n'aient rien de contraire aux articles ci-deffus, mais ils ne pourront faire aucun changement à leur conftitution, à l'exception de celui qui leur eft réfervé par les articles X, XVII, XXIII & XXIV.

MM. de Champrouet, Chancel, Faure, Martinon, Guille, Fantin & Berthelot ont déclaré protefter pour la confervation des Droits & Privileges particuliers du Briançonnois.

Comme il eft néceffaire que le Préfident des Etats foit nommé avant leur convocation, pour qu'il puiffe affifter, en cette qualité, à leur premiere Séance, l'Affemblée a arrêté que, fous le bon plaifir du Roi, il fera procédé à une élection par le fcrutin, afin de faire connoître à Sa Majefté la perfonne en faveur de laquelle fe réuniront les vœux de l'Affemblée; elle efpere de la juftice du Monarque qu'il voudra bien agréer fon choix, & confirmer, pour l'avenir, l'Election libre de toutes les places.

Ensuite il a été procédé par le fcrutin, à cette nomination, & les fuffrages fe font réunis en faveur de M. l'Archevêque de Vienne. Le réfultat du fcrutin étant connu, l'Affemblée a témoigné fa fatisfaction par des applaudiffements.

M. l'Archevêque de Vienne a dit : « Meffieurs, je ne perdrai point de » temps à préfenter des excufes & des proteftations; toutes les raifons que » je puis avoir, doivent céder à un choix libre & honorable, auquel il m'eft » impoffible de réfifter. Cependant, Meffieurs, lorfque j'aurai donné des » preuves de ma vive reconnoiffance & de mon zele, en rendant à la Pro- » vince tous les fervices qui feront en mon pouvoir, je vous prierai de me » décharger de ce fardeau, avant le terme prefcrit pour la durée de la » Préfidence. »

M. l'Evêque de Grenoble a témoigné, au nom du Clergé, combien cet Ordre applaudit au choix que vient de faire l'Affemblée.

Ensuite M. le Préfident a dit que l'Affemblée étant fatisfaite de la maniere dont M. Mounier a rempli les fonctions de Secrétaire, elle pourroit le nommer Secrétaire des Etats de la Province, pour leurs premieres féances, & qu'elle a droit d'efpérer qu'ils auront égard à fon vœu, & voudront bien confirmer cette nomination. L'Affemblée a auffi-tôt nommé M. Mounier par acclamations.

Considerant que des Municipalités bien conftituées, ayant pour bafe une véritable repréfentation des habitants des Villes & des Communautés, procureroient aux Etats les moyens de juftifier les efpérances que la Province a conçues de leur rétabliffement; l'Affemblée déclare les inviter à s'occuper inceffamment de cet important objet.

Pénétrée de reconnoiffance envers Sa Majefté, pour les nouvelles preuves de bonté & de juftice que la Province vient d'en recevoir, connoiffant fon amour pour fes peuples, voyant auprès du Trône des Miniftres dignes de fa confiance, puifqu'ils ont mérité celle de la Nation; l'Affemblée eft perfuadée que les maux dont la France eft affligée, vont bientôt s'évanouir; & cependant, pour qu'on ne puiffe douter de fa perfévérance dans fes principes & dans les vœux qu'elle a déjà exprimés, elle fupplie de nouveau Sa Majefté de retirer les Edits enrégiftrés militairement le dix Mai dernier, de rappeller de leur exil les Magiftrats du Parlement de Grenoble, & de rétablir les Cours & les autres Tribunaux de la Province dans leurs anciennes fonctions.

M. le Préfident a indiqué la Séance prochaine à demain, Dimanche, vingt-huit Septembre, à quatre heures de relevée, & a figné,

† *J. G. Archev. de Vienne, Préfident.*
Mounier, *Secretaire.*

Du Dimanche, vingt-huit Septembre mil fept cent quatre-vingt-huit, à quatre heures de relevée.

M. l'Archevêque de Vienne eft entré au milieu des applaudiffements; l'Affemblée ayant pris féance, le Secretaire a fait lecture du Procès-Verbal de la Séance précédente.

M. le Préfident a dit qu'il a reçu une lettre de M. le Comte de Brienne ; cette Lettre ayant été lue, elle a été laiffée fur le Bureau pour être enrégiftrée.

Suit la teneur de ladite Lettre.

Verfailles, le 22 Septembre 1788.

« J'AI reçu, Monfieur, avec la Lettre que vous m'avez fait l'honneur de
» m'écrire le quatorze de ce mois, celle que les Trois-Ordres de la Province
» ont jugé devoir écrire au Roi : j'ai fur-le-champ remis cette Lettre à
» Sa Majefté.

» J'ai l'honneur d'être, avec un refpectueux attachement, Monfieur, votre
» très-humble & très-obéiffant Serviteur. »

Signé, LE COMTE DE BRIENNE.

ENSUITE M. le Préfident a dit qu'il étoit convenable de députer le Secrétaire à MM. les Commiffaires du Roi, pour les avertir qu'ils font attendus par l'Affemblée.

LE Secretaire étant revenu, & M. LE DUC DE TONNERRE ayant fait prévenir l'Affemblée par le Capitaine de fes Gardes, que MM. les Commiffaires du Roi étoient à l'entrée de l'Eglife, l'Affemblée a nommé pour les recevoir, MM. *l'Abbé de S*^{t}. *Albin, l'Abbé de la Salcette, le Chevalier de Murinais, le Marquis de Loras, le Comte de Marfane, le Vicomte de Leyffin, de Bertrand-de-Mont-Fort, Bartellemy-d'Orbanne, Chabroud, d'Ambefieu, Marchon & Blancard.*

MM. les Commiffaires du Roi ont été reçus trois pas hors de la porte de l'Eglife, par MM. les Députés, & font entrés, accompagnés par eux ; l'Affemblée s'eft levée, & MM. les Commiffaires du Roi l'ont faluée.

MM. les Commiffaires du Roi ayant pris leurs places, & étants affis & couverts, ainfi que les Membres de l'Affemblée.

M. le Duc de Clermont-Tonnerre a dit :

MESSIEURS,

« LES différents objets dont vous vous êtes occupés dans vos Assemblées
» & dans vos Séances particulieres, intéressent tous également le bonheur
» de cette Province; s'ils ont excité quelques débats dans les opinions,
» c'est qu'ils étoient inévitables pour combiner les intérêts réciproques des
» différents Ordres, & balancer leur influence sur l'avantage commun de
» tous les individus. Le bien public, ce seul but que doivent s'efforcer
» d'atteindre toutes les administrations, a été également celui de vos
» Délibérations, & c'est lui qui a toujours dirigé le Prélat respectable qui
» vous a présidé; son expérience dans les affaires, ses vertus, sa douceur &
» sa conciliation ont réuni tous vos suffrages.

» Que ne promet pas un début aussi satisfaisant, & qu'il est heureux
» pour nous, dans le compte que nous avons à rendre de votre Assemblée,
» de ne pouvoir exprimer que les témoignages de votre zele pour l'objet
» important que le Roi vous a confié, & ceux de votre amour & de votre
» reconnoissance pour Sa Majesté. »

M. l'Archevêque de Vienne a répondu au nom de l'Assemblée, en ces termes :

MONSIEUR,

« Les longs discours ne sont pas nécessaires lorsque les sentiments qu'ils
» exprimeroient sont déjà préjugés par la notoriété. Il n'est aucun de nous
» qui n'ait avoué que le Roi ne pouvoit choisir de meilleurs Commissaires
» auprès de cette Assemblée, que l'héritier & le chef d'un nom illustre
» dans toute la France, mais particulièrement chéri & respecté dans le
» Dauphiné, qui se fait gloire d'être le berceau de la Maison de Clermont;
» qu'un Général, à qui ses talents & ses services Militaires ont acquis une

» fi jufte réputation; qu'un Magiftrat, dont l'intelligence dans les affaires,
» égale le zele pour le bien public. L'Affemblée me charge, Meffieurs, de
» fes plus vives & de fes plus finceres actions de grâces pour les fervices
» que vous lui avez rendus avant qu'elle fe formât & depuis le commen-
» cement de fes Séances. »

M. l'Abbé de la Salcette a dit enfuite :

Messieurs,

« L'Ordre du Clergé me charge de vous témoigner fa reconnoiffance
» pour les fervices que vous avez rendu au Dauphiné, dans les fonctions
» qui vous ont été confiées : cet Ordre eft perfuadé que vous feconderez
» de tout votre pouvoir le zele dont il fera toujours animé pour le bien
» de la Province. »

M. le Comte de Morges, Préfident de la Nobleffe, a dit :

Messieurs,

« La Nobleffe & le Tiers-Etat de cette Province me chargent de vous
» donner un témoignage public de la reconnoiffance qu'ils doivent aux
» foins & au zele avec lequel vous avez bien voulu concourir au vœu
» général de la Province, & à tout ce qui a pu lui être avantageux dans
» cette circonftance. Nous tenons des bontés du Roi un grand bienfait,
» & nous devons multiplier tous les moyens de lui faire connoître notre
» vive fenfibilité; nous vous prions donc, Meffieurs, de mettre aux pieds
» de Sa Majefté les fentiments de reconnoiffance, de fidélité, d'amour &
» de refpect de la Nobleffe & des Communes de Dauphiné. »

MM. les Commiffaires du Roi fe font levés pour fe retirer, ont falué l'Assemblée, dont les Membres se sont levés & découverts; ils ont été accompagnés par les mêmes Députés; pendant leur marche, les Membres de l'Assemblée ont témoigné leur satisfaction par des applaudissements, & leur amour pour Sa Majesté, par des cris redoublés de VIVE LE ROI.

IL a été résolu qu'un extrait du présent Procés-Verbal sera remis à MM. les Commissaires du Roi; qu'il en sera adressé un à leurs Altesses Royales Monsieur, frere du Roi, & Mgr. le Comte d'Artois, à Son Altesse Sérénissime Mgr. le Duc d'Orléans, Gouverneur de la Province; à M. le Garde des Sceaux; à M. le Comte de Brienne, Ministre, ayant le Dauphiné dans son Département, & à M. Necker, Ministre des Finances.

Les Membres de l'Assemblée ont signé, sous la réserve des rangs & préséances des Personnes & des Villes, Bourgs & Communautés de la Province, & sans préjudice de leurs droits à cet égard. M. l'Evêque de Grenoble & M. le Marquis de Maubec ont signé, sous la réserve de leurs précédentes protestations.

MM. les Commissaires du Roi & M. le Président ont signé.

Le Duc DE TONNERRE. . . . . *Commissaire du Roi.*
Le Comte DE NARBONNE-FRITZLARD . . . . . —
CAZE-DE-LA-BOVE. . . . . —

† J. G. *Archev. de Vienne, Président.*

MOUNIER, *Secretaire.*

PROCÈS-VERBAL
DE
L'ASSEMBLÉE GÉNÉRALE
DES
TROIS-ORDRES
DE LA
PROVINCE DE DAUPHINÉ

Tenue dans la Ville de Romans.

Du Dimanche, deux Novembre mil sept cent quatre-vingt-huit, dans l'Eglise des Révérends Pères Cordeliers de la ville de Romans, à quatre heures du soir.

Conformément à la prorogation portée par la Délibération des Trois-Ordres, du vingt-sept Septembre dernier, ont été présents ceux dont les noms sont ci-après, sans observation de rang & de préséance dans chaque Ordre.

CLERGÉ

Monseigneur l'Archevêque de Vienne, *Préfident*.

MM. L'Abbé de la Salcette, Procureur-fondé de M. l'Archevêque d'Embrun.

Le Chanoine Barthellemy, Procureur-fondé du Chapitre de Grenoble, le Siege vacant.

L'Abbé de Chantemerle, Procureur-fondé du Chapitre de Valence, le Siege vacant.

Commandeurs de Malthe.

MM. Le Bailli de Laubepin.
Le Commandeur de Rigaud.

Députés des Eglifes Cathédrales.

MM. L'abbé de Saint Albin . . .	*Chanoine de l'Eglife de Vienne.*
L'Abbé Bernard	— —
De Creffy	*Chanoine de l'Eglife d'Embrun.*
De Sieyes	— —
Anglès	*Chanoine de l'Eglife de Grenoble.*
L'Abbé de Saint Pierre. . .	*Chanoine de l'Eglife de Valence.*
De la Lombardiere	— —
Agnès	*Chanoine de l'Eglife de Die.*
De Saint Genis	*Chanoine de l'Eglife de Gap.*
De Cazeneuve	— —
De Seillans	*Chanoine de l'Eglife de St. Paul 3 Ch.*

Députés des Eglifes Collégiales.

MM. De Rachais	*Doyen des Comtes de Saint Pierre & Saint Chef.*
L'abbé de Dolomieu . . .	*Chanoine & Comte de Saint Pierre & Saint Chef.*
Brochier	*Chanoine de St. André de Grenoble.*
De Legalieres.	— —
Duport-Roux, fubrogé à M. Defmaret	*Chanoine de St. Barnard de Romans.*
Suel.	— —
Borel	*Chanoine de l'Eglife de Creft.*
Marcelin	— —

Députés des Diocefes.

MM. Reymond, *Curé à Vienne* . .	*du Diocefe de Vienne.*
Lyorat	*du Diocefe de Valence.*
Sylve	— —

NOBLESSE

Election de Grenoble.

MM. Le Comte de Morges.
Le Marquis de Baronat.
Le Marquis de Langon.
Le Vicomte de Bardonenche.
Le Comte de Bally.
Le Chevalier de Pina.

MM. Le Marquis de Marcieu.
Le Marquis de Sayve-d'Ornacieux.
Le Comte d'Herculais.
Le Comte Antoine d'Agoult.
Le Baron de Chaléon.

MM. De Bruno de S^t. Sevenon.
Prunelle de Lieres.
De Menon de Champſor.
De Chuzin.
De Girin.
Le Chevalier de l'Argentiere.
Le Baron de Venterol.
Le Chevalier de Bruno.
De Riviere.

MM. Sibeud de S^t. Ferréol.
De Roſtaing.
Moulezin.
De S^t. Ours.
Le Chevalier de Belle.
Le Chevalier de Porte.
Desherbeys.
Garnier de Peliſſiere.
Perrot du Thaud.

Election de Vienne.

MM. Le Chevalier du Bouchage.
Le Comte de Chabons.
Le Chevalier Alphonſe de Dolomieu.
Le Chevalier de Rachais.
Le Marquis de Boiſſac.
Le Baron de Vaulx.
Le Marquis d'Allemand de Champier.
Le Marquis de Barral de Montferrat.
Le Marquis de Rachais.

MM. Le Marquis de Vavre de Bonce.
Le Marquis de Buffevent.
Le Marquis d'Audiffret.
Le Comte de Leuſſe.
Le Chevalier de Corbeau.
Le Comte de Mercy.
De Mépieu.
Le Comte de Meffrey.
Rigaud de Terrebaſſe.
Serro du Cerf de Croſe.
De Jonage.

Election de Romans.

MM. Le Chevalier de Murinais.
Le Marquis de Piſançon.
Le Chevalier de Piſançon.

MM. Le Chevalier Alexandre de Piſançon.
Le Marquis de Châtelard.

MM. Du Vivier de Lentiol.
De Barletier.
De Montchorel.
Le Comte de Chaponay.
Le Baron de Gillier.
Le Marquis de Beaufemblant.
De Chaptal de Grand-Maifon.
De Chaptal, *pere*.
Le Comte de Chabrieres de Peyrins.
Le Vicomte de Chabrieres.
De Sibeud.
Le Vicomte de Tournon.
De Saulcy.
Le Marquis de la Porte.
Le Comte de Montchenu.
Le Chevalier de Luzy.

MM. De Barbier.
Chaptal de Seillac.
De Delley-d'Agier.
Grand.
Luzy de Peliffac, *pere*.
Grand de Châteauneuf.
Dijon de Cumanes.
De Lolle.
De Dijon.
Sigaud de Baronat.
De Rivolle.
Amédée de Gillier.
De Perrier.
Le Comte de Mons.
Jean de Richaud, *pere*.
Jean de Richaud, *fils*.
Louis de Richaud.

Election de Valence.

MM. Le Marquis de Veynes.
De Tardivon.
Le Comte Dupont.
De Sucy.
Desjacques.
Le Chevalier de Vaugrand.
Le Chevalier de Laurencin.
Le Baron de Naillac.
Bancel de Confoulens.
D'Urre.
Dubeffé.

MM. De Barjac de Randon.
Le Marquis de S^t. Vallier.
De Canel.
Le Marquis de Maubourg.
De Breffac.
Le Comte d'Eurre.
Louis de Gilbert de Janfac.
Cartier de la Sabliere.
Le Marquis de Vefc de Beconne.

MM. Le Chevalier de Roſtaing-Champferrier.
Le Marquis de la Roquete.
De Marquet.
Le Chevalier de Montrond.
De Barjac.
De Roziere, *fils*.
Le Chevalier de Mery.
De St. Laurent.
De Chaſtellier.

MM. Des Eymards.
De la Roliere.
Du Vivier de Salignac.
Du Colombier.
De Rey.
Levet de Malaval.
Antoine de Bouillanne.
Le Vicomte d'Allard.
Joſeph de Richaud.
André de Richaud.

Election de Gap.

MM. Le Marquis de la Villette.
Le Marquis de Savine.
Le Marquis de la Garde.
Le Marquis de Moleon.
Le Marquis de Pina Saint Didier.

MM. De Bragard.
Le Comte de Revigliaſe.
De Queyrel.
Taxis du Poët.
De Ventavon.

Election de Montelimar.

MM. Le Comte de Marſane.
Le Marquis de Blacons, *fils*.
Le Marquis Dupilhon.
Le Mis. de Suarez d'Aulan.
Le Baron de Bruyere.
Rigaud de Lille.
Le Baron de Montrond.
De Calameau.
Le Marquis de Beſignan.

MM. De la Coſte de Maucune.
Petity de St. Vincent.
Le Marquis de Léautaud-Montauban.
Le Marquis de la Tour-du-Pin-Montauban.
Le Marquis Dupuy-Montbrun.
Le Comte de Moreton-Chabrillan.

MM. Le Marquis de Joviac.
  Gabriel de Richaud.
  Jean de Richaud.
  Le Marquis d'Athenolt.

MM. Le Vicomte d'Allard.
  De Rochegude.
  Le Chevalier de la Deveze.

TIERS-ÉTAT

Election de Grenoble.

Députés des Villes, Bourgs & Communautés, mentionnés dans le Procès-Verbal de la précédente Assemblée.

MM. Piat-Desvial, *Avocat.*
  Barthellemy d'Orbane, *Avocat.*
  Bertrand, *Avocat.*
  Gagnon, *Médecin.*
  Revol, *Consul de Grenoble, Subrogé à M. Mounier.*
  Allemand-Dulauron.
  Bottut, *Syndic du Commerce.*
  Pascal, *Négociant.*
  Robert, *Procureur.*
  Rubichon, *Négociant.*
  Bernard, *Lieutenant en la Judicature de Grenoble.*
  Eynard, *Avocat.*
  Mallein, *Avocat, Subrogé à M. Romain Mallein.*
  Réal, *Avocat.*
  Bigillon-la-Bâtie.

MM. Grand du Fay.
  Pison du Galand, *fils.*
  Chabert, *fils, Avocat.*
  Chabert, *Notaire.*
  Farconet, *Avocat.*
  Margot.
  Dufresne.
  Hélie.
  Jail.
  Arvet.
  Teyssere.
  Renauldon.
  Bouvier.
  Bon.
  Dorgeval.
  Jat, *Notaire.*
  Boulon.
  Desmoulins.

MM. Dumolard.
    Aman.
    Guillot.
    Aribert-Desjardins.
    Bernard, *de Valbonnois, Avocat*.
    Blanc, *de Valbonnois*.
    Bettou.
    Imbert-Desgranges.
    Doz.
    Jouguet, *Avocat*.

MM. Allemand-Deschemins, *Not*.
    Santon, *Notaire*.
    Royer, *aîné*.
    Jullien, *Notaire au Villars-de-Lans*.
    Dumas, *Avocat*.
    Allard-Duplantier.
    Coinde-la-Tivoliere.
    Gerboud.
    Faure-de-Beauregard.

Election de Vienne.

MM. Chabroud, *fils, Avocat*.
    Hilaire, *Avocat*.
    De Rosiere de Champagnieu.
    Almeras-la-Tour.
    Armanet, *Notaire*.
    Roche, *d'Aoste*.
    Comberouffe, *Avocat*.
    Sappey, *Notaire*.
    Dupuy, *fils, Bourgeois*.
    Revolat, *Médecin*.
    Roux-la-Colombiere.
    Salomon, *de Bossieu*.
    Drevon, *Notaire*.
    Magnin, *Notaire*.
    Peronfet.
    Alricy, *Avocat*.
    Nugues, *Procureur*.
    L'Hote.

MM. Bouvier, *de Quirieu*.
    Favot, *Notaire*.
    Trollier, *Avocat*.
    Perreton, *Avocat*.
    Vallet-de-Vernate.
    Comte, *Bourgeois*.
    Treillard, *de Bonpertuis*.
    Apprin, *de Virieu*.
    Chevalier, *du Pont-de-Beauvoisin*.
    Pascal-de-la-Rochette, *Avocat*.
    Martin, *de Pressins*.
    Varnet, *Bourgeois*.
    Tranchant, *fils*.
    Chenavas, *Notaire à la Côte-Saint-André*.
    Pascal, *Médecin*.
    Reymond.

MM. Danton.
Michoud, *de Brangue.*
Michoud, *de Gouvoux.*
Permezet, *Notaire.*

MM. Berlioz, *aîné.*
Bouvier, *de Renauldel.*
Lefevre, *d'Hauteville.*

Election de Romans.

MM. Mortillet, *premier Echevin.*
De la Cour-d'Ambezieu, *Avoc.*
Le Gentil, *Avocat.*
Dochier, *fils, Avocat.*
Lacour, *Notaire.*
Mortillet, *fils, Avocat.*
Giraud, *Avocat.*
Enfantin, *Avocat.*
Geniffieu, *Négoc. à St. Antoine.*
Gontier, *Bourgeois aux Fories.*
Julin, *fils, Bourgeois à Chatte.*
De Boiffieu, *Avocat.*
Nievolet.
Pain-du-Perron, *Avocat.*
Guillermet, *Avocat.*
Nievolet, *Notaire à Roibon.*
Champel, *Avocat.*
Triolle, *Bourgeois.*
Charpeney, *Notaire.*
Broffat, *Notaire à Vourey.*
Salomon, *aîné, Négociant à Rives.*

MM. Vachon, *Notaire à Chatenay.*
Jacolin, *de Réaumont.*
Juvenet, *Notaire à St. Marcellin.*
Cochet, *Châtelain à Saint-Etienne de St. Geoir.*
Gril, *Bourgeois à Serres.*
Doriol, *Contrôleur à Beaurepaire.*
Quincieux, *Notaire à Moras.*
Ribaud-Gaubernard, *Avoc.*
Reynaud-Florentin, *Notaire à Serres.*
Peroufe, *de Montclos.*
Boiffonnet, *Bourgeois.*
Gagnere, *Médecin à Saint-Vallier.*
Bonnet, *Notaire à Laveron.*
Colonge, *Bourgeois.*
François, *Avocat à Romans.*
Monnet, *Avocat*, Fleury, *fils, Avocat*, Reymond, *fils*, Genin, *Médecin, à Saint-Vallier.*

Election de Valence.

MM. Ezingeard.
Vignon.
Rubichon.
Cara-de-Maffotier.
Didier, *Avocat*.
Melleret.
Revol.
Servan.
Bochard, *Procureur à Romans*.
Bournat.
Achard.
Degros.
Bret.
Urtin, *Notaire*.
Blancard.
Bellier.

MM. Bleton.
Berenger.
Bouvier.
Bayle.
Teyzier.
Terrot.
Maffot.
Bellier, *de Peyrus*.
Durofet.
Dupont.
Jubié.
Lambert.
Roux, *Avocat*.
Pey.
Feugier.

Election de Gap.

MM. Marchon, *Maire de Gap*.
Labâtie, *fils, Avocat du Roi*.
Moynier-du-Bourg, *Procur*.
Revol, *Avocat*, Duchefne, *Avocat, Députés des Communautés de Peyre & Saint-Pierre*.
Faure-Lacombe, *premier Échevin de Tallard*.
Morgan, *Notaire*.

MM. Pafcal, *fils, Avocat*.
Gontard, *Notaire à Serres*.
Faure, *Notaire à Orpierre*.
Achard-de-Germane, *Avocat*.
Barillon, *Bourgeois*.
Gabriel, *Bourgeois*.
Ardoin, *Avocat*.
Blanc, *Avocat*.
Colomb, *Avocat*.

MM. Souchon, *Notaire.*
Grand-de-Champrouet, *Affes-
feur au Bailliage de Briançon.*
Fantin, *Avocat.*
Berthelot, *fils, Bourg. à Abriès.*

MM. Richard, *Bourgeois de Briançon,*
Roffignol, *Subrogés à MM.
Chancel, Faure, Martinon &
Guille.*

Election de Montelimar.

MM. De Bertrand, Comte de Mont-
fort *dans les Etats du St.
Siège, Lieutenant-Général au
Bailliage du Buis.*
Cheynet, *Maire de Montelimar.*
De Lamorte, *Maire de Die.*
Richard, *Maire de Creft.*
Argoud, *Échevin à Die.*
Chaniac, *pere, Avocat.*
Lagier-la-Condamine, *Avocat.*
Pain, *Confeiller en l'Election de
Montelimar.*
Reboul-de-la-Julliere, *Avocat.*
Roman-de-Fonrofa, *Avocat.*
Barnave, *fils, Avocat.*
Chaniac, *fils, Avocat.*
Thune, *Procureur-Fifcal à St-
Paul-Trois-Châteaux.*
Vachier, *Avocat.*

MM. Magnan, *Avocat & Notaire.*
Mirabel, *Gradué au Pont du
Baret.*
Freycinet, *Négociant.*
Bignan, *de Coyrol, Négociant.*
Morin, *fils cadet, Négociant.*
Romieu-Defforgues.
Barnave, *Notaire.*
Brochier, *Notaire.*
Reynaud-de-la-Gardette.
Meynot, *Négociant à Donzere.*
Delaye, *Négociant.*
Varronnier, *Bourgeois.*
Pafcal, *Notaire.*
Blanc-Grand-Combe, *Notaire.*
Laval, *Chirurgien.*
Grangier, *Notaire.*
Pourtier, *Bourgeois.*
Marcellin, *Laboureur.*

M. l'Archevêque de Vienne, Préfident de l'Affemblée, s'eft placé dans un fauteuil, au fond de la Nef, près du Sanctuaire, ayant à fa droite le Clergé, à fa gauche la Nobleffe, & le Tiers-Etat des deux côtés & en face, fuivant immédiatement le premier & le fecond Ordre; le tout fans obfervation de rang, d'âge, ni de préféance.

M. de Morges, Préfident de la Nobleffe, s'eft placé à la tête de fon Ordre.

L'Affemblée ayant pris féance, M. le Préfident a dit, qu'il eft convenable de députer M. Mounier, Secretaire, à MM. les Commiffaires du Roi, pour les avertir que l'Affemblée eft formée. Le Secretaire s'eft rendu chez M. de Narbonne-Frizlar, où fe trouvoit M. Caze, Baron de la Bove. Le Secretaire étant revenu, & MM. les Commiffaires du Roi ayant fait prévenir l'Affemblée, par un Officier du Régiment de Royal la Marine, qu'ils étoient à l'entrée de l'Eglife, *MM. l'Abbé de la Salcette, l'Abbé de Saint-Albin, le Marquis de-la-Tour-du-Pin-Montauban, le Marquis de Langon, le Marquis du Pilhon, le Marquis de Buffevent, de Bertrand-de-Montfort, Duchefne, Chabroud, de la Cour d'Ambefieu, de la Bâtie & Blancard*, ont été députés pour les recevoir trois pas hors de la porte.

M. le Comte de Narbonne-Frizlar, Grand-Croix de l'Ordre de Saint Louis, & Commandeur de l'Ordre de Saint Lazare, Lieutenant Général des armées du Roi, & Commandant pour fon fervice en Dauphiné, & M. Caze, Baron de la Bove, Intendant de la Province de Dauphiné, font entrés accompagnés de MM. les Députés, & ont falué l'Affemblée qui s'eft levée pour leur rendre le falut.

MM. les Commiffaires du Roi ont pris les places qui leur étoient deftinées, & s'étant affis & couverts, ainfi que les Membres de l'Affemblée, ils ont remis au Secrétaire deux lettres clofes de Sa Majefté, pour en faire lecture; ces Lettres étant de la teneur fuivante.

« A Mons. Le Comte de Narbonne-Frizlar, Lieutenant Général de mes
» Armées, Commandant pour mon Service en Dauphiné.

» Mons. Le Comte de Narbonne-Frizlar, ayant permis aux Repréfen-
» tants des Trois-Ordres de ma province de Dauphiné, de fe raffembler à
» Romans le premier du mois de Novembre prochain, je vous ai choifi,
» ainfi que le fieur Caze de la Bove, Intendant de Juftice, Police &
» Finances dans ladite Province, pour affifter à cette Affemblée, en qualité
» de mes Commiffaires. En conféquence, mon intention eft que vous
» vous trouviez ce jour-là à ladite Affemblée, & que vous lui faffiez
» connoître mes intentions. Je fuis perfuadé que vous vous acquitterez de
» la miffion que je vous confie, avec tout le zele que je vous connois pour
» mon fervice. Je defire, au furplus, que fi vous ou ledit fieur Caze de la
» Bove vous trouviez dans l'impuiffance de la remplir, elle le foit, en ce
» cas, par l'un de vous, en l'abfence de l'autre; fur ce je prie Dieu qu'il
» vous ait, M. le Comte de Narbonne-Frizlar, en fa fainte garde. Ecrit à
» Verfailles, le 24 Octobre 1788. *Signé*, LOUIS. DE LOMÉNIE, COMTE DE
» BRIENNE.

» A Mons. Caze de la Bove, Confeiller en mes Confeils, Maître des
» Requêtes honoraire de mon Hôtel, Intendant & Commiffaire-départi
» pour l'exécution de mes ordres en Dauphiné.

» Mons. Caze de la Bove, ayant permis aux Repréfentants des Trois-
» Ordres de ma Province de Dauphiné, de fe raffembler à Romans, le
» premier du mois de Novembre prochain, je vous ai choifi, ainfi que le
» fieur Comte de Narbonne-Frizlar, l'un des Lieutenants-Généraux en
» mes Armées, Commandant en ladite Province, pour affifter à cette

» Affemblée, en qualité de mes Commiffaires. En conféquence, mon
» intention eft que vous vous trouviez ce jour-là à ladite Affemblée, &
» que vous lui faffiez connoître mes intentions. Je fuis perfuadé que vous
» vous acquitterez de la miffion que je vous confie, avec tout le zele que
» je vous connois pour mon fervice. Je defire, au furplus, que fi vous ou
» ledit fieur Comte de Narbonne-Frizlar vous trouviez dans l'impuiffance
» de la remplir, elle le foit, en ce cas, par l'un de vous, en l'abfence de
» l'autre; fur ce je prie Dieu qu'il vous ait, Mons. Caze de la Bove,
» en fa fainte garde. Ecrit à Verfailles, le 24 Octobre 1788, *Signé*, LOUIS.
» De Loménie, Comte de Brienne. »

Enfuite MM. les Commiffaires du Roi ont remis des Lettres-Patentes, adreffées, par Sa Majefté, aux Trois-Ordres de la Province, le 24 Octobre, & le Règlement fait dans le Confeil du Roi, le 22 du même mois; il en a été fait lecture, & l'Affemblée a arrêté qu'ils feroient laiffés fur le Bureau pour en être délibéré.

MM. les Commiffaires du Roi ont fait remettre fur le Bureau les obfervations imprimées, annoncées par le préambule du Règlement fait par Sa Majefté en fon Confeil : il en a été également fait lecture.

M. le Comte de Narbonne a dit :

« Meffieurs, d'après la lecture qui vient d'être faite à l'Affemblée, des
» Lettres-Patentes qui lui font adreffées par Sa Majefté, & de l'Arrêt de
» Règlement pour le rétabliffement des Etats-Provinciaux du Dauphiné,
» fous une forme plus analogue à fa conftitution actuelle, vous jugerez,
» mieux que je ne faurois vous l'exprimer, combien le Roi eft occupé de
» l'avantage & du bonheur de fes Sujets de fa Province de Dauphiné.
» M. le Duc de Tonnerre ayant été appellé à l'Affemblée des Notables,
» Sa Majefté m'a ordonné de commander pour fon fervice dans la
» Province. Je fens, Meffieurs, & ne crains pas d'en faire l'aveu, que cette
» place eft au-deffus de mes forces & de mes lumières, & que je ne

» pourrai y fuppléer que par mon zele & une attention conftante & fuivie
» à remplir les vues bienfaifantes de Sa Majefté. J'ofe efpérer, Meffieurs,
» que, comme Citoyen, j'ai pu acquérir quelque droit à votre eftime : mes
» vœux feroient comblés, fi, dans le cours de la commiffion qui m'a été
» confiée, j'étois affez heureux pour mériter vos fuffrages, ainfi que votre
» bienveillance. »

M. Caze, Baron de la Bove, a dit :

« Messieurs, vous venez d'entendre les intentions du Roi, & les motifs
» dont Sa Majefté a voulu vous donner connoiffance. Cette nouvelle
» marque de fa bonté doit vous convaincre, de plus en plus, de ce que
» l'on doit attendre du meilleur & du plus jufte des Rois. C'eft ennoblir
» la Nation, c'eft s'agrandir foi-même, que de ne vouloir régner que fur
» des Peuples éclairés, que Sa Majefté ne défire de rendre heureux que par
» le concours de leur opinion & de leur amour. Elle femble vous choifir
» plus particuliérement, Meffieurs, pour être aujourd'hui les objets de fa
» bienveillance & de fa follicitude paternelle, en donnant, à la conftitution
» de cette Province, une bafe auffi inébranlable que celle qui réfulte de la
» confiance réciproque du Prince & de fes Sujets, de leur tendance
» mutuelle au bien de l'Etat, à la gloire de la Nation. Que ne doit-on pas
» efpérer des lumieres & du patriotifme qui vous diftinguent ? Ils ne
» peuvent manquer d'apporter, dans vos Délibérations, cette fageffe qui
» doit veiller fur la deftinée des Peuples, cette réflexion qui doit faire fentir
» qu'il eft des Lois générales, dont on ne peut s'écarter fans bleffer
» l'harmonie qui fait la force comme la fûreté des Empires.

» Nul objet ne peut aujourd'hui, Meffieurs, vous diftraire du travail
» important que Sa Majefté remet entre vos mains. La confiance eft
» rétablie, l'Ordre renaît de toute part, & la vérité qui environne le Trône,
» doit affurer à la Nation qu'elle verra bientôt reparoître les plus beaux,
» les plus heureux jours de la Monarchie.

» Nous éprouvons, Messieurs, la satisfaction la plus douce de n'avoir à
» vous annoncer que des intentions aussi bienfaisantes de la part du Roi,
» & si analogues, en même temps, au vœu de la Province & à celui que
» Sa Majesté nous a permis de lui exprimer. »

M. l'Archevêque de Vienne, Président de l'Assemblée, a dit :

« Messieurs, il n'est pas de plus beau spectacle qu'une Nation ou une
» Province entiere, rassemblée dans ses Représentans, & s'expliquant par
» leur organe, sur les intérêts les plus chers à la Patrie; c'est ce qu'on a
» déja vu dans les premieres Séances de notre Assemblée. Elle a fait
» connoître les ressources que le Dauphiné peut trouver en soi pour
» l'établissement d'une sage administration. Mais aujourd'hui que le
» concours de la volonté du Souverain avec celle des Sujets est prêt à se
» déployer, combien ce spectacle deviendra-t-il plus imposant ? On y verra
» un de ces combats aussi salutaire, aussi glorieux, qu'ils sont rares parmi
» les Hommes de grandeur d'ame, de bonté, de justice d'une part, & de
» l'autre, de fidélité, de zele, de reconnoissance & d'amour. Ce spectacle,
» également propre à exciter l'admiration & la joie, ne sera pas indigne de
» servir de modele à d'autres Provinces du Royaume, peut-être même
» (osons-le dire, en demandant qu'on excuse cette témérité) aux Etats-
» Généraux, cette Assemblée auguste, réclamée par tant de voix, desirée
» par tant de vœux. Dans l'attente de sa prochaine Convocation, nous
» allons, Messieurs, nous occuper du soin de consommer notre Ouvrage ;
» nous espérons, sous vos auspices, de mériter de plus en plus la confiance
» que le Roi daigne nous témoigner. »

M. le Comte de Morges, Président de la Noblesse, a dit :

« Messieurs, des Assemblées nationales & périodiques vont renaître
» parmi nous, & nous touchons au moment de jouir, dans cette Province,

» d'une libre & fage adminiftration defirée depuis fi longtemps & formée
» par nous-mêmes! Mais la nouvelle conftitution de nos Etats exige que
» cette balance, que nous avons fixée entre les différents Ordres, refte
» toujours dans ce jufte équilibre que l'amour du bien public doit
» maintenir. La Nobleffe s'applaudira fans doute du facrifice volontaire
» d'anciens ufages, & elle n'en defire le fouvenir que pour contribuer à
» l'harmonie, fi effentielle à un nouvel établiffement. C'eft non-feulement,
» Meffieurs, dans les règlements que votre fageffe a dictés, que doit repofer
» la confiance réciproque, mais encore dans nos cœurs où fe trouvera cette
» union de fentiments, cet accord de principes, qui dirigeront nos travaux
» vers le but que nous nous propofons; & la fermeté, le courage & les
» lumieres que vous avez montrés, en garantiffent le fuccès, & juftifient
» l'opinion publique dans les fuffrages flatteurs que vous en avez obtenu. »

Enfuite MM. les Commiffaires du Roi fe font levés pour faluer l'Affemblée qui s'eft également levée; ils ont été accompagnés par les mêmes Députés nommés pour les recevoir; & pendant leur marche, les Membres de l'Affemblée ont applaudi & crié *VIVE LE ROI.*

Les exemplaires des Obfervations imprimées, remifes par MM. les Commiffaires du Roi, ont été diftribués à tous les Membres de l'Affemblée.

M. le Préfident a renvoyé la Séance à Lundi, 3 Novembre, à dix heures du matin, & il a figné :

                                  † J. G. *Archev. de Vienne, Préfident.*
                                             MOUNIER, *Secretaire.*

Du Lundi, trois Novembre, à dix heures du matin.

LE Secrétaire a fait lecture d'une Lettre écrite par M. Necker, aux Trois-Ordres de la Province, dont la teneur suit :

MESSIEURS,

« J'ai reçu, avec la plus parfaite reconnoiffance, la lettre dont vous
» m'avez honoré; je la conferverai comme un titre de gloire, & je ferai
» heureux fi, par mes foins & par mes efforts, je puis me montrer digne
» de votre eftime & de votre confiance. Je vous prie, MESSIEURS, d'agréer
» mes très-humbles remerciements, & les affurances du refpectueux
» attachement avec lequel j'ai l'honneur d'être :

MESSIEURS,
Votre très-humble & très-obéiffant ferviteur,

Signé : NECKER.

Ce 26 Octobre 1788.

Enfuite il a été fait lecture d'une lettre clofe, adreffée par Sa Majefté, à M. l'Archevêque de Vienne.

« Mons. l'Archevêque de Vienne, ayant fixé au 1er Novembre prochain
» l'Ouverture des Etats de ma Province de Dauphiné, auxquels j'ai permis
» de s'affembler dans ma ville de Romans, je vous ordonne d'y affifter &
» de les préfider ; je ne doute pas que la maniere dont vous vous acquit-
» terez des fonctions importantes que vous allez y remplir, fonctions
» auxquelles vous avez été appellé par vos lumieres & par votre zele pour
» le bien public, autant que par le vœu unanime des Trois-Ordres, ne
» juftifie pleinement la confiance qu'infpire la réputation méritée que
» vous vous êtes acquife. Mon intention eft qu'auffi-tot que la préfente

» vous fera parvenue, vous faffiez connoître, & l'époque de l'Ouverture
» defdits Etats, & le lieu de leurs Séances, à tous les Corps & Particuliers
» des Trois-Ordres de madite Province, auxquels l'Arrêt rendu en mon
» Confeil, le 22 du préfent mois, donne le droit d'y être repréfentés par
» des Députés; que vous leur mandiez de ma part que je les autorife à
» s'affembler pour procéder en la forme prefcrite par ledit Arrêt, au choix
» defdits Députés, afin que, cette Election faite, vous envoyez à chacun
» defdits Députés une lettre, par laquelle vous les convoquiez, en mon
» nom, à l'Affemblée defdits Etats. Je vous donne, à cet effet, pouvoir &
» mandement fpécial ; fur ce, je prie Dieu qu'il vous ait, Mons. l'Arche-
» vêque de Vienne, en fa fainte garde. Ecrit à Verfailles, le 24 Octobre 1788.
» *Signé*, LOUIS. DE LOMENIE, COMTE DE BRIENNE. »

M. le Préfident a dit qu'il falloit délibérer fur le choix des Commiffaires qui feroient chargés d'examiner les Lettres-Patentes & le Règlement, & d'en faire le rapport à l'Affemblée. Il a été délibéré que cet examen feroit confié aux mêmes Commiffaires choifis dans la précédente Affemblée, & qu'on fe borneroit à remplacer les morts ou les abfents ; &, conformément à cette Délibération, ont été nommés M. l'Abbé Barthellemy, M. le Commandeur de Rigaud, M. l'Abbé de Dolomieu, M. Brochier & M. le Marquis de Veynes. M. le Marquis de Saint-Vallier ayant été nommé en l'abfence de M. de Tardivon, & celui-ci étant arrivé, MM. les Commiffaires ont prié M. de Saint-Vallier de s'occuper, avec eux, de l'examen qui leur eft confié.

M. le Préfident a dit que pour laiffer à MM. les Commiffaires le temps néceffaire pour préparer leur rapport, la Séance devoit être renvoyée à Mercredi, cinq du courant, à quatre heures du foir, & il a Signé :

† J. G. *Archev. de Vienne, Préfident.*
MOUNIER, *Secretaire.*

Du Mercredi, cinq Novembre, à quatre heures du foir.

M. le Comte de Morges, Préfident de la Nobleffe, a dit qu'il feroit convenable de conferver dans les regiftres de l'Affemblée, le fouvenir de la conduite généreufe & patriotique de MM. de Mayen & Revol, premier & fecond Confuls de Grenoble.

L'Affemblée a répondu par des acclamations.

M. Revol a dit :

« Meffieurs, c'eft aux Citoyens des Trois-Ordres de la ville de Grenoble,
» que font dus les fentiments dont vous voulez bien honorer leurs
» Confuls ; pénétrés de l'idée que le zele ardent que tous les Citoyens
» doivent à la Patrie, avoit été notre feul mérite, & que la fatisfaction de
» voir fon bonheur, devoit être notre feule récompenfe, Jugez, Messieurs,
» avec combien de reconnoiffance nous recevons aujourd'hui les fuffrages
» de votre augufte Affemblée. »

Enfuite le Secretaire a fait lecture du travail de MM. les Commiffaires, fur le Règlement de Sa Majefté ; plufieurs réferves & modifications ont été délibérées par l'Affemblée.

M. le Préfident a renvoyé la Séance à Jeudi, à dix heures du matin, & il a figné :

† J. G. *Archev. de Vienne, Préfident.*
Mounier, *Secretaire.*

Du Jeudi, six Novembre, à dix heures du matin.

L'EXAMEN du travail de MM. les Commissaires a été continué par l'Assemblée.

M. le Président a renvoyé la Séance à quatre heures du soir, & a signé :

✝ J. G. *Archev. de Vienne, Président.*
MOUNIER, *Secretaire.*

Dudit, six Novembre, à quatre heures du soir.

L'Assemblée a repris l'Examen du travail de MM. les Commissaires.

La matiere mise en délibération, le Réglement fait par Sa Majesté, en son conseil, le 22 Octobre dernier, & les Lettres-Patentes du 24 du même mois, par lesquelles il est adressé aux Trois-Ordres de la Province, ayant été vérifiés & examinés, il a été unanimement arrêté que l'Assemblée accepte, avec reconnoissance, ledit Réglement, néanmoins sous les réserves & modifications ci-après apposées, sous le bon plaisir du Roi; qu'en conséquence lesdits Réglement & Lettres-Patentes seront enrégistrés pour être observés suivant leurs formes & teneur, sous lesdites réserves & modifications, qui seront transcrites à la suite des Réglements & Lettres-Patentes.

Suit la teneur desdits Réglements & Lettres-Patentes.

ARRÊT

DU CONSEIL D'ETAT DU ROI

Portant Réglement pour la nouvelle formation des Etats de la province du Dauphiné.

Extrait des Regiſtres du Conſeil d'Etat.

LE ROI, par l'Arrêt de ſon Conſeil, du 2 août, a ordonné qu'il ſe tiendroit, le 30 du même mois, dans la ville de Romans, une Aſſemblée des Trois-Ordres du Dauphiné, afin d'avoir leur vœu & de recevoir leurs Mémoires ſur une nouvelle formation des Etats de la Province. Sa Majeſté s'eſt fait rendre compte du projet qui a été adopté dans ladite Aſſemblée : Elle a remarqué, avec une parfaite ſatisfaction, les vues ſages & bien combinées qui ont été ſuivies pour aſſurer une juſte repréſentation des différentes parties de la Province, & pour déterminer l'ordre des Elections, leur renouvellement ſucceſſif & l'organiſation intérieure des Etats. Sa Majeſté a approuvé, dans ſon entier & ſans aucune modification, toute cette partie du Plan arrêté dans l'Aſſemblée de Romans, mais elle a ſuſpendu ſa déciſion ſur les diſpoſitions qui, par leur importance, lui ont paru devoir être renvoyées à la Délibération des Etats-Généraux ; & en apportant, par d'autres conſidérations, quelques changements à un petit nombre d'articles, Elle a voulu que ſes motifs fuſſent parfaitement connus, & Elle a autoriſé ſes Commiſſaires à en donner communication aux Trois-Ordres de la Province, aſſemblés à Romans. Sa Majeſté ſera toujours diſpoſée à écouter les obſervations qui tendront à éclairer ſa juſtice, & qui pourront feconder le defir qu'Elle a de concourir à la fatisfaction de fa Province du Dauphiné. Elle ne tiendra jamais irrévocablement qu'aux principes effentiels de l'ordre public, & aux difpofitions qui feront fondées fur les Loix de fon royaume, & fur les antiques ufages de la Monarchie. A quoi voulant pourvoir : Oui le rapport ; LE ROI ÉTANT EN SON CONSEIL, a ordonné & ordonne ce quit fuit :

ARTICLE PREMIER.

LES Etats de Dauphiné feront formés par cent quarante-quatre Repréfentants ou Députés des Trois-Ordres de la Province, favoir ;

Vingt-quatre Membres du Clergé, quarante-huit de la Nobleffe, & foixante-douze du Tiers-Etat.

II.

NUL ne pourra être admis aux Etats, ni voter pour la nomination des Repréfentants, qu'il ne foit âgé de vingt-cinq ans accomplis, & domicilié dans le Royaume, ou dans le Comtat d'Avignon & Venaiffin.

III.

AUCUN Membre des Etats ne pourra s'y faire repréfenter par Procureur.

IV.

LA repréfentation du Clergé fera formée par trois Archevêques ou Evêques, trois Commandeurs de Malthe, fept Députés des Eglifes Cathédrales; favoir : un de celle de Vienne, un de celle d'Embrun, un de celle de Grenoble, un de celle de Valence, un de celle de Gap, un de celle de Die & un de celle de Saint-Paul-Trois-Châteaux; cinq Députés des Eglifes Collégiales, favoir : un de celle de Saint Pierre & de Saint Chef-de-Vienne, un de Saint André-de-Grenoble, un de Saint-Barnard-de-Romans, un de celle de Creft & un de celle de Montelimar; deux Curés propriétaires; deux

Députés des Abbés, Prieurs-Commandataires, Prieurs fimples, Chapelains & autres Bénéficiers ; un Député des Ordres & Communautés Régulieres d'Hommes, y compris celle des Religieux hofpitaliers de Saint-Jean-de-Dieu, à l'exception néanmoins des Religieux mendiants ; un Député des Abbayes & Communautés régulieres de Filles, à l'exception des Communautés mendiantes, pris parmi le Clergé féculier ou régulier de chacune defdites Communautés.

V.

L'ÉLECTION des Députés fera faite de la maniere fuivante : Les Archevêques ou Evêques s'éliront entr'eux ; les Commandeurs de Malthe feront nommés par leurs Chapitres ; ceux des Eglifes Cathédrales & Collégiales le feront également par leurs Chapitres. Les Curés feront choifis alternativement dans chaque Diocéfe, fuivant l'ordre ci-après, favoir : Vienne & Embrun, Grenoble & Valence, Die & Gap, Saint-Paul-Trois-Châteaux & Vienne, & ainfi fucceffivement. L'Election defdits Curés fe fera dans une Affemblée formée d'un Député de chaque Archiprêtré & tenue devant les Evêques des Diocefes en tour pour députer.

VI.

LES Curés de la Province, dont les Bénéfices dépendent des Diocefes étrangers, fe réuniront, favoir : ceux du Diocefe de Lyon, au Diocefe de Vienne ; ceux du Diocefe de Belley, à celui de Grenoble ; ceux des Diocefes de Sifteron & de Vaifon, à celui de Saint-Paul-Trois-Châteaux, & y enverront les Députés de leurs Archiprêtrés, pour concourir aux Elections.

VII.

LES deux Députés des Abbés & Prieurs-Commandataires, Prieurs fimples, Chapelains & autres Bénéficiers, feront auffi choifis alternativement dans chaque Diocefe, fuivant l'ordre prefcrit par l'article V, & leur élection fe fera dans une Affemblée convoquée devant les Evêques des

Diocefes qui feront en tour de députer, à laquelle feront appellés les Abbés, Prieurs & autres Bénéficiers fimples, dont les Bénéfices fitués dans la Province, feront dépendants des diocefes étrangers, en fuivant l'ordre expliqué par l'article VI.

VIII.

Le Député des Ordres & Communautés régulieres d'Hommes, fera pris alternativement dans chaque Diocefe, en commençant par celui de Vienne : & en obfervant que les Communautés régulieres des Diocefes d'Embrun & de Gap fe réuniront à celui de Grenoble, pour ne former entr'elles qu'un feul Député; que celles des Diocefes de Die & Saint-Paul-Trois-Châteaux fe réuniront à celui de Valence; leur élection fera faite dans une Affemblée compofée d'un Député de chacune des Communautés régulieres, à laquelle feront appellés, dans l'Ordre expliqué ci-deffus, un Député des Communautés régulières des diocèfes étrangers, & qui fera tenue par devant l'Evêque du diocefe de la Province, en tour de députer.

IX.

Le Repréfentant des Communautés de filles fera élu alternativement dans chaque diocefe, fuivant l'ordre expliqué par l'article V, & dans une Affemblée formée par les Députés du Clergé féculier ou régulier de chacune defdites Communautés, laquelle fera tenue devant l'Evêque du diocefe, en tour de députer.

X.

Les Etats s'occuperont, le plutôt poffible, de divifer la Province en arrondiffements ou diftricts, & d'y répartir les Députés fuivant les proportions qu'ils jugeront convenables; mais pour la premiere Convocation feulement, on fuivra la divifion des Refforts des fix Elections, dans lefquelles les Députés feront répartis de la maniere ci-deffous indiquée, d'après les rapports combinés du nombre des feux, de celui des habitants, & de la fomme de leurs impofitions.

XI.

La Nobleffe, pour l'Election de fes Membres, s'affemblera par diftricts, devant un Syndic qu'elle nommera dans chacun de ces diftricts; elle répartira ces Députés fuivant les arrondiffements qui feront formés par les Etats, & fuivant la proportion qui fera par eux indiquée en exécution de l'article ci-deffus : & en attendant cette formation, les Membres de cet Ordre s'affembleront dans les chefs-lieux des Elections, & nommeront, par la voie du fcrutin, onze Députés pour le reffort de l'Election de Grenoble, douze pour celle de Vienne, fept pour celle de Romans, cinq pour celle de Valence, fix pour celle de Gap & fept pour celle de Montelimar. Le procès-verbal de leur nomination fera envoyé au Secretaire des Etats, & l'on y infcrira le nom des quatre perfonnes qui auront réuni le plus de voix après les Députés, dans l'ordre indiqué par la pluralité des fuffrages.

XII.

Pour pouvoir être Electeur dans l'Ordre de la Nobleffe, il fuffira d'avoir la Nobleffe acquife & tranfmiffible, & de poffeder une propriété dans le diftrict.

XIII.

Pour être éligible dans le même Ordre, il faudra faire preuve de quatre générations, faifant cent ans de Nobleffe, avoir la libre adminiftration d'immeubles, féodaux ou ruraux, fitués dans l'arrondiffement, & foumis à *cinquante livres* d'impofitions royales foncieres, fans qu'il foit néceffaire d'y être domicilié.

XIV.

Aucun Noble ne pourra être électeur ni Eligible en deux diftricts à la fois. Le Syndic de la Nobleffe de chaque diftrict tiendra un rôle, dans lequel fe feront infcrire les Membres de cet Ordre, qui pourront être électeurs ou éligibles, & cette infcription déterminera irrévocablement pour quatre ans le diftrict dans lequel ils pourront élire ou être élus, fans qu'il foit permis, pendant cet intervalle, de fe faire infcrire dans un autre, à moins qu'on n'ait ceffé d'être propriétaire dans le premier.

XV.

Les maris, dont les femmes auront des biens foumis à *cinquante livres* d'impofitions royales foncieres, pourront être électeurs & éligibles. Il en fera de même des veuves propriétaires, qui pourront fe faire repréfenter par un de leurs enfants majeur, en vertu d'une procuration, au moyen de laquelle ils feront électeurs & éligibles. Les difpofitions de cet article auront lieu pour le Tiers-Etat.

XVI.

Les Eccléfiaftiques & les Nobles ne pourront être admis parmi les Repréfentants du Tiers-État, ni affifter aux Affemblées qui feront tenues pour nommer les Députés de cet Ordre.

XVII.

Lors de la premiere nomination des Repréfentants du Tiers-Etat, le diftrict de l'Election de Grenoble fournira dix-fept Députés; celui de Vienne, dix-huit; celui de Romans, dix; celui de Valence, fept; celui de Gap, neuf; & celui de Montelimar onze, dans lequel nombre feront compris les Députés des villes, ci-après nommées, favoir : trois pour la ville de Grenoble, deux pour chacune des villes de Vienne, Valence & Romans, & un pour chacune des villes de Gap, Embrun, Briançon, Montelimar, Saint-Marcellin, Die, Creft & le Buis ; fauf aux Etats à régler définitivement quelles villes doivent avoir des Députés particuliers, leur nombre & la répartition des Députés des autres villes, Bourgs & Communautés pour chaque diftrict.

XVIII.

Nul ne pourra être Repréfentant de l'Ordre du Tiers dans les Etats, qu'il n'ait la libre adminiftration de propriétés fituées dans l'arrondiffement où il devra être élu, & foumis à *cinquante livres* d'impofitions royales foncieres ; à l'exception du Briançonnois & de la vallée de Queyras, où il fuffira de payer *vingt-cinq livres* d'impofitions royales, foncieres, fans préjudice néanmoins des difpofitions portées par l'article XV.

XIX.

Ne pourront être élus ceux qui font chargés directement ou indirectement d'aucune adjudication ou entreprife d'ouvrage public au frais de la Province.

XX.

Aucune perfonne employée en qualité d'Agent ou Collecteur pour la levée des rentes, dîmes & devoirs feigneuriaux, ne pourra être élue tant qu'elle fera aux gages du Seigneur ou Propriétaire qui l'emploiera.

XXI.

A l'égard des Fermiers que la Délibération de l'Affemblée excluroit des Etats pendant la durée de leur ferme, Sa Majefté ne pouvant point admettre, fans réferve, cette exclufion, même pour la premiere élection, veut qu'on puiffe en élire un dans chacun des fix Diftricts qui partagent la Province, fans que cette limitation doive être regardée comme définivement établie ; Sa Majefté fe réfervant de ftatuer, d'après une plus ample inftruction, fur le droit que peuvent avoir tous les Fermiers indiftinctement, d'être admis aux Etats, quand ils ont d'ailleurs les qualités requifes.

XXII.

Le Roi ayant égard au vœu des Trois-Ordres, permet provifoirement & pour la premiere Election, qu'on ne puiffe élire les Subdélégués du Commiffaire départi, leurs Commis & Secrétaires, non plus que ceux qui exercent quelques charges, emplois ou commiffions, médiates ou immédiates, dans toutes les parties des finances de Sa Majefté.

XXIII.

Dans l'Ordre du Tiers-Etat, nul ne pourra être électeur ni éligible en deux lieux à la fois. Il fera fait tous les deux ans, par les Officiers municipaux de chaque lieu, un rôle des Electeurs & des Eligibles. Lorfqu'on y aura été infcrit, on ne participera point aux Elections qui fe feront dans d'autres Communautés. On ne pourra être infcrit dans le rôle d'une autre Communauté, qu'après le terme de quatre ans, à moins que pendant cet intervalle on n'ait ceffé d'être propriétaire dans la premiere.

XXIV.

Les Villes qui auront des Députés particuliers, les enverront directement aux Etats, les nommeront par la voie du Scrutin dans leurs Affemblées municipales, auxquelles feront appellés un Syndic de chaque corporation du Tiers-Etat, & les Propriétaires domiciliés du même Ordre, payant, favoir : dans la ville de Grenoble, *quarante livres* d'impofitions royales foncieres; *vingt livres* dans celles de Vienne, Valence & Romans; & dans les autres *dix livres*.

XXV.

Dans les autres lieux, même dans ceux qui font régis par l'Edit municipal, les Communautés tiendront chacune des Affemblées particulieres, aux formes ordinaires; pourront néanmoins, celles qui n'ont point de Municipalités, tenir leurs Affemblées devant les Confuls, en l'abfence des Châtelains. Ces Affemblées feront indiquées par affiches, huitaine à l'avance. Dans les Communautés qui ont des Corps municipaux, on convoquera les Propriétaires payant *dix livres* d'impofitions royales foncieres, & dans les autres, tous les Propriétaires payant *fix livres*. On convoquera également dans toutes les Communautés les propriétaires forains qui, payant les mêmes charges, auront été infcrits dans le rôle des Electeurs.

XXVI.

Dans lefdites Affemblées, les Communautés qui n'auront que cinq feux & au deffous, nommeront chacune un Député, lequel fe rendra au lieu deftiné pour l'Affemblée de l'arrondiffement; celles qui auront un plus grand nombre de feux, nommeront un Député par cinq feux, fans égard au nombre intermédiaire, fauf aux Etats à régler le nombre des Députés des Communautés, fuivant une proportion plus jufte, s'ils peuvent y parvenir. Les Députés ne pourront être choifis que parmi les Propriétaires domiciliés ou forains qui auront été infcrits dans les rôles des éligibles, & qui auront les qualités prefcrites pour être élus aux Etats, fans qu'il foit néceffaire d'être préfent à l'Affemblée pour être élu.

XXVII.

Les Etats indiqueront les chefs-lieux d'arrondiffement ailleurs que dans les Villes qui ont des Députés particuliers; & pour la premiere Convocation, les Députés de l'Election de Grenoble fe réuniront à Vizille; ceux de l'Election de Vienne, à Bourgoin; ceux de l'Election de Romans, à Beaurepaire; ceux de l'Election de Valence, à Chabeuil; ceux de l'Election de Gap, à Chorges; & ceux de l'Election de Montelimar, à Dieu-le-Fit.

XXVIII.

Les Députés des Communautés raffemblés dans le chef-lieu du diftrict ou de l'arrondiffement, éliront parmi eux, par la voie du Scrutin, un Préfident & un Secretaire. Ils nommeront egalement, par la même voie, ceux qui devront repréfenter le diftrict aux Etats. Le Procès-Verbal de cette nomination fera envoyé au Secretaire des Etats, & l'on y infcrira les nom des fix perfonnes qui auront réuni le plus de voix, après les Députés élus dans l'ordre indiqué par la pluralité des fuffrages.

XXIX.

Le Roi fera convoquer les Etats chaque année au mois de Novembre. Ils pourront, à la fin de chaque Affemblée, exprimer leur vœu fur le lieu où devra fe tenir l'Affemblée de l'année fuivante.

XXX.

Les Députés des différents Ordres, fans aucune diftinction, recevront *fix livres* par jour, fans que ce paiement puiffe continuer pendant plus de trente jours, y compris le temps néceffaire pour leur voyage, quand même la tenue des Etats feroit prorogée au-delà de ce terme.

XXXI.

Les Etats choifiront leur Préfident parmi les Membres du premier ou fecond Ordre de la Province, ayant les qualités requifes pour être admis aux Etats, & ce Préfident devra être agréé par Sa Majefté. Il fera élu au Scrutin dans le cours de la quatrieme année, pour entrer en fonctions l'année fuivante ; & celui des deux premiers Ordres, dans lequel le Préfident aura été nommé, aura un Député de moins, le Préfident devant être compté parmi les Membres des Etats.

XXXII.

Les Etats nommeront deux Procureurs-Généraux-Syndics, l'un pris dans le premier ou le second Ordre, & l'autre dans celui du Tiers. Ils choisiront dans ce dernier Ordre un Secretaire qui ne fera point partie des cent quarante-quatre Députés, fera révocable à volonté, & n'aura que voix inftructive.

XXXIII.

Le Roi autorife les Etats à choifir, pour les Recettes & Dépenfes particulieres de la Province, un Tréforier qui fera domicilié en Dauphiné, ainfi que fes cautions ; il ne fera point Membre des Etats, & ne pourra y entrer que lorfqu'il fera appellé ; il fera également révocable à volonté.

XXXIV.

Les Etats éliront parmi leurs Membres, deux perfonnes du Clergé, quatre de la Nobleffe & fix du Tiers-Etat, y compris les deux Procureurs-Généraux-Syndics ; ces douze perfonnes, avec le Secrétaire, formeront la Commiffion intermédiaire ; les Membres de cette Commiffion feront choifis, de maniere qu'il s'y trouve des Députés de chaque diftrict.

XXXV.

Toutes les nominations feront faites par la voie du Scrutin, & il fera repris jufqu'à ce que l'une des Perfonnes défignées ait réuni plus de la moitié des fuffrages.

XXXVI.

Pour feconder les travaux de la Commiffion intermédiaire, les Etats pourront établir dans leurs arrondiffements, de la maniere qu'ils jugeront convenable, des Correfpondants qui feront choifis parmi les perfonnes députées aux Etats.

XXXVII.

La Commiffion intermédiaire élira fon Préfident par la voie du fcrutin, dans l'un des deux premiers Ordres.

XXXVIII.

Le Préfident, foit des Etats, foit de la Commiffion intermédiaire, fera remplacé, en fon abfence, s'il eft de l'Ordre de l'Eglife, par le plus âgé des Gentilshommes, & s'il eft de l'Ordre de la Nobleffe, par celui qui fe trouvera avoir la premiere Séance dans l'Ordre du Clergé.

XXXIX.

La Commiffion intermédiaire tiendra fes Séances à Grenoble, fauf aux Etats à demander au Roi qu'elle fût placée dans un autre lieu, fi le bien du fervice l'exigeoit. Les Membres de cette Commiffion ne pourront s'abfenter fans une néceffité indifpenfable, que pendant trois mois de l'année, de maniere cependant qu'ils reftent toujours au nombre de huit dans le lieu de fon établiffement, & les Procureurs-Généraux-Syndics ne pourront jamais s'abfenter tous deux à la fois.

XL.

La Commiffion intermédiaire s'affemblera au moins une fois par femaine, mais le Préfident pourra convoquer, & les Syndics pourront requérir des Affemblées plus fréquentes, toutes les fois que le bien du fervice leur paroîtra l'exiger.

XLI.

Les Membres de la Commiffion intermédiaire ne pourront prendre aucune Délibération qu'ils ne foient au nombre de fept.

XLII.

Les Membres des Etats refteront en place, pour la premiere fois, pendant quatre ans, fans aucun changement, & après ce terme, il fera élu un nouveau Préfident, & la moitié des Députés dans chaque Ordre & dans chaque Diftrict, fortira par la voie du fort; deux ans après, l'autre moitié fe retirera, & enfuite tous les deux ans la moitié fortira par ancienneté, de maniere qu'à l'avenir aucun des Membres ne refte dans les Etats plus de quatre ans, à l'exception des Procureurs-Généraux-Syndics qui pourront être continués, par une nouvelle Election, pour quatre années feulement; ils ne pourront néanmoins être changés tous les deux en même-temps ; & à cet effet, pour la premiere fois, l'un des deux Procureurs-Généraux-Syndics fe retirera par le fort, à l'expiration des quatre premieres années, & l'autre après fix ans.

XLIII.

Au premier changement de la moitié des Membres des Etats, on fera fortir, par la voie du fort, un Archevêque ou Evêque, deux Commandeurs de Malthe, trois Députés des Eglifes Cathédrales, trois Députés des Eglifes Collégiales, un Curé, un Député des Abbés, Prieurs & autres Bénéficiers fimples, & un Syndic des Communautés régulieres. Au fecond changement, fortiront deux Archevêques ou Evêques, un Commandeur de Malthe, quatre Députés des Eglifes Cathédrales, deux Députés des Eglifes Collégiales, un Curé, un Deputé des Abbés, Prieurs & Bénéficiers fimples, & un Syndic des Communautés régulieres.

XLIV.

Nul ne pourra être élu, de nouveau, Membre des Etats, qu'après un intervalle de quatre ans depuis qu'il en fera forti.

XLV.

On fera connoître à temps ceux des Membres des Etats, qui, par le sort, auront été obligés de se retirer, afin que les divers Corps du Clergé, de la Noblesse & le Tiers-Etat, dans chaque District, puissent les remplacer; il en sera usé de même pour la Commission intermédiaire, qui sera renouvellée par les Etats, aux mêmes époques.

XLVI.

Lorsqu'il vaquera des places dans les Etats, avant les époques où les Membres doivent être renouvellés par moitié, les différents Corps du Clergé procéderont à de nouvelles élections, suivant les formes prescrites; & quant aux Députés de la Noblesse & du Tiers-Etat, ils seront alors remplacés dans les divers districts, par ceux qui, suivant le résultat du scrutin, auront, dans la nomination précédente, réuni le plus de suffrages après les personnes élues. Ceux qui seront admis à remplir les places ainsi vacantes, ne pourront rester dans les Etats que jusques au terme où auroient dû en sortir les Députés auxquels ils ont succédé, à moins qu'ils ne soient élus de nouveau, dans les Assemblées de district.

XLVII.

Lorsque les places vaqueront de la même manière dans la Commission intermédiaire, elle pourra y nommer des Membres des Etats, pris dans le même Ordre & dans le même District ; & dans le cas où l'une des places des deux Procureurs-Généraux-Syndics viendroit à vaquer, elle pourra en confier les fonctions à l'un de ses Membres, & ces différentes nominations n'auront lieu que jusqu'à la premiere convocation des Etats.

XLVIII.

Les Etats feront la répartition & affiette de toutes les impofitions foncieres & perfonnelles, tant de celles qui feront deftinées pour le Tréfor royal, que de celles qui feront relatives aux befoins de la Province : ils ordonneront, fous l'autorité du Roi, la confection de tous les chemins, ponts & chauffées, canaux, digues, & autres ouvrages publics, qui fe feront aux frais de la Province ; ils en furveilleront l'exécution, & ils en pafferont les adjudications par eux, ou par la Commiffion intermédiaire, ou par autres délégués.

XLIX.

Les Etats feront chargés de la diftribution des dégrévements accordés par le Roi ; ils pourront arrêter, fous le bon plaifir de Sa Majefté, les récompenfes, les indemnités & les encouragements qu'ils trouveront convenables pour l'Agriculture, le Commerce & les Arts.

L.

Le Roi autorife les Etats & la Commiffion intermédiaire à vérifier les comptes des Communautés, & à déterminer, fur leur requête, les dépenfes relatives aux réparations des Eglifes, presbyteres, & autres dépenfes particulieres à chaque Communauté, lorfqu'elles n'excéderont pas à la fois la fomme de *fix cents livres*. Pourront également les Etats ou la Commiffion intermédiaire, permettre, jufqu'à concurrence de la même fomme, telle levée de deniers ou impofition locale qui fera délibérée par chacune des Communautés, pour acquitter les dépenfes autorifées comme ci-deffus. Entend toutefois Sa Majefté que les Etats requéreront fon approbation fur la demande des Communautés, lorfque les dépenfes ou les impofitions locales, dont elles folliciteront l'autorifation, s'éléveront à une plus forte fomme.

LI.

Les villes de la Province qui auront à folliciter l'autorifation de quelques dépenfes nouvelles, la création, l'augmentation ou la prorogation de quelque octroi ou de quelqu'autre impofition locale, pour y fubvenir, enverront leur requête à l'Affemblée des Etats, ou à la Commiffion intermédiaire, qui fera tenue de les adreffer, avec fon avis, au Confeil, Sa Majefté fe réferve de faire connoître fes intentions fur la vérification des comptes des Villes, d'après les nouveaux éclairciffements qu'Elle prendra à cet égard.

LII.

Le Roi fe réferve pareillement d'attribuer fucceffivement aux Etats & à la Commiffion intermédiaire, la furveillance fur d'autres objets d'adminiftration intérieure, & Sa Majefté autorife & invite lefdits Etats & leur Commiffion intermédiaire à lui adreffer, dans toutes les circonftances, telles repréfentations qu'ils jugeront utiles au bien de la Province.

LIII.

Les Etats ne pourront faire aucun emprunt ni impofer aucune fomme pour leurs affaires particulieres, qu'après avoir obtenu la permiffion de Sa Majefté, & fous la condition qu'ils ne feront jamais aucun emprunt qu'en deftinant préalablement les fonds néceffaires pour le paiement des intérêts & le rembourfement des capitaux, à des époques fixes & déterminées.

LIV.

Tous les ans, avant leur clôture, les Etats remettront à la Commiffion intermédiaire une inftruction fur les objets dont elle devra s'occuper, & de l'exécution defquels elle rendra compte lors de leur prochaine convocation.

LV.

La Commiffion intermédiaire ne pourra prendre des délibérations que pour exécuter celles de la dernière Affemblée des Etats, à l'exception des objets qu'il feroit impoffible de différer jufqu'à la premiere Affemblée des Etats, & fous la réferve expreffe de leur approbation.

LVI.

Dans les Etats & la Commiffion intermédiaire, il ne pourra être pris de délibération que par les Trois-Ordres réunis : pourra néanmoins l'un des Ordres faire renvoyer jufqu'au jour fuivant une délibération propofée.

LVII.

Les Procureurs-Généraux-Syndics pourront préfenter des requêtes, former des demandes devant tous Juges compétents, & intervenir dans toutes les affaires qui pourroient intéreffer la Province, les Communautés & les Particuliers, après y avoir été autorifés par les Etats ou la Commiffion intermédiaire.

LVIII.

Les Etats nommeront chaque année une Commiffion particulière, pour revoir les comptes que le Tréforier aura rendu à la Commiffion intermédiaire, & pour examiner ceux qui ne l'auront pas été ; & d'après le rapport des Commiffaires, ils arrêteront tous les comptes de l'année.

LIX.

Le Tréforier ne pourra difpofer d'aucunes fommes fans un mandat exprès des Etats ou de la Commiffion intermédiaire.

LX.

Le tableau de fituation des fonds du pays, par recette & par dépenfe, l'état motivé & nominatif de la répartition des dégrèvements, indemnités, encouragements, gratifications, feront inférés dans les procés-verbaux des Affemblées & rendus publics chaque année par la voie de l'impreffion; il en fera envoyé un exemplaire au Confeil du Roi; pourront les Etats ou la Commiffion intermédiaire en envoyer un exemplaire à chaque Communauté pour y être dépofé dans fes archives.

LXI.

Les Etats fixeront le traitement du Préfident, des autres Officiers de la Commiffion intermédiaire & des Correfpondants; ils régleront les frais de bureaux & autres dépenfes néceffaires; tous ces frais, après qu'ils auront été autorifés par Sa Majefté, feront fupportés par les Trois-Ordres.

Et feront, fur le préfent arrêt, expédiées toutes Lettres à ce néceffaires.

Fait au Confeil d'Etat du Roi, Sa Majefté y étant, tenu à Verfailles le vingt-deux octobre mil fept cent quatre-vingt-huit.

Signé, de Loménie, Cte de Brienne.

TENEUR des Lettres-Patentes, revêtues du Sceau delphinal.

LOUIS, PAR LA GRACE DE DIEU, ROI DE FRANCE ET DE NAVARRE, DAUPHIN DE VIENNOIS, COMTE DE VALENTINOIS ET DIOIS, à nos très-chers & biens Amés les Repréfentants des Trois-Ordres de notre Province de Dauphiné, affemblés à Romans, en conféquence de la Permiffion que Nous leur en avons accordée ; SALUT : Nous ne pouvons mieux vous témoigner combien nous fommes fatisfaits du zele que vous avez montré pour le bien Public, & combien nous fommes fenfibles à l'attachement dont vous faites profeffion pour notre Perfonne, qu'en vous adreffant Nous-même le Réglement que nous venons d'arrêter dans notre Confeil, pour la formation des Etats de Dauphiné. Nous avons chargé notre cher & bien Amé le fieur Comte de Narbonne-Frizlar, Lieutenant-Général de nos Armées, Commandant pour notre Service en cette Province, & notre Amé & Féal le fieur Caze de la Bove, Maître des Requêtes honoraire de notre Hôtel, Intendant de Juftice, Police & Finances dans la même Province, ou l'un d'eux, en l'abfence de l'autre, d'affifter à votre Affemblée en qualité de nos Commiffaires, & de vous faire connoitre nos intentions. Voulons que vous ayez, en ce qu'ils vous diront de notre part, la même confiance que vous auriez en ce que Nous vous dirions nous-même, fi nous étions préfent en Perfonne. Nous defirons que nos vues, pour l'avantage & la profpérité d'une Province qui Nous eft chere, aient le fuccés que Nous attendons : & certains que vous vous ferez un devoir d'y contribuer en tout ce qui dépendra de vous, Nous vous invitons à les feconder ; Car tel eft notre plaifir. DONNÉ à Verfailles, le vingt-quatrieme jour d'Octobre, l'an de grâce, mil fept cent quatre-vingt-huit, & de notre regne le quinzieme. *Signé*, LOUIS. *Par le Roi Dauphin,* DE LOMENIE, COMTE DE BRIENNE.

Réserves & Modifications appofées au Réglement ci-deſſus, fous le bon plaiſir de Sa Majeſté.

1º. Sur l'Art. 19 du Réglement, qu'on ne pourra élire ceux qui font chargés directement ou indirectement d'aucune Adjudication ou entreprife d'Ouvrages publics, de même que leurs Cautions; & ne pourront non plus être élues les Cautions du Tréforier des Etats.

2º. Sur l'Art. 20, que pour prévenir les difficultés fur le fens de cet article, l'Affemblée déclare entendre, conformément aux intentions de Sa Majeſté, qu'on ne pourra élire aucune Perfonne employée, foit en qualité d'Agent, foit en qualité de Collecteur des Rentes, Dîmes & Droits feigneuriaux, pendant qu'ils feront aux gages du Seigneur ou Propriétaire qui les emploiera.

3º. Sur l'Art. 21, que les Fermiers, ainfi que leurs Cautions, ne pourront être élus pendant la durée de leurs fermes.

4º. Sur l'Art. 22, qu'il fera confidéré comme définitif en l'état, attendu l'incompatibilité des fonctions des Perfonnes mentionnées en cet article, avec les fonctions des Membres des Etats; & les Trois-Ordres déclarent qu'ils s'empreſſeront d'accepter le changement de cette difpofition, fi un nouvel Ordre de chofes faifoit ceſſer l'incompatibilité.

5º. Sur l'Art. 28, que ceux qui devront repréfenter les diftricts aux Etats, feront choifis parmi les Députés des Communautés.

6º. Sur l'Art. 31, que le Préfident fera élu dans les premieres Séances de la quatrieme année, pour qu'il puiſſe toujours être agréé par Sa Majeſté avant la féparation des Etats.

7°. Sur l'Art. 41, que dans le nombre de sept, pourront être compris les Procureurs-Généraux-Syndics.

8°. Sur l'Art. 44, que nul ne pourra être élu de nouveau, Membre des Etats, qu'après un intervalle de quatre ans, depuis qu'il en fera forti.

9°. Sur l'Art. 48, que les Etats, fous l'autorité du Roi, ordonneront la confection de tous les Ouvrages publics qui fe feront aux frais de la Province, en tout ou en partie, & détermineront l'emploi de toutes les fommes impofées fur la Province, qui ne feront pas deftinées pour le Tréfor royal.

10°. Sur l'Art. 51, que les Etats pourront fe faire repréfenter tous les comptes des Villes, même ceux qui font relatifs à leurs biens patrimoniaux, & prendre connoiffance defdits comptes toutes les fois qu'ils le jugeront convenable, & les Etats font chargés de folliciter le Règlement que Sa Majefté a eu la bonté d'annoncer pour cet objet.

11°. Sur l'Art. 57, que les Etats, la Commiffion intermédiaire & les Procureurs-Généraux-Syndics veilleront à ce que les droits & privileges du Dauphiné, & notamment celui qui ne permet pas que les Dauphinois foient diftraits du reffort des Tribunaux de la Province, ne foient pas enfreints, contre la promeffe & les intentions de Sa Majefté ; & toute loi nouvelle, avant fon enregiftrement dans les Cours, fera communiquée aux Procureurs-Généraux-Syndics, afin qu'il en foit délibéré conformément aux droits & privileges de la Province.

12°. Que l'Affemblée perfifte dans fes précédentes réfolutions, relatives à l'Election des Repréfentants de la Province, aux Etats-Généraux ; d'autant plus que Sa Majefté a bien voulu annoncer qu'Elle eft difpofée à les agréer ; & les Trois-Ordres fupplient Sa Majefté d'approuver définitivement l'art. 50 du projet qu'ils ont eu l'honneur de lui préfenter.

Perfiftant dans la Délibération prife le vingt-fept Septembre dernier, l'Affemblée a de nouveau arrêté que les Etats pourront faire, fous le bon plaifir du Roi, tous les réglements qu'ils jugeront néceffaires, fans qu'ils aient néanmoins la faculté de faire ni confentir aucun changement à leur conftitution.

Et au furplus, les Trois-Ordres ont donné le confentement ci-deffus, fous la réferve expreffe que les Etats ne pourront accorder aucun fubfide, ni établir aucune taxe directe ou indirecte, ni confentir à aucune extenfion ou prorogation d'impôts, ni faire aucun emprunt pour le compte du Gouvernement, que lorfque les Repréfentants de la Province en auront délibéré dans les Etats-Généraux du Royaume.

Il a été de plus délibéré de charger expreffément les Etats de fupplier le Roi de leur confier inceffamment la furveillance des frais & du tirage de la Milice, celle des établiffements publics, & les autres objets d'adminiftration intérieure ; l'Affemblée charge également les Etats de s'occuper des moyens propres à obtenir la réunion des recettes & des dépenfes qui concernent le Tréfor Royal, dans les mains du Tréforier des Etats, ainfi que Sa Majefté a bien voulu le faire efpérer.

Les Trois-Ordres, en exécution de l'Article 57 du Réglement de Sa Majefté, & des explications qu'Elle a bien voulu y joindre, recommandent expreffément à la Commiffion intermédiaire & aux Procureurs-Généraux-Syndics, de charger deux de leurs Membres d'examiner les Mémoires qui pourroient leur être adreffés, relativement à toutes les pourfuites faites par le fifc ; & lefdits Procureurs-Généraux-Syndics prendront fait & caufe lorfque les Etats ou la Commiffion intermédiaire l'auront jugé convenable.

IL a été arrêté que les motifs des changements faits par le Réglement de Sa Majefté, au Plan préfenté par les Trois-Ordres de Dauphiné, lefquels ont été communiqués par MM. les Commiffaires du Roi, feront tranfcrits dans le préfent Procès-Verbal.

MOTIFS

Des changements apportés par le Conseil du Roi, à quelques Articles du Plan présenté au nom de l'Assemblée de Romans, pour la nouvelle formation des Etats de Dauphiné.

Articles proposés par l'Assemblée.	Réglement du Roi.	Observations.
Art. 19. Ne pourront être élus ceux qui exercent quelques Emplois ou Commissions médiates ou immédiates, de subdélégations de Commissaires départis, ainsi que leurs Commis & Secrétaires; ceux qui exercent quelques Charges, Emplois ou Commissions médiates ou immédiates dans toutes les parties des Finances de Sa Majesté ; ceux qui sont chargés directement ou indirectement d'aucunes adjudications ou entreprises d'ouvrages publics, de même que leurs cautions. Ne seront non plus éligibles les Fermiers pendant la durée de leurs fermes ; les agents, collecteurs de rentes, dixmes & devoirs seigneuriaux, directement ou indirectement, ainsi que leurs cautions.	**Art. 19.** Ne pourront être élus ceux qui sont chargés directement ou indirectement d'aucune adjudication ou entreprise d'ouvrages publics aux frais de la Province. **Art. 20.** Aucune personne employée en qualité d'agent ou collecteur pour la levée des rentes, dixmes & devoirs seigneuriaux, ne pourra être élue tant qu'elle sera aux gages du Seigneur ou propriétaire qui l'emploiera. **Art. 21.** A l'égard des Fermiers que la délibération de l'Assemblée exclueroit des Etats pendant la durée de leur ferme, Sa Majesté ne pou-	Le Roi, selon le vœu des Trois-Ordres de la Province, a trouvé raisonnable de ne pas admettre dans les Etats les agents & collecteurs aux gages des Seigneurs ou des autres Propriétaires. Sa Majesté a trouvé pareillement que les adjudicataires de travaux publics, soumis à rendre compte de leur gestion aux Etats, ne doivent pas en faire partie : mais Elle a cru qu'en donnant pareillement l'exclusion aux cautions de ces adjudicataires, c'étoit nuire au service public. Le Roi a vu, avec la plus grande peine, que dans le plan adopté par l'Assemblée de Romans, l'on avoit exclu pour toujours des Etats les Fermiers des terres pendant la durée de leur bail, lors même qu'ils

Articles proposés par l'Assemblée.	Réglement du Roi.	Observations.
	vant point admettre sans réserve cette exclusion, même pour la première élection, veut qu'il puisse en être élu un dans chacun des six districts qui partagent la Province, sans que cette limitation puisse être regardée comme définitivement établie, Sa Majesté se réservant de statuer, d'après une plus ample instruction, sur le droit que peuvent avoir tous les Fermiers indistinctement d'être admis aux Etats, quand ils ont d'ailleurs les qualités requises.	seroient éligibles en raison de leurs propriétés ; & si une disposition particuliere, propre à balancer dans les Etats l'influence du Clergé & de la Noblesse, avoit paru nécessaire, Sa Majesté auroit souhaité qu'on eût cherché quelque moyen moins contraire à la justice due à une Classe de Citoyens, dignes, par leurs travaux, de la faveur publique & de la protection particuliere du Roi. Sa Majesté, néanmoins, présumant que cette question a pu être examinée sous des rapports particuliers à la Province, & d'après des motifs dont Sa Majesté n'est pas suffisamment instruite, Elle a bien voulu, pour la prochaine élection, borner à la faculté de nommer un fermier par département, la liberté illimitée qu'elle seroit disposée à accorder dans la suite. Le Roi a considéré, avec le plus juste intérêt, que si l'on exceptoit pour toujours les Fermiers du droit d'être éligibles pour l'Assemblée des Etats Provinciaux, ce seroit leur inspirer l'envie de changer d'état, & priver l'agriculture du secours qu'elle tire de l'augmentation progressive de l'aisance & de la fortune de ceux qui sont chargés de l'exploitation des fonds de

Articles proposés par l'Assemblée.	Réglement du Roi.	Observations.
		terre ; & qu'on s'exposeroit à décourager ainsi une classe de Citoyens infiniment précieuse & recommandable.
	ART. 22. Le Roi ayant égard au vœu des Trois-Ordres, permet provisoirement & pour la premiere élection, qu'on ne puisse élire les subdélégués du Commissaire départi, leurs Commis & Secrétaires, non plus que ceux qui exercent quelques Charges, Emplois ou Commissions médiates ou immédiates dans toutes les parties des finances de Sa Majesté.	Le Roi a bien voulu, pour la prochaine Election, admettre indéfiniment l'article qui donne l'exclusion aux Subdélégués & aux personnes employées au recouvrement des impôts ; mais Sa Majesté pense qu'il ne seroit pas juste de faire d'une pareille disposition une Loi perpétuelle, puisque ce seroit imprimer une sorte de défaveur à des personnes qui ont besoin de l'opinion publique pour remplir dignement les fonctions qui leur sont confiées. L'on doit observer encore que les Subdélégués des Commissaires départis, après l'établissement des Etats, ne seront plus que des personnes chargées de fonctions d'ordre & de police ; & qu'ainsi il n'y aura plus de motifs plausibles pour leur supposer un intérêt contraire à celui de la Province, & que l'exclusion constante des Etats de toute personne revêtue de la confiance de l'administration, mettroit peut-être dans la nécessité de recourir aux services de gens peu dignes d'une telle

Articles proposés par l'Assemblée.	Règlement du Roi.	Observations.
		préférence, ce qui nuiroit au bien général. Quant aux hommes employés dans les finances, il feroit pareillement peu convenable de les déclarer pour toujours inadmissibles dans les Etats, puisque le meilleur moyen de tempérer en eux l'esprit fiscal, c'est de les faire participer aux récompenses de l'opinion. Il est d'ailleurs naturel de présumer que les impôts une fois délibérés & consentis par les Etats-Généraux, l'on cessera de regarder les agents du fisc comme la partie adverse de la Nation. Cependant, comme les modifications dans l'esprit public sont l'ouvrage du temps, Sa Majesté autorise, pour les premieres élections qui doivent subsister pendant quatre ans, le vœu de l'Assemblée des Trois-Ordres à l'égard des Subdélégués & des personnes chargées de la direction du recouvrement des Impôts.
ART. 26. Les Etats se rassembleront chaque année, au quinze Novembre. La convocation sera faite par le Président, & à son défaut, par l'un des Procureurs-Généraux-Syndics.	ART. 29. Le Roi fera convoquer les Etats chaque année au mois de Novembre ; ils pourront à la fin de chaque Assemblée exprimer leur vœu sur le lieu où devra se tenir l'Assemblée de l'année suivante.	Le changement apporté à cet article rend simplement au Monarque ce qui lui est dû, & se trouve au reste conforme au vœu exprimé dans la délibération des Trois-Ordres pour la prochaine convocation des Etats de Dauphiné. Une telle disposition s'ac-

Articles proposés par l'Assemblée.	Réglement du Roi.	Observations.
		corde avec l'usage constamment suivi dans tout le Royaume.
ART. 28. Les Etats choisiront leur Président parmi les Membres du premier & second Ordre de la Province, & ayant les qualités requises pour être admis aux Etats. Dans le cours de la quatrieme année, leur Président sera élu au scrutin pour entrer en fonction l'année suivante : & celui des deux premiers Ordres, dans lequel le Président aura été nommé, aura un Député de moins ; le Président devant être compté parmi les Membres des Etats. ART. 29. Les Etats nommeront deux Procureurs-Généraux Syndics, l'un pris dans le premier ou second Ordre, & l'autre dans celui du Tiers. Ils choisiront dans ce dernier Ordre, un Secretaire, qui ne fera point partie des cent quarante-quatre Députés, sera révocable à volonté, & n'aura que voix instructive ; ils choisiront encore un Trésorier qui sera domicilié dans la Province, ainsi que ses cautions ; il ne sera point Membre des Etats,	ART. 31. Les Etats choisiront leur Président parmi les Membres du premier ou second Ordre de la Province, ayant les qualités requises pour être admis aux Etats, & ce Président devra être agréé par Sa Majesté ; il sera élu au scrutin, dans le cours de la quatrième année, pour entrer en fonctions l'année suivante. Et celui des deux premiers Ordres dans lequel le Président aura été nommé, aura un Député de moins, le Président devant être compté parmi les Membres des Etats. ART. 32. Les Etats nommeront deux Procureurs-Généraux Syndics, l'un pris dans le premier ou le second Ordre, & l'autre dans celui du tiers. Ils choisiront dans ce dernier Ordre, un Secrétaire qui ne fera point partie des cent quarante-quatre Députés, sera révocable à volonté, & n'aura que voix instructive.	La Présidence d'une Assemblée d'Etats Provinciaux, lorsqu'elle n'est pas inhérente à un rang ou à une place, doit être sanctionnée par le Roi ; mais Sa Majesté dont la confiance est déjà excitée par le premier choix que l'Assemblée vient de déterminer, est tellement persuadée qu'elle ne sera jamais dans le cas de refuser son approbation à une Election émanée des Etats, qu'elle n'a pas même voulu indiquer ce qu'il y auroit lieu de faire, si par une circonstance improbable, elle étoit contrainte à refuser son agrément à la nomination du Président.

Articles proposés par l'Assemblée.	Réglement du Roi.	Observations.
& ne pourra y entrer que lorfqu'il fera appellé; il fera également révocable à volonté.	ART. 33. Le Roi autorife les Etats à choifir, pour les recettes & dépenfes particulières de la Province, un Tréforier qui fera domicilié en Dauphiné, ainfi que fes cautions; il ne fera point Membre des Etats, il ne pourra y entrer que lorfqu'il fera appellé, & il fera également révocable à volonté.	Le Roi ne fe refufera point à écouter les propofitions qui pourroient lui être faites par les Etats, pour réunir à un même Tréforier les recettes & les dépenfes qui concernent le Tréfor Royal; mais cette affaire exige un examen & une conciliation.
ART. 34. En l'abfence du Préfident, foit des Etats, foit de la Commiffion intermédiaire, l'Affemblée fera préfidée par la perfonne la plus âgée de celui des deux premiers Ordres, dans lequel n'aura pas été choifi le Préfident, en obfervant néanmoins, dans l'Ordre du Clergé, le rang de la hiérarchie Eccléfiaftique.	ART. 38. Le Préfident foit des Etats, foit de la Commiffion intermédiaire fera remplacé en fon abfence, s'il eft de l'Ordre de l'Eglife, par le plus âgé des Gentilshommes, & s'il eft de l'Ordre de la Nobleffe, par celui qui fe trouvera avoir la première féance dans l'Ordre du Clergé.	La rédaction de ces art. n'étoit pas exprimée affez clairement: on en a changé la forme; mais le fens a été parfaitement confervé.
ART. 35. Les Etats s'affembleront pour la première fois à Romans, & indiqueront chaque année, à la clôture de leur Séance, le lieu où ils devront s'affembler l'année fuivante.		Cette difpofition fe trouve comprife dans l'article 29.

Articles proposés par l'Assemblée.	Règlement du Roi.	Observations.
ART. 36. La Commission intermédiaire tiendra ses Séances à Grenoble, sauf aux Etats à la placer dans un autre lieu lorsque les circonstances l'exigeront. Les Membres de cette Commission ne pourront s'absenter sans une nécessité indispensable, que pendant trois mois de l'année, de maniere cependant qu'ils restent toujours au nombre de huit dans le lieu de son établissement ; & les Procureurs-Généraux-Syndics ne pourront jamais s'absenter tous deux à la fois.	ART. 39. La Commission intermédiaire tiendra ses séances à Grenoble, sauf aux Etats à demander au Roi qu'elle soit placée dans un autre lieu, si le bien du service l'exigeoit. Les Membres de cette Commission ne pourront s'absenter sans une nécessité indispensable, que pendant trois mois de l'année ; de manière cependant qu'ils restent toujours au nombre de huit dans le lieu de son établissement ; & les Procureurs-Généraux-Syndics ne pourront jamais s'absenter tous deux à la fois.	Changement de droit & de convenance.
ART. 37. La Commission intermédiaire s'assemblera au moins une fois par semaine, mais le Président ainsi que les Procureurs-Généraux-Syndics, & les uns au défaut des autres, pourront la faire assembler toutes les fois qu'ils le jugeront nécessaire.	ART. 40. La Commission intermédiaire s'assemblera au moins une fois par semaine, mais le Président pourra convoquer, & les Procureurs-Généraux-Syndics pourront requérir des Assemblées plus fréquentes toutes les fois que le bien du service leur paroîtra l'exiger.	Il y a ici un petit changement de rédaction ; c'est au Président à convoquer les Assemblées extraordinaires de la Commission intermédiaire ; les Procureurs-Généraux-Syndics doivent seulement requérir.
ART. 38. Les Membres de la Commission intermédiaire ne pourront prendre aucune délibération qu'ils ne soient au nombre de sept.		Il seroit difficile que dans le temps des départemens & de la répartition des impôts on pût toujours se trouver au nombre de sept dans la Commission inter-

Articles proposés par l'Assemblée.	Réglement du Roi.	Observations.
		médiaire, non compris les Procureurs-Généraux-Syndics. L'expérience montrera peut-être que le nombre de cinq feroit fuffifant ; mais le Roi attendra à cet égard les obfervations des Etats.
Art. 41. Nul ne pourra être élu de nouveau, Membre des Etats, qu'après un intervalle de quatre ans, depuis qu'il en fera forti.	Art. 44. Nul ne pourra être élu de nouveau, Membre des Etats, qu'après un intervalle de deux ans depuis qu'il en fera forti.	Le Roi a jugé qu'il feroit difficile de compofer conftamment les Etats des perfonnes les plus dignes de confiance, fi l'on ne pouvoit être élu une feconde fois qu'après un intervalle de quatre ans; au refte Sa Majefté n'ayant pour but que le plus grand bien des affaires de la Province, confentira, fans peine, de rétablir cet article tel qu'il eft propofé, fi de nouveaux éclairciffements l'y détermineront.
Art. 45. Les Etats veilleront au maintien des droits & privileges du Dauphiné, & notamment de celui qui ne permet pas que les Dauphinois foient diftraits du reffort des Tribunaux de la Province. Ils feront la répartition & affiette de toutes les impofitions foncieres & perfonnelles, tant de celles qui feront deftinées pour le Tréfor Royal, que de celles qui feront relatives aux befoins de la Province. Ils ordonneront la confection de tous les chemins,	Art. 48. Les Etats feront la répartition & affiette de toutes les impofitions foncieres & perfonnelles, tant de celles qui feront deftinées pour le Tréfor Royal, que de celles qui feront relatives aux befoins de la Province. Ils ordonneront, fous l'autorité du Roi, la confection de tous les chemins, ponts & chauffées, canaux, digues & autres ouvrages publics qui fe feront aux frais de la Province ; ils en furveilleront l'exécution, & ils en pafferont les adjudications	C'eft le Roi qui parle dans ce Réglement, & Sa Majefté ne peut y admettre aucune ftipulation qui fuppofe ou qui préjuge que, fous fon autorité, il fe commette aucun acte contraire aux loix du Royaume & aux privileges particuliers de fes Provinces. Au refte l'article du Réglement, qui donne aux Syndics-Généraux le pouvoir d'intervenir dans toutes les affaires de la Province comprend, d'une manière générale, le droit

20

Articles proposés par l'Assemblée.	Réglement du Roi.	Observations.
ponts & chauffées, canaux, digues & autres ouvrages publics, dont ils passeront les Adjudications par eux ou par la Commission intermédiaire, ou par d'autres délégués.	par eux ou par la Commission intermédiaire, ou par d'autres délégués.	de réclamer au nom des Etats, contre toutes infractions contraires à ses privileges particuliers; on a donc supprimé la premiere partie de l'article quarante-cinq. Quant à la maniere d'exprimer les fonctions des Etats, relativement aux impositions & aux chemins, on croit l'article rédigé plus convenablement; & la modification dans les termes ne paroît exiger aucune explication.
ART. 46. LES Etats ordonneront encore la distribution des dégrèvements & récompenses, indemnités, encouragements pour l'Agriculture, le Commerce & les Arts; ils surveilleront & approuveront, par eux ou par la Commission intermédiaire, toutes les dépenses relatives aux réparations des Eglises, Presbyteres & autres dépenses quelconques particulieres aux Communautés. Ils surveilleront également l'administration de tous les Etablissements publics, les frais & tirages des Milices; ils vérifieront les comptes des Officiers des Villes & Communautés, même ceux relatifs à leurs biens patrimoniaux; ils feront à Sa Majesté toutes les représentations qu'ils croiront	ART. 49. LES Etats seront chargés de la distribution des dégrèvemens accordés par le Roi; ils pourront arrêter, sous le bon plaisir de Sa Majesté, les récompenses, les indemnités & les encouragemens qu'ils trouveront convenables pour l'Agriculture, le Commerce & les Arts. ART. 50. LE Roi autorise les Etats & la Commission intermédiaire à vérifier les comptes des Communautés, & à déterminer, sur leur requête, les dépenses relatives aux réparations des Eglises, Presbytères & autres dépenses particulieres à chaque Communauté, lorsqu'elles n'excéderont pas à la fois la somme de 600 liv. Pourront également les	Les changements apportés à cet article sont sûrement conformes à l'intention des Trois-Ordres de la Province. L'étendue à donner aux dégrèvemens, l'emploi à faire des deniers publics, sont dans tout le Royaume sous l'autorité du Roi, & ne peuvent être déterminés qu'avec l'approbation de Sa Majesté. Le Roi, par les trois art. 49, 50 & 51, remplit le vœu des Ordres de la Province dans toute l'étendue qu'ils peuvent raisonnablement demander; & Sa Majesté se fera rendre compte incessamment de ce qui concerne la surveillance sur les frais & le tirage de la Milice, afin de donner à cet égard un Réglement fixe & général: Elle desire

Articles proposés par l'Assemblée.	Réglement du Roi.	Observations.
nécessaires, & généralement seront chargés de tous les objets qui peuvent concourir au bien de la Province.	Etats ou la Commission intermédiaire, permettre jusqu'à concurrence de la même somme telle levée de deniers ou imposition locale qui sera délibérée par chacune des Communautés, pour acquitter les dépenses autorisées comme ci-dessus. Entend toutefois Sa Majesté que les Etats requereront son approbation sus la demande des Communautés, lorsque les dépenses ou les impositions locales, dont elles solliciteront l'autorisation, s'élèveront à une plus forte somme.	véritablement de déférer successivement aux Etats & à la Commission intermédiaire une juste influence sur toutes les parties d'administration, qui intéressent le bien de la Province; mais toutes ces dispositions demandent d'être examinées plus mûrement; il est nécessaire de les régler d'après des principes stables & combinés avec réflexion.
	ART. 51.	
	Les Villes de la Province qui auront à solliciter l'autorisation de quelques dépenses nouvelles, la création, l'augmentation ou la prorogation de quelque octroi ou de quelqu'autre imposition locale pour y subvenir, enverront leur requête à l'Assemblée des Etats ou à la Commission intermédiaire, qui sera tenue de les adresser avec son avis au Conseil. Sa Majesté se réserve de faire connoître ses intentions sur la vérification des comptes des Villes, d'après les nouveaux éclaircissemens qu'Elle prendra à cet égard.	Le Roi accorde aux Etats dès à présent la vérification des comptes des Communautés; mais celle des comptes des Villes, exige préalablement une conciliation avec les droits des Chambres des Comptes; le Roi fera examiner cette affaire dans son Conseil.

Articles proposés par l'Assemblée.	Réglement du Roi.	Observations.
	ART. 52. LE Roi se réserve pareillement d'attribuer successivement aux Etats & à la Commission intermédiaire la surveillance sur d'autres objets d'administration intérieure; & Sa Majesté autorise & invite lesdits Etats & leur Commission intermédiaire à lui adresser, dans toutes les circonstances, telles représentations qu'ils jugeront utiles au bien de la Province.	
ART. 47. LES Etats ne pourront accorder aucuns subsides, ni établir aucunes taxes directes ni indirectes, ni consentir à aucune prorogation d'un Impôt établi à temps, ni faire aucun emprunt pour le compte du Gouvernement, que lorsque les Représentants de la Province en auront délibéré dans les Etats-Généraux du Royaume.		On n'a pas fait attention que dans un Réglement fait au nom du Roi, il ne peut pas ordonner partiellement ce qu'il a prescrit d'une maniere générale, en déclarant que les créations ou prorogations d'impôts seront dorénavant consenties par les Etats-Généraux. Sa Majesté n'est pas dans l'intention de demander le crédit de la Province pour aucun emprunt; & cette question, vue d'une maniere générale, doit être liée aux Délibérations qui seront prises à l'Assemblée des Etats-Généraux.

Articles proposés par l'Assemblée.	Règlement du Roi.	Observations.

ART. 48.

Les Etats pourront néanmoins imposer & emprunter après en avoir obtenu la permission de Sa Majesté, mais seulement pour les besoins particuliers & essentiels de la Province, & sous la condition qu'ils ne feront aucun emprunt qu'en destinant préalablement les fonds nécessaires pour le paiement des intérêts, & le remboursement de capitaux, à des époques fixes & déterminées.

ART. 49.

Toute loi nouvelle, avant son enrégistrement dans les Cours, sera communiquée aux Procureurs-Généraux-Syndics, afin qu'il en soit délibéré, conformément aux privileges de la Province.

ART. 50.

Pour choisir les personnes qui seront députées par la Province aux Etats-Généraux du Royaume, le Clergé, la Noblesse & les Communes s'assembleront pour nommer dans les formes, & avec les qualités ci-devant prescrites, un

ART. 53.

Les Etats ne pourront faire aucun emprunt, ni imposer aucune somme pour leurs affaires particulieres, qu'après avoir obtenu la permission de Sa Majesté, & sous la condition qu'ils ne feront jamais aucun emprunt qu'en destinant préalablement les fonds nécessaires pour le paiement des intérêts & le remboursement des capitaux à des époques fixes & déterminées.

La nouvelle rédaction est plus claire & plus positive.

Cet Article considéré d'une maniere générale, est du nombre de ceux qui, par leur importance, doivent être pris en considération aux Etats-Généraux : Sa Majesté toutefois se fera rendre compte des Privileges particuliers du Dauphiné, qui pourroient autoriser à cet égard la demande formée dans l'Assemblée de Romans.

Le Roi est très-disposé à approuver la demande formée dans cet Article pour l'Election des Représentants du Dauphiné aux Etats-Généraux; mais Sa Majesté se réserve de faire connoître ses intentions à cet égard dans le Régle-

Articles proposés par l'Assemblée.	Réglement du Roi.	Observations.
nombre de Représentants égal à celui des Membres des Etats; ces nouveaux Représentants se réuniront avec les Etats pour élire, par la voie du Scrutin, ceux qui seront envoyés aux Etats-Généraux, lesquels pourront être choisis au gré des Electeurs, soit parmi les Membres des Etats, soit parmi les autres Citoyens, pourvu que les uns & les autres soient propriétaires & domiciliés dans la Province, sans distinction de lieu & de district. On députera un nombre de Représentants du Tiers-Etat, égal au nombre de ceux du premier & du second Ordre réunis.		ment qu'Elle donnera pour la convocation des Etats-Généraux, après avoir entendu le vœu qui lui sera présenté par les Notables de son Royaume.
ART. 54.		
La Commission intermédiaire chargera spécialement deux de ses Membres de l'examen de tous les Mémoires qui pourroient être adressés aux Procureurs-Généraux-Syndics, relativement aux demandes des Contrôleurs ou autres Agents du fisc, contre des Particuliers & Communautés. Sur le compte qui en sera rendu, les Procureurs-Généraux-Syndics prendront fait & cause lorsque les Etats ou la Commission intermédiaire l'auront jugé convenable.		Le sens de cet Article, interprété tel qu'il doit l'être, présente une disposition inutile, puisque l'Article suivant comprend indistinctement tous les pouvoirs qui peuvent intéresser la Province, les Communautés & les Particuliers.

Articles proposés par l'Assemblée.	Réglement du Roi.	Observations.
ART. 55. Les Procureurs-Généraux-Syndics pourront présenter des Requêtes, former des demandes devant tout Juge compétent, & intervenir dans toutes les affaires qui pourroient intéresser la Province, après y avoir été autorisés par les Etats ou la Commission intermédiaire.	ART. 57. Les Procureurs-Généraux-Syndics pourront présenter des requêtes, former des demandes devant tout Juge compétent, & intervenir dans toutes les affaires qui pourroient intéresser la Province, les Communautés & les Particuliers, après y avoir été autorisés par les Etats ou la Commission intermédiaire.	On a ajouté ici les Communautés & les Particuliers, afin de suppléer, autant que besoin peut être, à l'article précédent.
ART. 57. Le Trésorier ne pourra disposer d'aucunes sommes sans un mandat exprès des Etats ou de ceux qui seront autorisés par eux.	ART. 59. Le Trésorier ne pourra disposer d'aucunes sommes sans un mandat exprès des Etats ou de la Commission intermédiaire.	On a pensé que la Commission intermédiaire pouvoit seule, dans l'intervalle des Etats, être chargée de ce service important.
ART. 58. Le tableau de situation des fonds du Pays, par recette & par dépense; l'état motivé & nominatif, de la répartition des dégrèvements, indemnités, encouragements & gratifications, seront insérés dans les Procès-Verbaux des Assemblées, & rendus publics chaque année par la voie de l'impression; ainsi que toutes les Délibérations qui auront été prises, soit par les Etats, soit par la Commission intermédiaire; & un exemplaire sera en-	ART. 60. Le tableau de situation des fonds du pays, par recette & par dépense, l'état motivé & nominatif de la répartition des dégrèvements, indemnités, encouragements, gratifications, seront insérés dans les Procès-Verbaux des Assemblées, & rendus publics chaque année par la voie de l'impression; il en sera envoyé un exemplaire au Conseil du Roi. Pourront les Etats ou la Commission intermédiaire, en envoyer un exemplaire à	Le Roi ne permet pas, quant à présent, l'impression des délibérations qui pourront être prises par la Commission intermédiaire dans le cours d'une année; il est possible que l'Assemblée n'ait pas pris en considération la forte dépense qu'une telle disposition entraîneroit. Sa Majesté, d'ailleurs, avant d'accorder cette publicité, désire, d'être assurée, comme Elle le sera sans doute par l'expérience, de l'esprit de sagesse & de circonspec-

Articles proposés par l'Assemblée.	Règlement du Roi.	Observations.
voyé à chaque Communauté, pour être déposé dans ses archives.	chaque Communauté, pour y être déposé dans ses archives.	tion, avec lequel ces délibérations seront rédigées.
ART. 59.	ART. 61.	
Les Etats fixeront le traitement du Président, des autres Officiers de la Commission intermédiaire & des Correspondants; ils régleront les frais de Bureau & autres dépenses nécessaires. Tous ces frais seront supportés par les Trois-Ordres, &c.	Les Etats fixeront le traitement du Président & des autres Officiers de la Commission intermédiaire & des Correspondants; ils régleront les frais de Bureau & autres dépenses nécessaires; tous ces frais, après qu'ils auront été autorisés par Sa Majesté, seront supportés par les Trois-Ordres.	On ne fait qu'ajouter à cet article une réserve qui est entiérement dans le sens de l'Assemblée; cette réserve est conforme aux régles établies dans les Etats Provinciaux. L'emploi des deniers publics doit être autorisé par des décisions du Souverain.
ART. 60.		
Les Etats auront le droit de faire tous les Réglements qu'ils jugeront nécessaires, pourvu qu'ils n'aient rien de contraire aux articles ci-dessus; mais ils ne pourront faire aucuns changements dans leur constitution, à l'exception de celui qui leur est réservé par les Articles 10, 17, 23 & 24.		En accordant aux Etats le droit de faire des Réglements, soit qu'ils fussent relatifs à leur constitution ou à leur administration, il faudroit ajouter, *sous le bon plaisir du Roi;* mais alors l'interdiction énoncée à la fin de l'article, ne pourroit faire partie d'un Réglement émané de Sa Majesté.

Il a été arrêté qu'on préparera la rédaction des motifs qui ont déterminé les modifications apposées, sous le bon plaisir du Roi, au Réglement ci-dessus.

Un de MM. les Commissaires a dit que Sa Majesté ayant desiré de connoître les vœux de ses sujets, sur les formes qui doivent être suivies dans

de la Province de Dauphiné, 1788.

les prochains Etats-Généraux, cette Affemblée devroit lui préfenter fes principes fur cette matiere importante.

L'Assemblée a délibéré qu'il feroit écrit, au nom des Trois-Ordres, une Lettre à Sa Majefté, pour lui exprimer leur reconnoiffance, & mettre fous fes yeux les principes qu'ils croient devoir diriger les formes des Etats-Généraux du Royaume.

M. le Préfident a indiqué la Séance prochaine à Vendredi, fept de ce mois, fur les quatre heures du foir, & il a figné :

† J. G. *Archev. de Vienne, Préfident.*
Mounier, *Secretaire.*

Du Vendredi, fept Novembre, à quatre heures du foir.

LES Trois-Ordres, pleins de confiance en la juftice de Sa Majefté, & defirant de faire connoître les motifs qui ont dirigé les modifications appofées, fous fon bon plaifir, au Réglement qu'Elle leur a adreffé, ont délibéré que ces motifs feront inférés dans le procès-verbal, & ils fupplient Sa Majefté de vouloir bien les prendre en confidération.

Sur l'article 19, l'Affemblée a penfé qu'il ne fuffifoit pas de déclarer non éligibles les Adjudicataires d'ouvrages publics, faits aux frais de la Province; que les Adjudicataires des Ouvrages au compte du Roi font toujours dans une dépendance qui pourroit rendre leurs fuffrages fufpects, que d'ailleurs leur intérêt particulier pourroit les porter à favorifer ceux qui auroient des Adjudications aux frais de la Province.

Quant aux Cautions des Adjudicataires, les mêmes raifons exigent qu'ils ne puiffent être élus; il eft bien évident que les Cautions ont les mêmes intérêts. Souvent ils font les véritables Adjudicataires & empruntent le nom d'autrui. Si un Entrepreneur d'Ouvrages publics vouloit être admis aux Etats, il ne manqueroit pas d'employer un moyen auffi facile.

Cette modification ne fauroit nuire au fervice public; l'exclufion doit être prononcée toutes les fois que l'intérêt particulier fe trouve évidemment en oppofition avec les principes qui dirigeront les Etats; on eft alors confidéré comme ayant une qualité incompatible; des précautions de ce genre ne fauroient être injurieufes, & ne mettront certainement aucun obftacle aux fpéculations des Entrepreneurs.

La modification de l'art. 20 n'eft qu'une explication qui ne change point le fens de l'article, & ne tend qu'à l'éclaircir.

Quant à l'art. 21, l'Affemblée n'a fait que fe conformer aux intentions de Sa Majefté, en prononçant l'exclufion des Fermiers de rentes, dîmes & devoirs Seigneuriaux, qui pourroient exercer une influence d'autant plus dangereufe, qu'ils font toujours créanciers de la plus grande partie des Habitants de la campagne; mais elle doit faire connoître les motifs qui l'ont déterminée à ne pas confidérer les Fermiers ruraux comme Eligibles; elle connoît tous les égards qui font dus aux Citoyens qui fe livrent à l'agriculture, & n'a certainement pas eu le deffein d'infpirer aux Fermiers le dégoût d'une profeffion qu'elle honore; mais elle a cru que pendant la durée de leurs Fermes, leur admiffion dans les Etats auroit de funeftes conféquences.

Un Fermier, par la nature de fes engagements envers le Propriétaire, eft ordinairement dans fa dépendance. En foutenant une opinion contraire à la fienne, il pourroit craindre de compromettre fes intérêts, & dès-lors la liberté des fuffrages ne feroit point entiere, indépendamment du danger de porter atteinte à l'équilibre qui doit exifter entre les Ordres.

La dépendance des Fermiers a toujours été reconnue en Dauphiné. L'Art. 317 de l'ordonnance d'Abbeville, locale pour cette Province, déclare *que les Officiers des Seigneurs, même ceux qui font inférieurs, ne pourront être ni Fermiers ni Perfonniers ès-fermes de terres & feigneuries où ils exerceront leurs offices* : auffi dans deux féances différentes, l'une antérieure au projet que les Trois-Ordres ont eu l'honneur de préfenter à Sa Majefté, & l'autre, poftérieure au Réglement, tous les Fermiers qui fe trouvoient parmi les Membres de l'Affemblée, ont eux-mêmes avoué publiquement la dépendance & l'incompatibilité de leur profeffion.

Cette incompatibilité ne fauroit nuire à l'agriculture. Aucun Fermier ne voudroit abandonner les profits de fa Ferme, pour l'efpoir incertain d'être élu Membre des Etats; d'ailleurs il eft effentiel de confidérer qu'en Dauphiné un très-grand nombre de Propriétaires exploitent eux-mêmes leurs biens; que les Fermiers des grandes terres ne font que des fpéculateurs, dont la feule induftrie confifte à profiter de celle d'autrui, en fous-affermant à des particuliers par portions féparées, ufage qui les rend prefque étrangers à l'agriculture, & qui, s'ils étoient éligibles, leur donneroit affez d'influence fur les fous-Fermiers, pour fe faire élire toutes les fois qu'ils pourroient le defirer.

Quant aux fous-Fermiers, ils n'ont pas affez de fortune pour être éligibles, & ils n'auroient pas les connoiffances néceffaires pour l'adminiftration.

Par la modification de l'article 22, on exclut définitivement les perfonnes qui, étant employées fous les ordres des Commiffaires départis ou dans les Finances de Sa Majefté, exercent évidemment des fonctions incompatibles avec celles des Membres des Etats; leur trop grande influence ou leur propre intérêt doit néceffairement s'oppofer à ce qu'ils foient éligibles. Les employés du fifc de Sa Majefté, même lorfque les impôts feront accordés par les Etats-Généraux, feront toujours, ou mandataires des Compagnies de Finances, ou comptables envers les Etats de la Province; mais s'ils ceffoient d'avoir des fonctions incompatibles, ils pourroient alors être élus.

La modification de l'article 28 ne fait qu'expliquer plus clairement la néceffité de choifir, parmi les Députés des Communautés; ce qui ne peut être que conforme aux intentions de Sa Majefté. Il eft même évident que les mots parmi eux répétés dans le procès-verbal de la derniere Affemblée, ont été oubliés dans la rédaction de l'article.

Quant à la modification de l'article 31, le Préfident devant être élu la quatrieme année, pour entrer en exercice l'année fuivante, il eft indifpenfable que l'agrément de Sa Majefté foit obtenu avant la féparation des Etats.

La modification de l'article 41 ne renferme qu'une explication que Sa Majefté a jugé néceffaire.

Celle de l'article 44 eft conforme à l'ufage qui fe pratique dans la plupart des Adminiftrations, où l'on ne peut revenir qu'après un intervalle égal à celui pendant lequel on doit y refter; d'ailleurs, il a pour but de prévenir l'efprit de corps, en empêchant les mêmes perfonnes d'être admifes trop fréquemment aux Etats, ce qui d'ailleurs, en ôtant l'efpérance aux autres Citoyens d'être employés à leur tour, les détourneroit de l'étude de l'adminiftration.

La modification de l'article 48 ajoute les mots *en tout ou en partie*. Les ouvrages publics doivent être ordonnés par les États, toutes les fois qu'ils intéreffent la Province, quoiqu'elle ne fupporte qu'une portion des dépenfes qu'ils occafionnent, & il eft fans doute conforme aux intentions de Sa Majefté, que toutes les fommes impofées fur la Province, qui ne font pas deftinées au Tréfor-Royal, reftent fous la direction des États.

La modification de l'article 51 eft fans doute très utile. Les comptes des Villes n'exigent pas une furveillance moins exacte que ceux des Communautés. La faculté qu'auroient les États d'examiner ces comptes, ne pourroit que mettre obftacle aux dépenfes de luxe, & favorifer une bonne adminiftration des revenus des Villes; elle n'auroit aucun rapport avec les fonctions des tribunaux fur cet objet; ainfi il n'y a aucun inconvénient que, dès ce moment, en attendant le Réglement qu'a bien voulu promettre Sa Majefté, les États puiffent fe faire repréfenter les comptes des Villes toutes les fois qu'ils le jugeront néceffaire; on pourroit même dire que le Gouvernement avoit accordé à l'Affemblée provinciale la furveillance que les Trois-Ordres de Dauphiné réclament aujourd'hui pour les États, puisque dans l'article 2 de l'Edit du mois de juillet 1787, il est dit que les dépenses quelconques, *soit qu'elles soient communes à la généralité, soit qu'elles soient particulieres à quelque District ou Communauté*, seront suivies, approuvées & surveillées par l'Assemblée provinciale. Les Villes étoient évidemment comprises dans les Districts; & il eût été bien impossible que l'Assemblée provinciale eût pu suivre & surveiller leurs dépenses, si elle n'eût pas eu le droit d'examiner leurs comptes.

La modification de l'article 57 est de la plus grande justice. Les Ordonnances du Royaume fourmillent une foule d'exemples des précautions prises par nos Rois contre l'intrigue ou la surprise; souvent ils ont défendu d'obéir, même à leurs commandements, si l'on parvenoit à leur en surprendre qui fussent contraires aux loix établies.

Les Trois-Ordres ont certainement la plus grande confiance dans l'assurance que veut bien donner Sa Majesté de ne jamais souffrir la violation des droits de la Province; cette confiance est pour eux un nouveau motif pour recommander aux États de veiller à la conservation des Privileges du Dauphiné; s'ils étoient enfreints, contre les intentions du Roi, c'est sa justice même qu'ils se hâteroient de réclamer.

La communication des nouvelles loix aux Procureurs-Généraux-Syndics, est une conséquence des conditions du transport de la Province; aussi les Procureurs-Généraux-Syndics des Etats de Dauphiné en ont constamment joui ; on pourroit en citer un grand nombre de preuves : mais on se contentera de rappeler que les Etats de Dauphiné, en 1560, ayant présenté leur cahier au Roi, il commit le Parlement de Grenoble, par des Lettres-Patentes, pour répondre aux divers articles de ce cahier. Voici la réponse au 23 article.

« Sur le 23 art. tendant à ce qu'il ne soit octroyé lettres de paréatis
» pour extraire aucuns des sujets du pays hors d'icelui, sans communication
» faite au préalable au Procureur des Etats, & que semblable communi-

» cation lui foit faite de toutes lettres & requêtes où la chofe publique
» pourroit avoir intérêt. »

La Cour dit que toutes lettres & requêtes, efquelles ledit pays pourroit avoir intérêt, feront communiquées aux Procureurs des Etats.

Les Trois-Ordres n'ont pas douté que Sa Majefté, après avoir pris connoiffance des preuves du droit qu'ils réclament, ainfi qu'Elle a bien voulu le leur annoncer, Elle n'approuve la modification qui en eft la fuite néceffaire.

Les Trois-Ordres ont perfifté dans l'article 50 du projet qu'ils ont eu l'honneur de préfenter à Sa Majefté, parce que la forme portée par cet article, pour députer aux Etats-Généraux, eft propre à donner à la Province une vraie Repréfentation. Les Procès-Verbaux des derniers Etats-Généraux de Tours, de Blois & de Paris, conftatent que les Repréfentants du Dauphiné étoient nommés par les Etats; d'après leur nouvelle formation, ils feront plus propres à élire les Repréfentants, puifqu'ils feront eux-mêmes compofés par le libre choix de tous les Ordres, & le concours de toutes les Communautés de la Province. Pour empêcher cependant que les Membres des Etats ne choififfent exclufivement parmi eux, on joint à eux cent-quarante-quatre perfonnes choifies fuivant les mêmes principes; c'eft dans cette réunion de deux cent-quatre-vingt-huit Députés, que doit être faite l'Election des Repréfentants de la Province : cette forme eft donc analogue aux anciens ufages du Dauphiné, & n'en préfente point les inconvéniens.

Pourvu que le Dauphiné ait une vraie repréfentation, folennellement avouée par tous les Ordres, & qu'il nomme, dans la proportion du nombre qui fera fixé pour tout le Royaume, la forme qu'il préfère ne fauroit caufer aucun préjudice à la Nation, & doit être agréée par Sa Majefté.

M. Mounier, Secretaire, a dit que, par exploit de 30 Octobre dernier, il a été fignifié, aux Trois-Ordres de cette Province, en fa perfonne, de la part de M. le Vicomte de Pons, premier Baron de Dauphiné, Maréchal des

Camps & Armées du Roi, & de Madame la Vicomteffe de Pons, fon Epoufe, un Acte public, du 21 octobre dernier, par lequel M. & Madame de Pons foutiennent que les quatre anciens Barons de Dauphiné ont le droit d'avoir les quatre premieres Places dans les Etats, & d'en être Commis & Députés nés, & proteftent, pour la confervation de leurs prétendus droits, contre les Délibérations prifes par les Trois-Ordres, dans lefquelles il a été arrêté que toutes les places feront éligibles; le même Exploit contient encore la fignification d'un Mémoire imprimé pour la défenfe des prétentions de M. & de Madame de Pons. Il a enfuite été fait lecture de l'exploit & de la copie de l'Acte, contenant les proteftations; & il a été rendu compte des principaux objets du Mémoire imprimé.

L'Affemblée confidérant que les quatre Barons de Dauphiné n'avoient féance aux Etats de la Province qu'en vertu de leurs fiefs, ce qui étoit commun à tous les autres Seigneurs; que leur feule prérogative particuliere étoit d'occuper une place diftinguée dans l'Ordre de la Nobleffe; que les Nobles, poffeffeurs de Fiefs, ayant reconnu qu'on ne doit être admis à l'avenir dans les Etats, qu'en vertu du choix libre de ceux qu'on repréfente, il feroit injufte que les quatre Barons puffent feuls s'oppofer valablement aux réfolutions prifes par les Trois-Ordres & agréées par Sa Majefté; que les Etats doivent avoir pour but le bien de la Province & non l'avantage particulier de ceux qui les compofent; qu'on n'y eft pas appellé pour défendre fon propre intérêt, mais l'intérêt général, qu'ainfi il ne fauroit exifter de titre valable, qui pût attacher aux Fiefs le droit de fiéger dans les Etats; qu'on ne doit pas repréfenter un Ordre fans avoir obtenu fes fuffrages, & qu'il ne peut y avoir de Membres, nés dans les Etats, fans renverfer tous les principes de l'équité & de la raifon; que M. & Madame de Pons donnent, fans fondement, le nom de droit à d'anciens ufages tombés en défuétude; que les Etats étoient fufpendus depuis un fiecle & demi; qu'il faut les confidérer, non tels qu'ils étoient autrefois, mais tels qu'ils viennent d'être rétablis, conformément aux vœux de la Province.

L'Assemblée a arrêté qu'on ne peut avoir aucun égard aux protestations de M. & de Madame de Pons.

Deux de MM. les Commissaires ont proposé de recommander aux Etats d'examiner si les sommes payées aux quatre anciens Barons, aux frais de la Province, leur sont légitimement dues. Cette proposition a été unanimement acceptée, & il a été arrêté que les Etats s'occuperont incessamment de cet objet.

Ayant été présenté des protestations de la part du Chapitre de la Cathédrale de Grenoble, pour la conservation des prétendus droits du Siege épiscopal de la même Ville, relativement à la Présidence, l'Assemblée a déclaré qu'elle ne peut les recevoir.

M. le Président a dit que le zele & l'attention de MM. les Maires & Echevins de Romans, & de tous les Habitants de cette Ville, envers les Membres de l'Assemblée, ont mérité leur reconnoissance.

L'Assemblée a répondu par des applaudissements.

M. le Président a renvoyé la Séance à demain, Samedi, huit Novembre, à dix heures du matin, & il a signé :

† J. G. *Archev. de Vienne, Président*.
MOUNIER, *Secretaire*.

Du Samedi, huit Novembre mil sept cent quatre-vingt-huit, à dix heures du matin.

M. Taxis-du-Poët a dit que M. Falquet-Travail, Citoyen distingué par ses lumieres & par son zele, a fait à sa Patrie des sacrifices qui doivent lui mériter le témoignage de l'estime des Trois-Ordres.

L'Assemblée a répondu par des applaudissements.

M. le Président a dit qu'il seroit convenable de nommer des Députés pour aller saluer MM. les Commissaires du Roi, de la part de l'Assemblée, & les prévenir qu'on pourroit faire aujourd'hui la clôture des Séances.

On a nommé à cet effet MM. l'Abbé de Rachais, Doyen des Comtes du Chapitre de St. Pierre & St. Chef de Vienne; le Marquis de Rachais, le Marquis de Vesc, Bertrand de Montfort, Allemand-Dulauron & Didier.

Les Députés étant revenus, ont rapporté que MM. les Commissaires du Roi sont très-sensibles à l'attention de l'Assemblée, & qu'ils sont prêts à faire la Clôture des Séances aussi-tôt qu'elle le jugera nécessaire.

M. le Président a renvoyé la Séance à quatre heures du soir & il a signé :

† J. G. *Archev. de Vienne, Président.*
MOUNIER, *Secretaire.*

Dudit jour, huit Novembre, à quatre heures du soir.

M. Mounier, Secretaire, a fait lecture de la Lettre que les Trois-Ordres doivent écrire à Sa Majesté, suivant la Délibération prise le six de ce mois ; ladite Lettre a été approuvée, & il a été arrêté qu'elle sera transcrite dans le Procès-Verbal.

LETTRE

Écrite à SA MAJESTÉ par les Trois-Ordres de la Province de Dauphiné.

SIRE,

Votre Majesté vient d'acquérir de nouveaux droits à notre amour ; jamais un pere tendre ne donna plus de foins à la félicité de fa famille ; jamais, dans les actes du pouvoir du Prince, on n'allia plus de bontés à la majefté du Trône : mais auffi, jamais une Province ne fut plus digne des bienfaits du Monarque, par un inviolable attachement à fes intérêts, inféparables de ceux de la patrie.

Sire, votre follicitude paternelle ne s'eft pas bornée à notre Province ; c'eft la Nation entiere que vous voulez rendre heureufe, & vous l'invitez elle-même à feconder vos généreux defleins : Mais dans l'impoffibilité de connoître fes réfolutions avant que fes Repréfentants foient réunis, Votre Majefté défire de trouver les moyens les plus propres à conftituer une vraie repréfentation du Peuple François. Inftruit de l'incertitude & des vices de la plupart des anciennes formes des Etats-Généraux, Vous avez voulu profiter des lumieres de ces mêmes Citoyens, qui, déjà confultés dans une circonftance importante, ont donné des preuves de leur zele & de leur patriotifme.

Les Trois-Ordres de Dauphiné partagent la reconnoiffance que Vous doit tout le Royaume ; ils croient répondre à vos vues bienfaifantes, en préfentant à Votre Majefté, fur les Etats-Généraux, plufieurs principes effentiels, qu'ils confidèrent comme les feules bafes fur lefquelles puiffe repofer la félicité publique.

Ces principes font l'Élection libre des Repréfentants.

Leur nombre fupérieur à celui de tous les précédents Etats-Généraux.

L'égalité du nombre entre les Députés du premier & du fecond Ordre réunis, & ceux des Communes.

Toutes les Délibérations prifes par les Trois-Ordres réunis, & les fuffrages comptés par tête.

Sire, les formes des Affemblées nationales n'ont pas été conftantes, elles n'ont jamais été déterminées par une Loi précife ; il faut en chercher la caufe dans le régime féodal. Il empêcha les François de porter leurs vues au-delà des Coutumes de leurs domiciles. Il fépara tellement les intérêts, que dans les Etats-Généraux, les Repréfentants furent plus occupés de prétentions particulieres que de donner au Corps national une forme réguliere & ftable ; mais le droit de chaque Homme libre, de voter par lui ou par ceux auxquels il remet fon pouvoir, droit facré, droit inaltérable, fut toujours reconnu chez les François. En le prenant pour guide, on ne fauroit s'égarer.

Sous la premiere Race de nos Rois, les Ducs & les Comtes convoquoient les Habitants de leurs refforts ; fur la fin de la feconde, le régime féodal ayant réfervé exclufivement aux Seigneurs l'exercice de la liberté, le Roi convoqua lui-même directement fes vaffaux.

Après l'affranchiffement des Communes, les Ordres néceffaires pour les convocations furent adreffés aux Gouverneurs des Provinces, pour être tranfmis aux Baillis & Sénéchaux. Ceux-ci furent chargés d'affembler les Trois-Etats de leur Jurisdictions : mais par le défaut de regles pofitives, on ne vit aucune proportion entre les différents Ordres, entre les Provinces ou les Bailliages, pour le nombre des Députés. Les Eccléfiaftiques furent fouvent élus par Diocefes, & fouvent par les Trois-Ordres. Dans plufieurs des Provinces adminiſtrées par des Etats particuliers, les Etats eux-mêmes choiſirent les Repréſentants : les formes des Délibérations varierent également; & dans les derniers Etats-Généraux les Ordres délibérerent féparément, contre l'ancien uſage.

Il n'eſt point de motifs légitimes pour s'aſſervir aux formes des derniers Etats-Généraux. Si Votre Majeſté, guidée par les vœux de la Nation, en trouve de plus avantageuſes au Royaume, Elle ne doit pas héſiter de prononcer *proviſoirement;* car ſi les formes des Etats-Généraux ſont vicieuſes, il eſt difficile que leurs réſolutions ne le ſoient pas.

Pour que la repréſentation du Peuple ſoit légitime, il faut qu'elle ſoit libre & nombreuſe.

S'il étoit poſſible qu'on choiſît parmi des perſonnes auxquelles le Peuple n'auroit pas confié le droit d'élire ; ſi la plus grande liberté n'exiſtoit pas dans les ſuffrages des Electeurs ; ſi les Députés n'étoient pas admis en aſſez grand nombre pour déterminer la confiance générale, les Provinces ne ſe croiroient jamais liées par leurs réſolutions.

L'étendue actuelle de la Monarchie, & la juſte repréſentation qu'on doit accorder aux Communes, exigent néceſſairement que le nombre des Députés ſoit beaucoup plus conſidérable que celui dont étoient formés tous les précédents Etats-Généraux.

On ne ſauroit appercevoir aucun inconvénient dans la forme propoſée par le Dauphiné pour l'Election de ſes Députés aux Etats-Généraux. Elle feroit faite par ſes Etats particuliers, qui, compoſés de cent quarante-quatre Membres librement choiſis dans toutes les parties de la Province, ſe réuniroient à un pareil nombre d'autres électeurs, nommés ſuivant les mêmes regles que les Membres des Etats ; mais on ne pourroit adopter la même forme dans une autre Province, que lorſqu'elle auroit des Etats particuliers, dont tous les Membres feroient librement élus.

Cette forme offre un précieux avantage, celui de faire concourir tous les Ordres au choix de leurs Députés reſpectifs. Ils deviennent alors les Mandataires du Peuple en corps ; & cette réunion des diverſes claſſes des

Electeurs doit être un nouveau motif pour que les Repréfentants ne confultent que l'intérêt qui leur eft commun.

On pourroit, SIRE, procurer le même avantage aux autres Provinces, même à celles qui n'ont point d'Etat particulier, fi les Membres du Clergé & de la Nobleffe, ainfi que les Députés de toutes les Villes & de toutes les Communautés, fe réuniffoient dans les Capitales des Diftricts, fur la convocation faite par les Gouverneurs des Provinces, ou leurs Lieutenants, ou par les Baillis & Sénéchaux ; & qu'après avoir établi l'égalité des fuffrages entre les Ordres, ils éluffent entr'eux le nombre de Repréfentants néceffaires.

L'autorité des Rois n'eft jamais plus refpectable que lorfqu'elle protege les droits de la nature. Vos prédéceffeurs ont donné les premiers exemples des affranchiffements des Serfs ; ils ont déclaré que l'efclavage ne devoit pas fouiller le Royaume des Francs. Ils ont appellé les Communes aux Etats-Généraux. Vous, SIRE, qui avez détruit dans vos domaines les reftes de la fervitude de la Glebe, Vous aurez la gloire de donner aux Communes le nombre de Repréfentants qui leur appartient ; le Clergé & la Nobleffe de Dauphiné auront celle de l'avoir follicité comme un acte de juftice que Vous devez à votre peuple.

Les Communes comprennent la portion la plus nombreufe de vos Sujets, celle qui paie le plus d'impôts, qui poffede le plus de biens ; c'eft fur elle que s'appéfantit le fardeau de tous les abus. Comment pourroit-on leur difputer la faculté de nommer un nombre de Repréfentants égal à celui des deux premiers Ordres réunis. Le Clergé, la Nobleffe ont les mêmes prérogatives ; fi l'équilibre eft maintenu entre ces deux Ordres & les Communes la raifon feule prononcera : le choc des divers intérêts fera toujours détruit par la pluralité des fuffrages qui feront triompher la juftice.

Cette égalité de nombre feroit inutile fi chaque Ordre délibéroit à part.

Quand les Repréfentants de la Nation feront raffemblés, ah! daignez, SIRE, pour fon bonheur, ne pas indiquer aux Ordres des féances féparées. Si V. M. defire de connoître les vœux de tous fes Sujets, fi Elle defire que l'enthousiasme patriotique puisse triompher de tous les obstacles, Elle voudra sans doute que les Trois-Ordres soient constamment réunis, & que les suffrages soient comptés par tête.

Si les Ordres, si les Provinces étoient séparées, ce seroient des corps divers, ce ne seroit plus la Nation même qui s'exprimeroit par l'organe de ses Députés.

Ces réflexions ne sont pas l'effet d'une crainte chimérique, elles sont justifiées par l'expérience. Quand les Etats-Généraux ont délibéré, les Trois-Ordres réunis, non-seulement ils ont produit des réformes salutaires, mais leur zele pour le soutien de la Monarchie, n'a point eu de borne. Souvent ils ont voulu prévenir le mal par de sages précautions ; jamais ils n'ont épargné leurs efforts pour le réparer.

Les Ordres, dans les Etats-Généraux assemblés à Tours en 1467 & 1483, resterent constamment réunis. Dans les premiers, ils offrirent au Roi, pour soutenir la guerre, *leurs corps & leurs biens*. Ils promirent de le *servir envers & contre tous, sans nul excepter, jusqu'à la mort ;* dans les autres, ils accorderent avec empressement les sommes nécessaires pour la défense du Royaume, & prirent les résolutions les plus importantes.

Dans les derniers Etats-Généraux d'Orléans, de Blois & de Paris, les Ordres furent séparés : mais quelle fut leur utilité pour le Royaume, quelle fut leur utilité pour le Monarque, quelle fut sur-tout celle des Etats de 1614 ? Ils ne produisirent que des querelles puériles, & les Communes y furent avilies.

Les formes observées en 1614 ne sauroient être appellées des formes antiques & *constitutionnelles* ; elles n'eurent de commun avec les Etats des 14 & 15ᵉ siecles, que la convocation devant les Sénéchaux & les Baillis : mais avant les Etats tenus à Orléans en 1560, les Ordres délibéroient le plus souvent ensemble, & lorsqu'ils se séparoient, ils se réunissoient ensuite pour concerter leurs délibérations. Ils ne choisissoient ordinairement qu'un seul Président, qu'un seul Orateur pour tous les Ordres. Le Clergé, quoique moins éclairé que celui de nos jours, l'étoit cependant plus que les autres claffes de Citoyens, & les Etats-Généraux élifoient ordinairement leur Orateur parmi les Membres de cet Ordre.

Les Etats d'Orléans eurent l'imprudence de ne pas fuivre les formes obfervées précédemment ; les Ordres fe féparerent : le Clergé les invita vainement à ne faire qu'un cahier commun & à choifir un feul Orateur : mais ils eurent foin de protefter que cette innovation ne nuiroit pas à *l'union & intégrité du corps des Etats*, & qu'il *n'en adviendroit aucune diftinction ou féparation*.

L'Orateur du Clergé dit, dans fa harangue, que les « trois Etats, par le » paffé, n'avoient eu qu'une bouche, un cœur & une ame : l'organe étoit » l'Eglife, les deux autres demeuroient toujours *en un même cœur & en un* » *même corps* ».

Malgré ces proteftations, le funefte exemple donné par les Etats d'Orléans fut fuivi par les Etats de Blois & par ceux de 1614 ; s'il pouvoit encore être imité, craignons que les Etats-Généraux ne puiffent rien faire pour la félicité du Royaume & la gloire du Trône ; & que l'Europe n'apprenne, avec furprife, que les François ne favent ni fupporter la fervitude, ni mériter la liberté.

Les Trois-Ordres de Dauphiné efperent encore qu'on ne regardera pas comme *conftitutionnels* des abus qui n'ont jamais été fanctionnés par aucune loi. Lorfque la féodalité eut attaché les hommes à la terre, tous les pouvoirs, tous les privileges émanerent du fief, & les Seigneurs furent long-temps les feuls repréfentants des lieux foumis à leur jurifdiction. D'après cet ufage, l'Ordre de la Nobleffe n'a fouvent été formé aux Etats-Généraux que par les Seigneurs de fiefs ; mais l'élection libre doit feule aujourd'hui préfider à la repréfentation. Les prérogatives de la Nobleffe font attachées à la perfonne & non pas à la glebe ; & pour repréfenter cet Ordre, il ne doit plus être néceffaire d'être poffeffeur d'un fief.

La Province de Dauphiné efpere que V. M. mettra fa gloire à procurer à la France une conftitution qui faffe refpecter les droits du Monarque & protége ceux de fes Sujets, & qui ne laiffe plus d'obftacle au defir qu'Elle a de rendre fon peuple heureux. Le jour viendra fans doute où les Etats-Généraux étant établis fur des principes ftables & formés à la fatisfaction de tout le Royaume, par un grand nombre de Repréfentants librement élus, les Provinces pourront faire le facrifice de quelques privileges particuliers, pour s'affurer la jouiffance des droits nationaux. Alors, SIRE, le Dauphiné, fidele aux principes qui ont déjà dicté fes réfolutions relativement à *l'octroi* de l'impôt, s'empreffera lui-même de donner l'exemple ; mais dès ce moment, animés du même zele & du même efprit, c'eft en qualité de François, c'eft en réuniffant leurs fuffrages, que les Repréfentants de tous les Ordres & de toutes les Provinces, doivent délibérer fur le fort de la France entiere. Non, SIRE, ils n'oublieront pas qu'ils font François, & ce titre leur rappellera que notre Nation affocia toujours fa gloire à celle du Monarque, mit fon bonheur à chérir fes Rois, & n'épargna jamais ni fon fang ni fes biens pour maintenir la dignité du Trône.

Nous fommes, avec un profond refpect,
    SIRE,
De Votre Majefté,

        Les très-humbles, très-obéiffants & très-fideles Sujets & Serviteurs, LES TROIS-ORDRES DE LA PROVINCE DE DAUPHINÉ.

        Signé, ✝ J. G. *Archev. de Vienne, Préfident.*
        MOUNIER, *Secretaire.*

Romans, le 8 Novembre 1788.

LE Secretaire a enfuite fait lecture du procès-verbal des Séances précédentes.

M. le Comte de Morges, Préfident de l'Ordre de la Nobleffe, a dit que M. le Marquis de Viennois, M. le Comte de la Blache & M. le Comte de Virieu fe font occupés, avec le zele le plus actif, des intérêts de la Province, & lui ont rendu des fervices importants ; qu'il feroit convenable de faire mention, dans le Procès-Verbal, des fentiments de reconnoiffance des Trois-Ordres.

L'Affemblée a reçu cette propofition avec des applaudiffements.

M. le Chevalier de Murinais a dit que M. le Comte de Morges méritoit également par fon patriotifme & par la conftance de fon zele, la mention honorable qu'il vient de demander pour MM. les Députés de la Nobleffe à Paris ; l'Affemblée a de même accepté cette propofition avec des applaudiffements.

Enfuite MM. les Maire & Echevins de la ville de Romans, accompagnés de MM. de la Cour d'Ambezieu, Dochier & Legentil, Avocats & Députés de la même Ville, fe font avancés au milieu de l'Affemblée, & M. Mortillet, premier Echevin, prenant la parole, a dit :

Messieurs,

« La ville de Romans s'applaudira à jamais d'avoir réuni, dans fon fein, les Trois-Ordres de la Province, & d'être devenue, par ce choix honorable, le berceau de la Conftitution. Ses Citoyens, en faifant leurs efforts pour vous témoigner leur zele & leur reconnoiffance, font fans doute reftés bien au-deffous de ce que vous méritez ; mais du moins, daignez croire, Meffieurs, que rien ne fauroit furpaffer les fentiments du profond refpect dont ils font pénétrés pour cette augufte Affemblée.

L'Affemblée a répondu par des applaudiffements.

M. le Préfident a dit qu'il étoit convenable de députer M. Mounier, Secretaire, à MM. les Commiffaires du Roi, pour les prévenir qu'ils étoient attendus.

Le Secrétaire s'eſt rendu chez M. le Comte de Narbonne, où s'eſt trouvé M. Caze, Baron de la Bove.

Le Secrétaire étant revenu, MM. les Commiſſaires du Roi ont fait avertir, par un Officier du Régiment de Royal la Marine, qu'ils étoient à l'entrée de l'Egliſe. Les mêmes Députés nommés pour les recevoir, le deux Novembre, les ont reçus & accompagnés de la même maniere que le jour de l'ouverture des Séances.

MM. les Commiſſaires du Roi ont ſalué l'Aſſemblée, qui s'eſt levée pour les recevoir; ayant pris les places qui leur étoient deſtinées, & étant aſſis & couverts, ainſi que les Membres de l'Aſſemblée, M. le Comte de Narbonne a dit :

Messieurs,

Vous vous êtes aſſemblés en Trois-Ordres, ſous le bon plaiſir du Roi, pour vous occuper d'un objet qui fera à jamais mémorable, et fera époque dans les faſtes de la Province; vous l'avez ſuivi avec conſtance, diſcuté avec autant de ſageſſe que de ſagacité, & vous venez de le terminer avec ſuccès. Sa Majeſté, dont les intentions bienfaiſantes ont été ſi particuliérement manifeſtées à ſes Sujets du Dauphiné, apprendra cet événement avec ſatisfaction; vous allez, Meſſieurs, vous répandre dans les différents diſtricts, pour procéder à l'élection des Repréſentants aux Etats Provinciaux; le choix que vous avez fait avec acclamations, d'un Prélat auſſi reſpectable par ſes vertus que capable par ſes lumieres, de remplir vos vues, eſt un augure aſſuré que les Députés que vous nommerez, à l'Aſſemblée très-prochainement indiquée, concourront avec zele dans un travail auſſi utile qu'intéreſſant pour la choſe publique. Mes ſentiments particuliers, Meſſieurs, pour une Province, dans le ſein de laquelle j'ai eu l'avantage de naître, ne doivent vous laiſſer aucun doute ſur les vœux ardents que je ne ceſſerai de former pour ſon bonheur, ſa gloire & ſa proſpérité.

M. Caze, Baron de la Bove, a dit :

Messieurs,

Vous êtes parvenus à ce terme si désiré, celui de consommer l'Ouvrage de la bienfaisance de sa Majesté & du patriotisme. La constitution qui va régir cette Province, a reçu de nos mains cette empreinte qu'on devoit attendre de Sujets également éclairés & fideles. Qu'il est doux pour moi, Messieurs, de pouvoir m'associer à la satisfaction que vous éprouvez, & de n'être étranger à vos succès, ni par mon cœur, ni par ma conduite. Nous pouvons nous féliciter d'avoir porté au pied du Trône votre vœu par votre formation en Trois-Ordres, pour le rétablissement de vos Etats, & de l'avoir constamment secondé. Ah ! s'il est permis d'avoir une noble assurance, c'est lorsqu'on n'est pas réduit à parler du bien qu'on a voulu faire ; c'est lorsqu'on peut se glorifier de l'avoir fait. Le prix dont vous daignâtes payer mes soins dans votre derniere Assemblée, sera éternellement cher à mon cœur, & je conserverai fidellement le souvenir de l'estime que vous voulûtes bien me témoigner. C'est à elle, c'est à votre équité que j'en appellerois si l'on me disputoit le droit, j'ose le dire, de m'applaudir au milieu de vous, Messieurs, de la conduite que j'ai eue dans les circonstances bien pénibles où je me suis trouvé, & d'avoir su concilier mes devoirs & vos vœux ; tant il est vrai que, sous un Roi bienfaisant & juste, l'obéissance d'un Administrateur peut s'allier avec l'heureux don d'interpréter son cœur.

Je me réserve, à l'Ouverture des Etats, de mettre sous leurs yeux, d'après la permission que m'en ont donné les Ministres de Sa Majesté, les différents objets d'amélioration dont je me suis occupé depuis que je suis en Dauphiné. Une récompense bien chère pour moi, en remplissant les fonctions de la place que le Roi a bien voulu me confier, sera d'avoir mérité votre suffrage, Messieurs, celui d'une Province que j'ai préférée, & à laquelle j'ai voué le plus vif attachement.

Meſſieurs de l'Ordre du Clergé.

Sans craindre d'affoiblir l'expreſſion de mes ſentiments, je viens de la rendre commune à tous les Ordres ; permettez néanmoins, Meſſieurs, que je vous préſente en particulier l'hommage que l'on doit aux vertus comme aux lumieres qui vous diſtinguent, & dont le Prélat reſpectable, qui préſide cette Aſſemblée, offre, dans un degré ſi éminent, le touchant aſſemblage.

Meſſieurs de l'Ordre de la Nobleſſe.

C'est parmi vous que vit le jour le Chevalier Sans-Peur & Sans-Reproche ; j'aime à me retracer ce ſouvenir, parce qu'il vit dans vos cœurs. Je me ſuis occupé avec enthouſiaſme d'un projet de monument qui éterniſera dans cette Province à tous les yeux ſes vertus & ſes plus belles actions ; vous êtes dignes, Meſſieurs, d'un pareil modele ; & quand je l'offre à votre attention, c'eſt vous témoigner la haute opinion que j'ai de cette Nobleſſe généreuſe, dont le Préſident qu'elle s'eſt choiſi, réunit, aux qualités de ſon âme & à la pureté de ſon cœur, la modeſtie qui entraîne les ſuffrages. Cette Nobleſſe fut pour ainſi dire le Berceau de l'ancienne Chevalerie ; elle donne aujourd'hui l'exemple ſublime de ce que peut ſur elle l'amour de ſon Prince & de ſon pays.

Meſſieurs de l'Ordre du Tiers-Etat.

La réunion des Trois-Ordres de cette Province eſt une époque que le patriotiſme rendra toujours célebre dans nos annales. L'eſprit & les talents qui caractériſent votre Ordre en particulier mériteroient les plus grands éloges ; mais les témoignages de ſatisfaction de Sa Majeſté, les ſuffrages de ſes Miniſtres, qui réuniſſent la confiance de la Nation, ſuffiſent à votre gloire. Souffrez, Meſſieurs, que je vous aſſocie à ce que m'inſpirent les deux premiers Ordres. Il ne peut m'en coûter de n'avoir perſonne à diſtinguer parmi vous ; & je me plais à reconnoître l'égalité de vos droits comme l'uniformité de vos vertus.

M. l'Archevêque de Vienne, Préfident des Trois-Ordres, a dit :

Messieurs,

L'Affemblée des Trois-Ordres reçoit avec reconnoiffance les témoignages de vos fentiments. Précieux par eux-mêmes, ils tirent un nouveau prix des bouches qui les expriment ; ils nous annoncent la continuation des bontés paternelles du Roi envers cette Province ; c'eft la récompenfe la plus flatteufe de notre zele & de nos travaux.

M. l'Abbé de la Salcette, Procureur-fondé de M. l'Archevêque d'Embrun, a dit :

Messieurs,

Cette Affemblée, à jamais mémorable, en s'occupant du bonheur de la Province, a eu la fatisfaction de trouver dans MM. les Commiffaires du Roi, des Citoyens zélés, qui partagent nos fuccès & n'ont rien négligé pour y contribuer : l'Ordre du Clergé me charge, Meffieurs, de vous témoigner combien il vous doit de reconnoiffance, combien il s'empreffe de rendre hommage à un Guerrier auffi diftingué par fes talents militaires que par fes vertus civiles ; à un Magiftrat éclairé, qui, depuis que cette Province le poffede, n'a ceffé de prouver qu'il défire de la voir heureufe.

Au terme de nos travaux, qu'il me foit permis, Meffieurs, au nom de mon Ordre, de déclarer que MM. de la Nobleffe & MM. des Communes auront une jufte idée de fes principes, s'ils font bien convaincus qu'il fera toujours dirigé par l'amour de la Patrie, & que, comme eux, il faura tout facrifier à la félicité publique.

M. le Comte de Morges, a dit :

Messieurs,

La voix publique donne une telle célébrité à la nouvelle législation qui émane de votre sagesse & de vos lumieres, que vous pouvez vous flatter d'avoir terminé, avec le succès le plus glorieux, l'objet le plus important pour le bonheur de cette Province. Les générations futures béniront votre ouvrage & votre mémoire, & déjà toutes les Provinces du Royaume envient & applaudissent à l'heureuse constitution que vous venez d'assurer à vos concitoyens. Vous avez montré, par le choix que vous avez fait du Président de cette Assemblée, combien vous saviez estimer les vertus & les talents. Vous avez prouvé que l'amour de la liberté pouvoit s'allier dans vos cœurs au respect & à la fidélité qui sont dus au Souverain. De quels sentiments n'êtes-vous pas pénétrés, Messieurs, pour le Monarque qui regne sur nous, auquel vous devez la régénération libre de vos Etats, & dont la bienfaisance étend ses effets jusque sur votre postérité la plus reculée ? De quels efforts n'êtes-vous pas capables, pour lui prouver votre vive reconnoissance ? La Noblesse, sur-tout, lui montrera que les sentiments de Bayard regnent encore dans sa Patrie, & le surnom de Frizlar prouve assez que la Noblesse de Dauphiné n'a pas dégénéré de ses antiques vertus; elle voit donc, avec une très-grande satisfaction, un des Membres les plus distingués de son Ordre, dans la personne du premier Commissaire du Roi. L'un & l'autre, Messieurs, ont des droits à notre reconnoissance, & je remplis, avec fidélité & empressement, le vœu de la Noblesse, en témoignant à M. le Comte de Narbonne-Frizlar & à M. de la Bove, combien nous sommes sensibles à l'intérêt qu'ils ont marqué pour le succès d'un établissement si désiré, auquel ils ont contribué par un zele qui mérite toute notre confiance, & dont je suis chargé de leur adresser les remerciements les plus authentiques. J'en dois de particuliers au Magistrat vertueux & distingué qui me donne des témoignages flatteurs de son suffrage. Vous ferez bientôt, Messieurs, réunis à la Nation par vos Représentants aux Etats-Généraux; ils paroîtront dans cette auguste Assemblée, avec cette confiance qu'inspire toujours la loyauté des sentiments & des principes dont vous faites profession, & vous prouverez ce qui a été dit tant de fois, que l'amour des Peuples est la plus puissante ressource des Rois.

M. de la Cour d'Ambézieu a dit :

Messieurs,

Cette auguste Assemblée vient de nous donner le Spectacle le plus majestueux & le plus consolant.

Commissaires choisis par un Roi juste & bon, vous avez, Messieurs, parfaitement rempli les vues paternelles du Monarque qui vous a honoré de sa confiance, & nous avons vu, avec admiration, un Guerrier, dont les talents Militaires sont attestés par un surnom glorieux, développer les sentiments patriotiques, qui honorent le Citoyen.

Un Magistrat plein de zele, conciliant dans des temps difficiles, les devoirs de sa place avec son attachement pour la Province, & s'occupant sans cesse de projets utiles.

Un Président, dont les vertus ont enchaîné nos suffrages, ne nous laisser des vœux à former que pour la durée du lien par lequel nous nous sommes efforcés de nous l'attacher.

Un Clergé vraiment pénétré des grands principes de la religion & de la morale dont il nous a donné l'exemple, concourir à la paix & à l'union, par l'oubli des prétentions qui auroient pu la troubler.

Une Noblesse au-dessus de tout éloge, joindre au courage héroïque qui l'a toujours distingué, une sagesse profonde dans le Conseil, & une loyauté constante dans les procédés.

Le troisieme Ordre s'honore d'avoir prouvé combien il est digne de son association aux deux premiers, en déployant avec eux le même zele & la même énergie pour le maintien de la constitution.

C'eſt, Meſſieurs, par cet accord de vues, de principes & de ſentiments, que les Trois-Ordres ont concilié la défenſe légitime des Droits & Priviléges de la Province, avec l'amour, le reſpect & la fidélité dont ils n'ont jamais ceſſé d'être pénétrés pour le Souverain.

Heureuſe union qui ſera toujours chere à nos cœurs, dont le troiſieme Ordre ſent tout le prix, & qu'il ſe fera toujours un devoir d'entretenir.

Daignez, Meſſieurs, nous permettre de vous rendre dépoſitaires de ces ſentiments, & agréez, par mon organe, le témoignage de ſa juſte reconnoiſſance, que mon Ordre me charge de vous offrir.

Enſuite MM. les Commiſſaires du Roi ſe ſont levés, ont ſalué l'Aſſemblée & ſe ſont retirés accompagnés de la même maniere que lorſqu'ils étoient entrés.

Pendant leur marche, les Membres de l'Aſſemblée ont applaudi & crié VIVE LE ROI.

Il a été arrêté qu'il ſera adreſſé une Copie du préſent Procès-Verbal à leurs Alteſſes Royales, Monſieur, Frere du Roi, à Monſeigneur le Comte d'Artois, à Son Alteſſe Séréniſſime Monſeigneur le Duc d'Orléans, Gouverneur de la Province, à M. le Garde des Sceaux, à M. le Comte de Brienne, Miniſtre, ayant le Dauphiné dans ſon Département, & à M. Necker, Miniſtre des Finances.

Les Membres de l'Aſſemblée ont ſigné, ſous la réſerve des rangs & préſéances des Perſonnes & des Bourgs, Villes & Communautés de la Province.

     Le Comte de NARBONNE-FRIZLAR, *Commiſſaire du Roi*
     CAZE DE LA BOVE . . . . . . —
        † J. G. *Archev. de Vienne, Préſident.*
          MOUNIER, *Secretaire.*

PROCÈS-VERBAL

DES

ÉTATS DE DAUPHINÉ

ASSEMBLÉS A ROMANS

Dans le mois de Décembre 1788.

━━━━━━━━━✦━━━━━━━━━

D^U 1er décembre 1788, fur les quatre heures & demie du foir, dans une falle du couvent des Cordeliers, deftinée à l'Affemblée des Etats.

M. l'Archevêque de Vienne, Préfident, s'eft placé au fond de la falle, ayant le Clergé à fa droite, la Nobleffe à fa gauche, & le Tiers-Etat fuivant immédiatement les deux premiers Ordres.

L'Affemblée ayant pris féance, M. le Préfident a dit qu'il eft convenable de députer M. Mounier, Secretaire des Etats, pour avertir MM. les Commiffaires du Roi qu'ils font attendus, & de nommer fix perfonnes pour les recevoir.

MM. l'*Archevêque d'Embrun, le Marquis de Langon, le Vicomte de Bardonenche, Bertrand de Montfort, Pifon-Dugaland & d'Ambefieux* ont été députés pour recevoir MM. les Commiffaires du Roi.

Le Secretaire s'eft rendu chez M. le Comte de Narbonne-Fritzlar, où s'eft trouvé M. Caze, Baron de la Bove.

Le Secretaire étant revenu, & MM. les Commiffaires du Roi ayant fait prévenir l'Affemblée par un Officier du Régiment Royal-la-Marine, qu'ils étoient près de la premiere porte, les fix Députés font allés recevoir, trois pas au delà de la même porte, M. le Comte de Narbonne-Fritzlar, Grand' Croix de l'Ordre de Saint-Louis & Commandeur de l'Ordre de Saint-Lazare, Lieutenant-Général des Armées du Roi, Commandant pour fon fervice, en Dauphiné, & M. Caze, Baron de la Bove, Confeiller du Roi en fes Confeils, Maître des Requêtes honoraire de fon Hôtel, Intendant de Juftice, Police & Finances en ladite Province.

MM. les Commiffaires du Roi font entrés accompagnés de MM. les Députés, & ont falué l'Affemblée qui s'eft levée pour leur rendre le falut.

MM. les Commiffaires du Roi ont pris les places qui leur étoient deftinées, & s'étant affis & couverts, ainfi que les Membres de l'Affemblée, ils ont remis au Secretaire trois lettres clofes de Sa Majefté, defquelles il a été fait lecture, & qui font de la teneur fuivante :

A nos Très-Chers & bien Amés les Gens des Trois-Etats de notre province de Dauphiné, Affemblés à Romans, en vertu de notre permiffion.

DE PAR LE ROI DAUPHIN.

« Très-chers & bien Amés, nous avons choifis notre cher & bien Amé le fieur Comte de Narbonne-Fritzlar, Lieutenant-Général en nos armées, Grand'Croix de notre Ordre militaire de Saint-Louis, Commandant pour notre fervice en Dauphiné, & notre amé & féal le fieur Caze de la Bove, Confeiller en nos Confeils, Maître des Requêtes honoraire de notre Hôtel,

Intendant de Juftice, Police & Finances en ladite Province, pour, en qualité de nos Commiffaires, affifter à votre Affemblée, & vous faire connoître nos intentions ; ainfi, vous devez avoir, en ce qu'ils vous diront de notre part, la même confiance que vous auriez en ce que nous vous dirions nous-mêmes, fi nous étions préfents en perfonne. Convaincus de votre zele pour notre fervice & pour le bien public, nous fommes certains que la fageffe de votre adminiftration répondra à notre attente & à celle de la Province importante, dont les intérêts font commis à vos foins ; & la préfente n'étant pour autres fins, nous ne vous la ferons ni plus longue ni plus expreffe. Donné à Verfailles, le 21 novembre 1788. *Signé*, LOUIS. DE LOMENIE, Comte DE BRIENNE.

« *A Mons le fieur Comte de Narbonne-Fritzlar, Lieutenant-Général en mes armées, Grand-Croix de mon Ordre Militaire de Saint-Louis, Commandant pour mon Service en Dauphiné.*

« Mons le Comte de Narbonne-Fritzlar, j'ai ordonné que les Etats de ma province de Dauphiné s'affemblaffent à Romans, & j'en ai fixé l'ouverture au 1er du mois prochain. Je charge vous & le fieur Caze de la Bove, Confeiller en mes Confeils, Maître des Requêtes honoraire de mon Hôtel, Intendant de Juftice, Police & Finances dans ladite Province, d'affifter à leur Affemblée en qualité de mes Commiffaires, & de lui faire connoître mes intentions. Les preuves multipliées que vous m'avez données de votre zele pour mon fervice & pour le bien public, m'apprennent tout ce que je dois m'en promettre dans cette occafion. Sur ce, je prie Dieu qu'il vous ait, Mons le Comte de Narbonne-Fritzlar, en fa fainte garde. Ecrit à Verfailles, le 21 novembre 1788. *Signé*, LOUIS. DE LOMENIE, Comte DE BRIENNE.

« *A Mons Caze de la Bove, Confeiller en mes Confeils, intendant & Commiffaire-départi pour l'exécution de mes ordres en Dauphiné.*

« Mons Caze de la Bove, j'ai ordonné que les Etats de ma Province de Dauphiné s'affemblaffent à Romans, & j'en ai fixé l'ouverture au 1er du mois prochain. Je charge Vous & le fieur Comte de Narbonne-Fritzlar, Lieutenant-Général en mes armées, Grand'Croix de mon Ordre Royal & Militaire de Saint-Louis, Commandant pour mon fervice dans ladite Province, d'affifter à leur Affemblée en qualité de mes Commiffaires, & de lui faire connoître mes intentions. Les preuves multipliées que vous m'avez données de votre zele pour mon fervice & pour le bien public, m'apprennent tout ce que je dois m'en promettre dans cette occafion. Sur ce, je prie Dieu qu'il vous ait, Mons Caze de la Bove, en fa fainte garde. Ecrit à Verfailles, le 21 novembre 1788. *Signé*, LOUIS. DE LOMENIE, COMTE DE BRIENNE. »

M. le Comte de Narbonne-Fritzlar a dit :

MESSIEURS,

« Le Prélat refpectable qui vous préfide, fi digne de cette diftinction par fes vertus, fa fageffe & fes connoiffances profondes dans l'adminiftration ; l'attention que les Électeurs ont mis de ne nommer, pour les repréfenter à cette Affemblée, que les Membres les plus diftingués de leur ordre refpectif, annoncent, Meffieurs, & je ne crains pas même de l'affirmer, qu'il ne peut y être pris que les délibérations les plus fages & les mieux réfléchies pour affurer à la Province le bonheur & les avantages dont S. M., par une prédilection particulière, a conftamment defiré de la voir jouir. Vous répondrez, Meffieurs, aux vues bienfaifantes d'un Monarque augufte & cher à vos cœurs, par un travail affidu, auffi honorable pour vous, qu'utile à vos concitoyens : il me l'eft infiniment, Meffieurs, que la place qu'il a plu au Roi de me confier, me mette à portée de faire connoître à Sa Majefté que fes bontés paternelles pour fes Sujets de Dauphiné, ne pouvoient être mieux placées, & qu'ils ont fu les apprécier & fentir avec la plus vive & la plus jufte reconnoiffance. »

M. Caze, Baron de la Bove, a dit :

MESSIEURS,

Le premier pas que viennent de faire les Aſſemblées particulieres des Trois-Ordres de cette Province, dans la nouvelle carriere que leur ouvre la main tutélaire du meilleur des Rois, eſt bien fait pour juſtifier ſa confiance. En vous dévouant au bonheur de vos Concitoyens, elles ont ſu juger vos lumieres, elles ont deviné vos cœurs : ainſi, lorſque la ſageſſe de votre conſtitution réunit tous les ſuffrages, le choix qui vous appelle à l'emploi honorable qui vient de vous être confié, ne fait qu'établir de plus en plus ces vérités conſolantes ; ces idées d'égalité, de juſtice, de patrio-tiſme, qui n'avoient été pour ainſi dire, juſqu'à ce jour, que les ſpéculations de quelques Citoyens vertueux, qui ſongeoient à des moyens de perfection, ſans eſpérer de les voir auſſi-tôt réaliſés.

Avant de mettre ſous vos yeux, ſuivant l'engagement que j'en ai pris dans la derniere Aſſemblée des Trois-Ordres, le détail des différents objets dont je me ſuis occupé, & des améliorations que j'avois projetées, je dois, Meſſieurs, vous faire part des déciſions de S. M., ſur les articles 48, 49, 50, 51, 52 & 53 de l'arrêt du Conſeil, du 22 octobre dernier, qui intéreſſent particuliérement mon adminiſtration.

En vertu des commiſſions du grand ſceau, qui m'ont été adreſſées, je ſuis chargé de procéder, conjointement avec MM. les Officiers du bureau des Finances, Commiſſaires des tailles & Officiers des bureaux de l'Election, à l'aſſiette & à la répartition des impoſitions compriſes dans le brevet pour l'année prochaine 1789, & ce travail auroit déjà été exécuté ſans quelques difficultés relatives à l'impoſition, connue ſous la dénomi-nation d'Octrois municipaux, ſur leſquelles le Roi n'a pas encore prononcé.

Je ſuis auſſi autoriſé, comme par le paſſé, à arrêter & rendre exécutoire les rôles de la capitation pour l'année 1789.

Il en eſt de même des rôles de vingtieme ; mais cette opération prochaine, terminée, je remettrai le bureau de cette partie à votre difpofition & à celle de votre commiffion intermédiaire, pour en fuivre les opérations fubféquentes ; & du jour de cette remife, ce bureau fera à vos ordres.

La néceffité d'affurer le fervice de l'année prochaine doit écarter toute idée de changement ou d'innovation qui pourroient fufpendre les recouvrements. Le Roi attend de vous, Meffieurs, des vues propres à perfectionner la diftribution des charges & la répartition des impôts entre les contribuables de la Province ; mais les innovations de ce genre doivent être le fruit des méditations les plus réfléchies, & vous pourriez peut-être vous expofer, par des mefures trop précipitées, à retarder les perceptions, fans être également affurés des bons effets que vous vous en feriez promis. Sa Majefté nous charge en conféquence de vous infpirer beaucoup de défiance & de circonfpection contre des changements trop fubits, qui ne produiroient que des fecouffes dangereufes. Il faut éviter, avec beaucoup de foins, de fournir aux redevables des prétextes pour ne pas payer aux collecteurs, des raifons de fufpendre leurs diligences ; aux Receveurs particuliers & généraux, les embarras dans lefquels pourroient les jeter leurs engagements envers le tréfor royal, fi les recouvrements ne fe faifoient pas en 1789, avec la régularité fur laquelle ils font en droit de compter.

Il ne doit rien être innové pendant l'année prochaine, dans les formes ufitées jufqu'à préfent, pour le jugement des demandes & conteftations & le *vifa* des contraintes relativement à la taille, à la capitation & aux vingtiemes ; mais, vous pouvez, Meffieurs, propofer pour l'avenir les vues & les moyens propres à produire le plus grand bien du fervice.

Sa Majefté vous autorife à vous occuper de tout ce qui peut concerner l'affiette, la répartition, la levée & l'emploi de l'impofition repréfentative de la corvée, lorfque la quotité en aura été fixée ; à faire à cet égard, telles demandes, propofitions & plans que vous trouverez convenables dans vos cahiers, & il y fera ftatué par le Roi en fon Confeil.

Enfin, Sa Majefté fe propofe de vous faire connoître inceffamment la nature & la quotité des fommes qui feront laiffées à votre difpofition & à celle de votre commiffion intermédiaire, pour les diverfes dépenfes énoncées dans les articles 48 & 49 de l'arrêt du Confeil, du 22 octobre dernier ; je délivrerai, pour ces différents objets, une ou plufieurs ordonnances fur le Receveur-Général des finances, en exercice, qui verfera en conféquence les fommes y mentionnées, dans la caiffe de votre Tréforier particulier, lequel donnera, à mefure des paiements, les quittances en bonne forme au Receveur-Général.

Telles font les intentions du Roi fur l'exécution de quelques-uns des articles de l'arrêt du Confeil, du 22 octobre ; vous y reconnoîtrez fans doute cette prévoyance qui éloigne tout ce qui pourroit nuire à fes vues paternelles. Quant à moi, Meffieurs, je ferai toujours fidele à cet efprit de droiture & de conciliation qui eft également dans mes principes & dans mon caractere. Avant de remettre entre vos mains les détails de l'adminiftration de cette Province, dont j'étois fi jaloux d'acquérir la confiance, & de mériter les fuffrages, je vais à préfent foumettre mes travaux & mes projets à votre jugement & à vos lumieres. Quelle fatisfaction pour moi, Meffieurs, fi j'ai pu prévenir vos intentions & devancer tout le bien que, par des moyens plus puiffants, des connoiffances plus multipliées & plus étendues, vous allez produire dans toutes les parties de la Province.

Les variétés du climat & des productions du Dauphiné ; l'énergie & l'induftrie des habitants des montagnes, excités fans ceffe par le befoin de leur exiftence ; le dépériffement général des bois ; les défrichements abufifs des montagnes ; les ravages des torrents qui fe multiplient chaque jour, tels font, Meffieurs, les premiers objets qui ont fixé mon attention. Si j'ai été effrayé des maux qui vous menacent, j'ai été bientôt raffuré par les reffources que j'ai trouvées dans la bonne volonté des habitants, & dans le zele qu'ils m'ont témoigné : les facrifices ne paroiffent leur rien coûter, lorfque leur confiance eft établie. Nulle part la main bienfaifante du Monarque ne peut verfer fes dons avec plus de plaifir & d'affurance fur leur utilité. Le Dauphiné n'eſt pas une terre ingrate, & les ſecours du gouvernement, en excitant la reconnoiſſance de ceux qui les reçoivent, y produiſent bien-tôt par leur induſtrie, leurs travaux & leurs contributions volontaires, les avantages les plus prompts & les plus ſenſibles : c'eſt d'après cette heureuſe expérience, que je n'ai pas craint de ſolliciter conſtamment pour cette Province ; & ſi j'ai été aſſez heureux pour obtenir une partie de mes demandes, je n'ai d'autres déſirs que d'en voir réſulter les avantages que j'en avois eſpéré.

ROUTE DE LYON EN PROVENCE

Vous, ſavez, Meſſieurs, de quelle importance eſt pour le commerce & pour cette Province, la route de Lyon en Provence. Lorſque je ſuis arrivé en Dauphiné, je l'ai trouvé dans le plus mauvais état ; j'obtins, par an, un fond extraordinaire de 50,000 liv. pour refaire ſucceſſivement à neuf les plus mauvaiſes parties de cette route. Je dois convenir qu'il y a eu quelques réparations qui par la mauvaiſe qualité des matériaux, n'ont pas eu tout le ſuccès qu'on m'en avoit fait eſpérer ; mais cette imperfection peut aiſément ſe réparer. Les ponts du Roubion & d'Auberrive ſont commencés, celui de la Drôme & de la Réal ſont finis ; il ne reſtera que celui de l'Iſere dont j'ai fait faire les projets.

Cette route, la plus fréquentée du Royaume, a beſoin de tous vos efforts ; celles qu'on ouvre ſur la rive oppoſée, malgré les réclamations les plus vives que j'ai fait parvenir au miniſtere, ne peuvent manquer de porter beaucoup de préjudice à la Province qui a le plus grand intérêt à ſe conſerver au moins la concurrence, en rendant, comme je m'y appliquois, la route également ſûre & praticable ſur ſon territoire.

TRAVAUX DE VALENCE

La Ville de Valence étoit attaquée par le Rhône, ſon fauxbourg & partie de la baſſe-ville, au moment d'être détruits : les ouvrages que l'on propofoit pour y remédier, fe montoient à près d'un million, fuivant l'adjudication que j'en ai paffée. Le Roi a bien voulu jufqu'à préfent fe charger de la dépenfe : les travaux font bien exécutés, & fe pourfuivent avec activité.

PROJET DE L'ISÈRE

La capitale de cette Province eft menacée depuis long-temps par l'Ifere; toutes les poffeffions de la vallée de Graifivaudan font expofées continuellement à fes ravages. J'ai cru qu'un projet, qui mettroit pour toujours cette ville à l'abri des inondations & des maux qui en font la fuite, & qui, en confervant les terrains fertiles de la vallée, rendroit plus de fept mille féterées de terre précieufes à l'agriculture, pouvoit mériter d'être encouragé : ce projet, auquel M. Rolland, dont vous connoiffez les lumieres & l'intelligence, a donné tous fes foins, excitera fans doute votre intérêt. Si la grandeur de l'entreprife pouvoit effrayer, vous trouverez dans les reffources & les avantages de votre adminiftration, des moyens plus affurés pour fon exécution, à laquelle MM. les Officiers du Génie militaire ont applaudi. C'eft avec plaifir que je vous cite un pareil fuffrage ; je pourrois y ajouter celui des perfonnes qui font auffi connues par leurs lumieres que par leur rang dans la Province. Le Gouvernement m'avoit fait efpérer des fecours particuliers pour cet objet.

DIGUES CONTRE LES RIVIÈRES & TORRENTS

On impofoit annuellement, depuis 1776, une fomme de 60,000 liv. fur les Trois-Ordres, pour conftruire des digues contre les rivieres & torrents qui dévaftent cette Province. A mon arrivée en Dauphiné, l'immenfité des befoins m'éclaira bientôt fur l'infuffifance de cette impofition. Je follicitai, de la bienfaifance de Sa Majefté, une fomme pareille qui me fut accordée, même avant que le Parlement enrégiftrât des Lettres-Patentes pour le doublement de l'impofition ; ainfi on emploie actuellement chaque année en Dauphiné, une fomme de 180,000 liv. pour y conferver les propriétés, fans compter les contributions volontaires qui fe montent aujourd'hui, prefque par-tout, aux deux tiers de la dépenfe. Ce doublement n'a pas même occafionné de furcharge pour les taillables, puifque Sa Majefté a bien voulu faire retirer du brevet 40,000 liv. pour les milices qui étoient entiérement à leur charge.

J'aurai l'honneur de remettre à MM. les Procureurs-Syndics des détails de toutes les digues en activité dans la Province : vous verrez avec fatisfaction, dans le compte qu'ils vous en rendront, qu'il n'y a pas de dépenfe plus utile par la multiplicité des demandes que l'on fait journellement, & par les heureux effets qui ont réfultés de ces travaux.

ATTELIER DE CHARITÉ

L'ÉTABLISSEMENT des atteliers de charité n'eft pas moins précieux dans cette Province, où la difficulté des communications préfente à chaque pas des obftacles au commerce & à l'induftrie : je fuis même parvenu à faire appliquer ce genre de fecours à la conftruction de plufieurs fontaines, dans des communautés qui manquoient entiérement d'eau. J'ai d'ailleurs fait imprimer un réglement qui m'a paru devoir mettre le meilleur ordre dans l'emploi des fonds qui font diftribués annuellement pour cet objet.

DÉPOT DE MENDICITÉ

LE dépôt de mendicité étoit dans l'état le plus affreux, la maifon délabrée, mal faine, & fujette aux inondations ; j'avois annoncé aux Miniftres que je ferois obligé d'évacuer cette maifon, fi je n'avois pas les moyens d'en faire conftruire une nouvelle. J'ai été autorifé à en faire faire le projet : le moins cher, d'après M. Marmillod, auroit coûté au moins 250,000 liv. Cette dépenfe a effrayé le gouvernement qui n'a confenti à m'aider que de 100,000 liv. ; c'eft ce qui m'a déterminé, Meffieurs, à faire l'acquifition de la maifon de la Tronche, parce qu'en profitant de plufieurs bâtiments, la dépenfe des nouvelles conftructions ne doit pas excéder de beaucoup ce prix, en y joignant celui de l'emplacement actuel du dépôt. Je vois avec peine, que la lenteur de la rentrée des fonds en mettra nécesfairement dans l'exécution des travaux ; mais quoique je regrette beaucoup de ne pouvoir hâter davantage la conftruction du nouveau dépôt, l'acquifition de la maifon de la Tronche n'en eft pas moins avantageufe, fous d'autres rapports. Le produit des fonds qu'elle comprenoit, & celui des terreins que la riviere abandonne chaque jour, fournit un revenu fûr & progreffif ; le corps principal des bâtiments peut devenir un emplacement convenable pour une manufacture ; un fabricant en étoffes de foies y a même monté quelques métiers ; c'eft un établiffement naiffant, mais il eft digne de profpérer. J'ai formé pareillement une pépiniere d'arbres fruitiers & d'avenues, & j'y ai tranfporté le jardin de Botanique, dans lequel j'ai raffemblé toutes les plantes des Alpes & plufieurs productions étrangeres ; une étude auffi utile pour l'humanité que celle de la Botanique, m'a paru ne pouvoir jamais offrir trop de facilité : le foin de ce jardin eft confié au fieur Leotard, dont on eftime infiniment les connoiffances.

COUVERTURES EN CHAUME

« En parcourant les montagnes & les vallées du Haut-Dauphiné, j'ai été effrayé de la quantité de villages qui ont été incendiés depuis le commencement du fiecle. Mon prédéceffeur avoit eu le projet d'un réglement pour encourager la deftruction des couvertures en chaumes. J'ai faifi cette idée fi intéreffante, un arrêt du Confeil l'a autorifée, des remifes ont été accordées fur les impofitions, des gratifications à ceux qui ont établi de nouvelles fabriques de tuiles ou qui ont exploité de nouvelles carrieres de laufes ou d'ardoifes ; la quantité des demandes que l'on fait tous les jours pour fe conformer à ce réglement, en démontre fuffifamment l'utilité.

SAGES FEMMES & ÉLEVES EN CHIRURGIE

« Je me fuis occupé de perfectionner les établiffements de M. de Marcheval, pour l'inftruction des fages-femmes de la campagne, & pour celle des éleves de l'Hôpital de la Charité de Grenoble. Le premier, mérite le plus grand intérêt ; malheureufement le préjugé le contrarie. Vous croirez difficilement, Meffieurs, que dans plufieurs cantons de la Province le mépris public pourfuit les femmes qui fe livrent ou fe deftinent à des fonctions auffi touchantes ; en vain on diftribue annuellement des prix ; en vain j'ai fait payer aux éleves les frais de routes & de féjour, leur nombre eft toujours peu confidérable. Quant aux éleves en chirurgie, ils ne laiffent rien à défirer, c'eft une juftice que je dois à leurs inftituteurs ; j'ai établi un concours pour le choix des fujets ; l'année derniere, les éleves ont tous obtenu des prix, parce qu'ils les ont tous mérités ; ceux qui font déjà répandus dans les campagnes, y font le meilleur ufage de leurs talents ; plufieurs fe font diftingués dans le traitement des maladies épidémiques, qu'un feul médecin, malgré tout le zele dont il eft capable, ne peut fuivre en même-temps, dans les différentes parties de la Province. J'ai porté mon attention en ce genre, fur un fléau non-moins terrible, fur-tout dans les campagnes. La pratique de l'inoculation commence à s'y répandre, & le fuccès de mes foins en eft pour moi la plus douce récompenfe. »

MORVE & ARTISTES VÉTÉRINAIRES

« En 1785, nombre de chevaux & de mulets étoient attaqués de la morve ; après avoir effayé tous les moyens de les conferver, on a été obligé d'en facrifier un nombre confidérable, tant à cette époque qu'aux revues faites exactement depuis ce moment ; les gens pauvres & de bonne foi ont eu des dédommagements ; j'ai été également autorifé à diftribuer des gratifications à ceux des Artiftes vétérinaires qui s'étoient le plus diftingués, foit pour cette opération, foit dans le traitement des maladies épifootiques, & je viens de leur accorder encore cette année de nouveaux encouragements. Vous trouverez, Meffieurs, du zele, des lumieres, quelquefois de grands talents parmi ces artiftes, dont la Province a payé l'inftruction; elle en entretient toujours un certain nombre dans les écoles. »

HARAS & GARDES-BAUDETS

« M. de Marcheval avoit fait auprès de Grenoble l'établiffement d'un dépôt d'étalons; j'ai cherché à le placer avantageufement, & à lui donner plus de confiftance; la quantité & la diftinction des productions qui en font forties, prouvent fon avantage fur l'ancien régime des Gardes-Etalons & des Gardes-Haras, fouvent abufif, gênant pour le public, & peut-être moins utile que le fyftême de la liberté, avec quelques gratifications & la furveillance de l'adminiftration. »

« J'ai développé ces idées dans un mémoire que je deftinois à être mis fous les yeux du Miniftere; mais le projet d'une innovation en ce genre, ne m'a point fait perdre de vue la néceffité de diftribuer dans la Province des étalons choifis, en attendant qu'il foit loifible & avantageux à tous les particuliers de s'en procurer librement. J'ai obtenu en conféquence des remontes, & l'on m'annonce, même dans ce moment, fix étalons & trois juments d'une grande diftinction; mais en m'occupant de l'efpece des chevaux, je n'ai rien négligé pour améliorer en même-temps celle des mulets qui fervent fi utilement aux tranfports & à l'agriculture dans le Haut-Dauphiné, & qui font fortir chaque année un numéraire confidérable de la Province. En conféquence, j'ai tiré de l'Italie vingt baudets qui ont été diftribués dans les montagnes; ils y réuffiffent fi parfaitement, qu'il feroit peut-être à défirer qu'on pût en augmenter le nombre. »

MOUTONS, PARCAGE

« M. de Marcheval avoit donné quelques encouragements pour l'agriculture, à un particulier d'Ancele, qui élevoit un troupeau de race Flamande

Efpagnole ; les fecours de l'adminiftration lui ont été continués. Il eft mort l'année derniere ; un de fes enfants a fuivi cet établiffement ; je l'ai engagé à diftribuer quelques beliers & des brebis dans la Province. Une premiere diftribution a été faite, mais une maladie a beaucoup diminué fon troupeau; pour en renouveller l'efpece, j'ai prié M. le Duc de la Vauguion de nous en procurer d'Efpagne. Il eft arrivé plufieurs beliers & un nombre confidérable de brebis, fous la garde d'un berger Efpagnol, qui font actuellement chez M. le Prieur d'Aiguebelle qui a bien voulu s'en charger pour cet hiver. »

« On avoit le mauvais ufage de renfermer ces animaux dans des lieux étouffés & mal-fains ; j'ai cherché, par nombre d'effais & d'encouragements, à vaincre ce préjugé ; la Grande-Chartreufe, entr'autres, a bien voulu donner l'exemple de les faire parquer pendant tout un hiver. Le fuccès a été au delà de mes efpérances ».

AGRICULTURE

« L'AGRICULTURE a fait plus de progrès dans cette Province que dans beaucoup d'autres ; s'il y a quelques parties dans le Bas-Dauphiné, fur-tout dans la plaine, qui font plus éloignées de la perfection, c'eft que le terrein eft plus ingrat, qu'il y a moins de befoins & par conféquent moins d'industrie ; prefque toutes les terres qui avoifinent le Rhône, font expofées aux irruptions de ce fleuve ; le gouvernement a commencé à m'accorder quelques fecours fur les fonds de la navigation, relativement à cet objet qui mérite toute votre attention. Toutes ces plaines feroient fufceptibles de grandes améliorations ; les canaux d'arrofage font une des reffources les plus précieufes de fertilité pour cette Province ; le gouvernement a eu attention de les encourager & d'aider ceux qui ont un befoin réel d'être fecourus ; il a fait diftribuer auffi plufieurs femences qu'il feroit utile de multiplier ».

COMMERCE

« Le commerce en Dauphiné eft un des objets qui mérite le plus d'attention & de furveillance. Cette Province, étant fituée à une des extrémités du Royaume, féparée de l'Italie par des montagnes inacceffibles, foumife à des droits de douane de Valence, de Lyon, de traites foraines & domaniales, & à des péages exorbitants, les fpéculations trouvent difficilement à s'y étendre, & l'induftrie eft fans ceffe arrêtée par ces entraves multipliées ; malgré ces difficultés, le commerce augmente fenfiblement depuis plufieurs années ; quelques fecours donnés par l'adminiftration, ont produits les meilleurs effets. La ganterie, fi renommée, de Grenoble, avoit commencé l'année derniere à reprendre faveur au moyen d'un arrêt du Confeil que je follicitois depuis long-temps & que j'ai obtenu ; de nouvelles circonftances m'ont mis néanmoins dans le cas d'adreffer d'autres obfervations au Miniftre, j'efpere qu'il voudra bien y avoir égard ».

« L'étabiffement des aciers de MM. Moirou et Pochain, eft un de ceux qui peut devenir le plus intéreffant pour la Province ; la protection fignalée que le gouvernement a accordé à leurs premiers effais, eft une preuve de l'importance qu'il y attache, & fi mes efpérances ne font point trompées, on doit s'attendre au plus grand fuccès ; je viens même d'être témoin, depuis peu de jours, de la fabrication de plufieurs faulx qui paroiffent d'une excellente qualité ; ainfi on ne fera plus réduit à les tirer de l'étranger, à faire fortir par conféquent du Royaume des fommes confidérables, & le Dauphiné en retirera, le premier, le plus grand avantage. »

« Il s'eft élevé dans la Province plufieurs autres manufactures en différents genres ; mais quoique je leur ai ménagé tous les encouragements qui pouvoient dépendre de moi, j'aurois defiré favorifer plus particuliérement la fabrication & l'emploi des foies ; en général je crois qu'il faut s'attacher à rapprocher les fabriques des endroits qui en produifent les matieres premieres, c'eſt un moyen de les entretenir à moindres frais ; leur diminution influe ſur le prix des étoffes & nous donne plus d'avantage pour la concurrence. »

« J'ai commencé à établir pluſieurs fabriques de ce genre à Grenoble & dans les environs. Il y en a également une ici ſous vos yeux, à laquelle j'ai cru devoir accorder quelques ſecours. Le gouvernement avoit donné des faveurs particulieres à la fabrique célebre de M. Jubié, à raiſon des moulins de M. de Vaucançon, dont il s'eſt chargé ; j'ai propoſé de réduire à moitié les ſecours qui lui ſont accordés ; ſa ſageſſe & ſon activité ont donné à cet établiſſement une perfection qui la rend bien recommandable. La ville de Creſt & ſes environs, malgré la difficulté des communications, offre à toute la Province, un exemple de ce que peut l'induſtrie & la bonne intelligence de ſes habitants ; l'activité de commerce, celle qu'ils mettent à tout ce qui peut aſſurer & augmenter leurs poſſeſſions, eſt digne des plus grands éloges ; c'eſt là où l'on trouve cette machine ingénieuſe, inventée par un Anglois, pour la filature du coton, & que je me ſuis empreſſé de procurer à M. d'Ally qui mérite des égards particuliers par le bien qu'il répand autour de lui. »

« Pluſieurs autres manufactures, au moyen des encouragements qui leur ont été donnés, commencent auſſi à s'établir, ſur-tout dans le Briançonnois & le Gapençois ; elles y ſont d'autant plus précieuſes, qu'elles fourniſſent des reſſources pendant l'hyver aux habitants qui ſont obligés de s'expatrier dans cette ſaiſon, faute de travail & de moyens de ſubſiſtance ; au reſte, j'aurai l'honneur de remettre à MM. les Procureurs-Syndics différents états & mémoires ſur tous les objets de commerce de cette Province. Je me ferai toujours un plaiſir, Meſſieurs, de vous communiquer ceux qui pourront vous être utiles ; l'Inſpecteur des manufactures eſt d'ailleurs parfaitement en état de donner les éclairciſſements les plus étendus & les plus ſatisfaiſants ſur la ſituation actuelle du commerce. »

COMMUNS DU BOURG-D'OYSANS

« Au milieu des montagnes de l'Oyſans ſe trouve une plaine étendue & intéreſſante par ſa fertilité. Un arrêt du Conſeil, que j'ai obtenu depuis quelque temps, pour régler le partage de ſes communs, en diviſant les terrains à raiſon des propriétaires & des chefs de familles, fera ceſſer les abus & les diviſions qu'il y avoit dans ce canton, & il en augmentera la richeſſe, ce qui fera une reſſource non-ſeulement pour la plaine, mais pour tous les villages qui ſont ſur ces montagnes : on a commencé à y établir quelques filatures qui ont bien réuſſi. »

« Il ſeroit à déſirer, Meſſieurs, permettez-moi cette réflexion, que le partage des communs puiſſe prendre quelques faveurs dans cette Province; mon prédéceſſeur s'en étoit occupé; j'ai remis également des mémoires au gouvernement ſur cet objet eſſentiel, pour favoriſer l'agriculture, diminuer la mendicité, & augmenter la richeſſe des habitants des campagnes qui méritent une attention particuliere. »

CONSEIL D'ARBITRAGE

« En examinant la ſituation des Communautés, j'ai été effrayé de la quantité de procès qu'elles ont à ſoutenir ; la plupart ſont ruinées par les frais qu'elles occaſionnent; ils entretiennent des diviſions qui ſont toujours le malheur des habitants. »

« Quelques Intendants ont établi, avec ſuccès, des Conſeils pour examiner leurs procès. J'ai obtenu un pareil établiſſement pour cette province; le nom des perſonnes qui le compoſent feroit ſeul ſon éloge; le bien qu'il a produit ne peut être douteux ; l'eſprit de conciliation commence à remplacer celui de la chicane, & ſur plus de deux cents affaires qui ont déjà été examinées, un grand nombre a été heureuſement terminé à l'amiable; il eſt bien à déſirer que ce Conſeil acquierre toute la confiſtance dont ſon utilité le rend ſuſceptible. »

BIBLIOTHÈQUE PUBLIQUE

« Un superbe établiffement, Meffieurs, qui fait honneur à la ville de Grenoble & aux citoyens qui l'ont formé ; cette bibliothèque immenfe, à laquelle font réunis d'autres objets intéreffants, entr'autres, un très-beau cabinet d'hiftoire naturelle, où font raffemblées les productions précieufes de cette Province ; tous ces objets, dirigés par l'intelligence & le zele infatigable de M. l'Abbé Ducros, avoient encore befoin de fecours confidérables pour leur perfection ; le defir de feconder un ouvrage qui fait autant d'honneur à ceux qui l'ont entrepris, m'a fait chercher tous les moyens d'y concourir. Le Roi, Monsieur, & Mgr. le duc d'Orléans ont bien voulu donner à cet établiffement des marques particulieres de leur protection & de leur munificence. »

« Les premiers Directeurs & ceux qui leur ont fuccédé, ont formé une fociété littéraire, & les premiers ouvrages qui y ont été couronnés, ont eu pour objet celui qui eft peut-être le plus important pour la Province, la confervation des bois. Il n'eft pas néceffaire de vous le recommander, Meffieurs, vous favez tous les abus qui exiftent dans cette partie, & la néceffité de vous en occuper férieufement ; un plus long défordre ruineroit des cantons précieux de la Province. Les digues & la confervation des bois font les feuls remedes aux dangers qui la menacent. Nous n'avons ceffé, mon prédéceffeur & moi, d'envoyer des mémoires aux Miniftres fur cette matiere ; vous aurez plus de moyens de furveillance, & le gouvernement ne vous refufera fûrement pas fon appui & fes fecours avec autant de droit pour les folliciter. »

ECOLE DE DESSEIN

« L'ecole publique & gratuite de deffein, formée depuis plufieurs années à Grenoble, étoit fufceptible de quelques améliorations ; j'ai appellé, à la tête de cette école, un Profeffeur qui réunit aux talents la meilleure conduite ; on ne peut qu'applaudir aux fuccès de fes éleves qui en ont donné des preuves dans les expofitions publiques qui précèdent la diftribution des prix. »

« Deux enfants jumeaux, appartenants à une mere pauvre, qui habite aux environs du Buis, dans les Baronnies, & dont le hafard me fit appercevoir dans une de mes tournées, l'inftinct qui les appelloit à la gravure, réuffiffent particuliérement dans cette école. Je les fais élever aux frais de la Province qui doit fes fecours aux campagnes comme aux villes ; elle ne regrettera pas fans doute la dépenfe que lui occafionnera l'éducation de ces deux jeunes enfants qui joignent, à une phifionomie heureufe, une conformité finguliere de goûts & de traits, & le plus excellent naturel. »

PRINCIPAUTÉ D'ORANGE

« Enfin, Meffieurs, accoutumé à faire valoir les privileges des Provinces, fur-tout quand ils ne nuifent pas à l'intérêt général, je fuis parvenu à faire rendre à la principauté d'Orange, le régime & les faveurs qui lui avoient été précédemment accordés. »

« Tels font, Meffieurs, les principaux objets dont j'ai cru devoir m'occuper depuis que je fuis dans cette Province ; j'en avois projeté beaucoup d'autres, dont plufieurs relatifs aux impofitions ; un réglement pour les bois, pour les haras, pour le fel ; s'ils peuvent vous être de quelque utilité, j'aurai l'honneur de les communiquer à MM. les Procureurs-Généraux-Syndics ; s'il y a quelque idée qui puiffe être utile à la Province, elle fera mieux développée dans le compte qu'ils vous rendront, & le but que je m'étois propofé, fera plus fûrement rempli & mieux exécuté. »

PONTS & CHAUSSÉES

« Lorsque le Roi, par un efprit de juftice qui dirige toujours fes volontés, a bien voulu rendre à toutes les Provinces les fonds qu'elles impofent pour les ponts & chauffées, en rendant hommage à cette loi équitable, j'ai pris la liberté de repréfenter que vous aviez prefque tous les ans obtenu beaucoup plus que la moitié en fus de votre contribution, & que ces fecours avoient été accordés en confidération des travaux immenfes & fouvent emportés par des torrents, qui font beaucoup plus multipliés dans cette Province que dans toutes les autres. Le Miniftre & l'intendant des finances, chargés de ce département, m'avoient fait efpérer une continuation de fecours qu'ils ont commencé à réalifer. J'ai obtenu 150,000 liv. pour la fuite des travaux de l'année derniere, & je viens de recevoir depuis peu l'affurance qu'on appliquera à l'avenir, aux dépenfes qui fe font dans la Province, le produit de l'impôt connu fous la dénomination d'octrois appartenants au Roi, en tout ou en plus grande partie, ce que je n'avois ceffé de folliciter. »

« Depuis que je fuis en Dauphiné, le Roi lui a accordé plus de 500,000 liv. de fecours par an, fans y comprendre les excédents de capitation & les fonds variables ; quelle reconnoiffance pour les bontés du Monarque, ces dons & ces foulagements ne doivent-ils pas exciter dans tous les cœurs ! Si les befoins de l'état exigent, pour le moment, quelques fecours, que ne doit-on pas efpérer d'un Roi jufte & bienfaifant, qui ne veut les tenir que de l'amour de fes fujets, & qui, par les retranchements & les économies qu'il fait aujourd'hui, prouve à la nation que fi elle s'eft toujours diftinguée par fon amour pour fon Roi, il exifte en lui une tendreffe paternelle pour fes peuples, qui affure à jamais leur bonheur. »

« N'ayant pu jouir, comme je l'aurois défiré, Meffieurs, de la fatisfaction de mettre à la fin de chaque année, fous les yeux de la Province, le compte de mon travail, j'ai celle de prévoir que toutes les parties vous en feront développées dans le cours de vos recherches ; que tout ce que j'ai fait paffera fucceffivement fous vos yeux ; que tous mes projets feront foumis à votre examen : & s'il en réfulte, comme je dois le craindre, que mes lumieres n'auront pas toujours répondu à mon zele, j'ai au moins la douce certitude que vous reconnoîtrez une adminiftration pure, un defir ardent pour le bien, & un dévouement fans bornes pour la profpérité d'une Province dont les intérêts me font devenus perfonnels. »

« Vous aurez, Meſſieurs, cet avantage, tout ce que vous ferez fera connu, & le procès-verbal de vos féances fera le tableau fidele de votre adminiſtration qui fera toujours dirigée vers le bien & le bonheur de cette Province; ce font les feuls objets qui puiſſent prévaloir contre les différents chocs d'opinion d'une aſſemblée nombreuſe, contre les intérêts perfonnels, fouvent contraires à l'intérêt général, qui doit toujours être le but d'une bonne adminiſtration. »

« Le Prélat refpectable qui vous préfide, fera toujours l'organe de la juſtice & de la vérité, & il fe réunira à vous pour maintenir, dans cette Province, cette heureufe harmonie qui raſſemble aujourd'hui toutes les parties de l'Etat, aſſocie tous les intérêts pour connoître tous les befoins & toutes les reſſources des Provinces, & ne porter aux pieds du trône qu'un même hommage & un même tribut de reconnoiſſance. »

M. l'Archevêque de Vienne, Préfident des Etats, a dit :

Messieurs,

« Enfin, nos Etats font formés; cette Province eſt reſtituée dans une adminiſtration libre & domeſtique, inhérente à fon ancienne conſtitution, fufpendue par des événements malheureux; jamais abolie, toujours défirée. Le Dauphiné jouit donc de fes droits, & dans l'exercice qu'il en recouvre, il ofe dire que la juſtice du Roi éclate autant que fa bonté : notre reconnoiſſance n'en eſt pas moindre; car fi parmi les graces qui émanent du Trône, il y en a quelquefois d'aveugles ou d'exceſſives ; s'il y en a fouvent d'accordées par une pure munificence louable dans les Princes, celles que la juſtice éclaire & qu'elle infpire, ont, fur les premieres, l'avantage du difcernement & de l'utilité ; fur les autres, celui d'une fageſſe & d'une grandeur d'ame qui fait renfermer dans fes véritables bornes l'ufage du pouvoir fouverain. Des graces de cette nature, plus honorables au Monarque, laiffent dans le cœur des fujets des impreffions plus fortes & plus durables. »

« Il faut pourtant l'avouer ; nos Etats renaiffent fous une forme différente, à bien des égards, de celle qu'ils ont eue autrefois. Mais d'abord, c'eft le vœu des Trois-Ordres réunis, ou plutôt du peuple entier de la Province, qui a défigné cette forme nouvelle ; l'autorité royale y a joint, après un mur examen, le fceau néceffaire de la fuprême fanction : il n'eft point d'établiffement moins fufpect, ni d'adminiftration dont l'origine puiffe être plus faine. Si l'on approfondit enfuite ces différences entre nos anciens Etats & nos Etats actuels, on trouvera que ceux-ci confervent tout ce qu'il y avoit d'effentiel en ceux-là, qu'ils en retranchent des abus conftatés par une longue expérience, qu'ils y fuppléent, ce qui avoit échappé à une ignorance & à des préjugés, refte de la barbarie. Ainfi, la Province fe gouvernera elle-même, comme alors, mais avec une étendue de furveillance qu'exigent fes accroiffements fucceffifs, mais avec une proportion plus équitable entre les befoins & les forces des Trois-Ordres qui la compofent, mais avec une repréfentation plus complette de tous fes diftricts & de tous fes habitants. Ajoutons à cela les précautions prifes pour animer le zele des Adminiftrateurs élus par leurs Pairs, fans les expofer à la tentation d'abufer d'une confiance irrévocable ou trop long-temps continuée. Vous n'ignorez pas le goût devenu aujourd'hui fi commun pour les connoiffances qui tendent à perfectionner la culture de la terre, à en multiplier les productions, à encourager l'induftrie & les arts, à porter l'ordre & la regle dans toutes les parties de l'adminiftration : que ne doit-on pas attendre de ces connoiffances, répandues, perpétuées dans une Province, où les efprits naturellement pénétrants, fembloient n'attendre que ces objets pour exercer leur activité ? »

« Voilà, Meffieurs, d'excellents appuis pour vos Etats ; voilà de grands moyens de travailler à la félicité publique. Cependant il en eft encore un d'une toute autre importance ; la droite raifon l'enfeigne, la vraie politique lui rend hommage, & la fainteté de mon miniftere, qu'il ne m'eft pas permis d'oublier, m'autorife à le mettre fous vos yeux. »

« C'eft une chimere qu'un Etat heureux fans le regne des mœurs & des vertus ; la République de Platon eft moins fabuleufe que celle-là. Quelles font les caufes de la ruine qui menace ce Royaume, au milieu de fes reffources & de fon opulence ; de ces dettes prodigieufement entaffées, fous le poids defquelles le tréfor public eft prêt à fuccomber ? De cette diftance énorme entre les charges & les revenus de l'Etat ? En un mot, de tous ces maux dont la France entiere invoque à grands cris le remede, dans la convocation de fes Etats-Généraux ? Sans doute il y a eu des guerres à entreprendre ou à foutenir, & ce n'eft pas à nous d'interroger, à cet égard, les Maîtres de la terre, à qui Dieu a confié le glaive dont ils arment leurs fujets, & qui leur demandera compte de tout le fang que ce glaive aura répandu. Mais cette caufe n'auroit pas fuffi : la dépravation des mœurs publiques nous en offre de plus fréquentes & de plus malignes. Le luxe, après avoir infecté de fon venin les hautes régions du monde, defcend aux conditions inférieures, & ne dédaigne les plus baffes que pour les laiffer en proie à une indigence plus aviliffante & plus dure : dès-lors, plus de diftinction entre les dépenfes néceffaires & les dépenfes fuperflues ou pernicieufes : je me trompe ; il y en a une qui fait préférer celles-ci, comme flattant davantage les goûts déréglés & les criminelles paffions. Dans les dépenfes, même néceffaires, plus de cette réferve & de cette économie qui en écarte la vaine oftentation. Les Princes s'accoutument à eftimer, au delà de leur valeur, les grâces pécuniaires, parce qu'ils les voient ardemment follicitées par les perfonnes qui les entourent ; l'infatiable cupidité, d'une part, la complaifance & la facilité, de l'autre, concourent à la diffipation des finances. Si nous portons nos regards ailleurs, nous verrons des peres de famille, & ce qui eft plus ordinaire & n'eft pas moins blâmable, des hommes qui ne veulent pas l'être, remplir avidement des emprunts ouverts, & pour une augmentation de fortune perfonnelle, ou facrifier leurs enfants, ou fe vouer eux-mêmes à un célibat profane, ou à la futile oifiveté d'une vie privée. De cette source dérive l'abandon des professions laborieuses mais plus utiles ; la recherche de celles dont le luxe est l'aliment, comme plus lucratives & moins pénibles, l'agrandissement immodéré de certaines villes, la désertion & la misere des campagnes. Qu'un état où ces vices dominent, ait encore, si l'on veut, une surface brillante, les hommes n'y sont pas heureux : en vain prétend-t-on y faire fleurir l'agriculture & la population, ces deux pivots, sur lesquels roule la prospérité des Empires, les moyens d'y parvenir peuvent être bons dans leur espece ; mais des moyens physiques, préparés aux hommes pour les conduire au bonheur, échouent contre les obstacles moraux qui les en détournent.

Je sais que la censure des mœurs n'appartient pas à des assemblées comme la nôtre ; elles n'ont pas même la législation qui ne corrige que les dehors, & les corrige rarement : le frein unique, mais aussi le plus salutaire dans l'économie politique au ravage destructeur des passions humaines, c'est l'esprit de concorde & de désintéressement.

L'un & l'autre ont présidé à la composition de nos Etats ; la concorde y a été cimentée par le renoncement généreux à une supériorité de suffrages, à une exemption de contributions, lesquelles avoient excité autrefois des troubles intestins dans cette Province, & l'avoient long-temps privée de son administration. Les Trois-Ordres n'en sont qu'un pour le service du Roi & de la Patrie ; les villes, les bourgs & les campagnes n'ont plus d'intérêts opposés. Du centre aux extrémités de la Province, l'influence est égale & la représentation uniforme.

Le désintéressement ne pouvoit être mieux établi que par la modicité des honoraires & par la régénération continuelle. Une place d'administrateur ne sera pas une amorce pour la cupidité, qui craindra peut-être d'y perdre, qui n'espérera pas d'y gagner : elle n'allumera pas les desirs d'une ambition à qui l'on montre d'avance le terme infaillible & prochain de sa jouissance.

Il est à croire que des Etats composés dans ce double esprit, n'observeront pas seulement une exacte justice dans l'assiette & la répartition des impôts, dans la distribution des secours & des récompenses, ce qui est le premier & le plus facré de leurs devoirs, mais encore qu'ils ne favoriferont que les arts, les établiffements, les inventions utiles aux mœurs, perfuadés que l'induftrie n'eft qu'un amufement frivole, fi elle ne rend pas les hommes meilleurs, & devient un fléau, fi elle les pervertit ; qu'en s'occupant des travaux & des ouvrages publics, ils confulteront la néceffité plus que l'embelliffement, la folidité plus que la magnificence, l'intérêt général plus que des intérêts refferrés, la réputation méritée par des talents & des fervices, plus que la protection & l'intrigue; les facultés réelles du pays, plus que des projets féduifants & ruineux ; enfin, qu'ils accréditeront, qu'ils affermiront dans cette Province, par leurs opérations & par leurs exemples, je ne dis pas la rudeffe, la groffiéreté, les fuperftitions de nos ancêtres d'un temps reculé, mais la noble fimplicité de leurs mœurs, leur modeftie ennemie du fafte & du luxe, leur loyauté, leur attachement à la religion.

O vous ! (1) refpectables dépofitaires & interpretes auprès de nous des volontés du Roi, foyez témoins de l'engagement que nous contractons de fuivre ces précieufes maximes, portez-les au pied du Trône; le Souverain que Dieu nous a donné, ne peut recevoir de fes fujets d'hommage plus digne de lui.

M. le Comte de Narbonne-Fritzlar a dit que pour fe conformer aux intentions de S. M., il doit laiffer fur le bureau des copies des requêtes & mémoires préfentés au Roi & à fon Confeil, par M. le Comte de Berenger & par M. le Vicomte de Pons, pour réclamer le droit qu'ils foutiennent avoir d'être membres nés des Etats, en vertu de leurs Baronnies, & M. le Comte de Narbonne a ajouté qu'il invitoit les Etats à remettre aux Commiffaires du Roi la réponfe qu'ils jugeroient à propos de faire.

Enfuite MM. les Commiffaires du Roi fe font levés pour faluer l'Affemblée qui s'eft également levée; ils ont été accompagnés par MM. les Députés qui avoient été nommés pour les recevoir.

---

(1) MM. les Commiffaires du Roi.

M. l'Archevêque d'Embrun a dit :

Messieurs,

« Nous voilà donc enfin arrivés à ce terme heureux qui faifoit depuis fi long-temps l'objet de nos defirs ; c'eft à votre zele patriotique, à cette conduite courageufe & ferme, qui fait votre gloire & notre bonheur, que nous devons le précieux avantage de jouir de nos privileges, & d'écarter loin de nous l'empire de l'arbitraire, qui femble n'avoir été inventé que pour le malheur des peuples & la honte de l'humanité. »

» Une révolution fubite & imprévue avoit répandu parmi nous l'épouvante & l'effroi ; la France étonnée, jetoit de toutes parts des regards inquiets, dans la crainte des maux dont elle étoit menacée ; la juftice exilée ne rendoit plus d'oracles ; dans le fanctuaire des loix regnoit un filence abfolu, femblable au calme des tombeaux. »

» Dans le temps que des fecouffes rapides, des mouvements précipités avoient ébranlé ces bafes antiques, fur lefquelles repofent la fûreté du Citoyen & le pouvoir des Rois ; au milieu de ces flots impétueux, qui fembloient devoir engloutir le plus floriffant des Empires, des Citoyens vertueux ont donné le fignal de détreffe ; vos cris redoublés fe font fait entendre & l'orage s'eft diffipé. »

» Vos fideles Députés, ces hommes diftingués, que vous avez chargé de votre confiance, ont joint, à une fermeté à toute épreuve, le zele le plus éclairé ; ils ont foutenu vos droits fans crainte comme fans foibleffe, & il feroit difficile de prononcer, s'ils ont été plus honorés de votre fuffrage, qu'ils n'ont fait honneur à votre choix : moi-même, Meffieurs, (car il eft glorieux de s'affocier à une fi belle caufe) ; moi-même j'ai été affez heureux pour parler avec courage en faveur de la chofe publique, au milieu d'une affemblée augufte, qui prenoit part à nos malheurs, & je ne crains point d'affurer, avec cette noble confiance que le fentiment infpire, que lorfqu'il s'agira du bien de la patrie, je me ferai toujours un devoir d'imiter votre exemple.

» De fi nobles efforts de votre part, méritoient fans doute d'être couronnés du fuccès. Jouiffez de votre triomphe, généreux & chers compatriotes; votre nom eft illuftré dans toute la France. J'ai été témoin des tranfports de reconnoiffance que vous avez excités dans la Capitale; il fuffifoit d'être reconnu pour vos Concitoyens, pour recevoir ces tributs d'hommage qui font le garant de l'admiration & du refpect.

» Il fera donc écrit dans vos faftes, que par des remontrances fages, mais fortement prononcées, par des écrits pleins de nobleffe & d'énergie, vous avez éclairé la religion d'un Monarque à qui il fuffit de montrer le bien pour porter fon cœur à le pratiquer. Vous avez fait rendre à cette Province, des Magiftrats qui en font l'ornement & la gloire; cette compagnie illuftre oubliera fans doute la difgrace d'un moment, puifqu'elle lui a fourni une preuve auffi fenfible de notre reconnoiffance & de notre amour pour elle.

Vous connoiffez, Meffieurs, les obligations que vous impofe la loi impérieufe du devoir, c'eft à vous de mefurer les forces de vos Concitoyens, afin que, par des combinaifons juftes & profondément réfléchies, vous rendiez moins onéreux le poids énorme qui nous accable. Le mal eft grand, mais il n'eft pas impoffible d'y remédier; une économie fage, des vues d'adminiftration bien dirigées, allégeront le fardeau que le malheur des temps nous oblige de fupporter. Hé! que n'avons-nous pas à efpérer depuis que la fageffe du Monarque a placé à la tête de fes finances, cet homme fublime & vertueux, qui illuftreroit le nom François, s'il étoit né parmi nous; cet Adminiftrateur par excellence, que la nature a doué de ces grands talents qui font les grands hommes, & dont le génie ferme & bienfaifant, femble avoir été formé pour le bonheur & la tranquillité de cet Empire! Eclairés de fes lumieres, nous ne craindrons pas de nous égarer dans nos vues; une feule étincelle de ce feu créateur, dont il eft animé, fuffira pour exciter en nous l'amour du bien, préparer les plus grands fuccès. Nous avons à notre tête un Prélat refpecté, que la vertu elle-même pourroit choifir pour modele, & dont les lumieres & les talents ont reçu encore un nouveau luftre, puifqu'il a mérité vos fuffrages. Hâtons-nous donc, Meffieurs, de payer à la Patrie le tribut de nos foins les plus affidus; juftifions le zele que vous avez montré à foutenir fes droits en travaillant avec courage au foulagement d'un peuple que nous chériffons, & au bien de l'état qui nous eft cher à tant de titres. »

L'Affemblée a répondu par des applaudiffements.

M. le Comte de la Blache, tant en fon nom qu'en celui de MM. le Marquis de Viennois & le Comte de Virieu-Pupetiere, a dit :

Messieurs,

« Il nous tardoit d'avoir l'honneur d'affifter à cette Affemblée pour vous y porter cet hommage que nous vous devons comme François & comme citoyens, & qu'il eft fi doux d'adreffer à fes compatriotes.

» Combien de fois avons-nous entendu proclamer avec éloge la fageffe de vos Confeils, la fermeté de vos délibérations & la noble éloquence qui favoit en expofer les réfultats & en développer les principes ! Combien de fois l'honneur d'être les Députés de la Nobleffe, nous a-t-il rendu dépofitaires des fuffrages, des louanges, des acclamations qui vous étoient adreffés de toute part & que nous avons recueillis pour vous ! Combien de fois enfin, avons-nous formé & exprimé le vœu que des coopérateurs des Ordres du Clergé & du Tiers-Etat, vinffent partager cette jouiffance en même-temps que nos travaux !

» Quant à nous, Meffieurs, heureux d'avoir pu joindre nos efforts aux vôtres ; fiers de ces fentiments patriotiques que vous avez déployés avec tant d'énergie, nous honorant tout-à-la-fois, & de vous appartenir comme compatriotes, & des intérêts fi chers que vous avez daigné nous confier, nous venons dépofer au milieu de vous nos cœurs, nos fentiments & notre refpectueufe reconnoiffance. »

L'Affemblée a répondu par des applaudiffements réitérés.

Les Etats ont chargé M. le Préfident d'inviter M. de la Bove à remettre inceffamment les mémoires & renfeignements qu'il a bien voulu promettre.

M. le Préfident a renvoyé la féance à demain, fur les dix heures du matin, & il a figné :

† J. G. *Archev. de Vienne, Préfident.*
MOUNIER, *Secretaire.*

Du Mardi, deux Décembre mil fept cent quatre-vingt-huit, à dix heures du matin.

LE Secretaire a dit qu'il a reçu tous les pouvoirs des Députés, à l'exception des procès-verbaux des Affemblées de diftricts de Vienne & de Romans ; il a fait lecture des nominations contenues dans les procès-verbaux ou délibérations des Chapitres, Curés, Bénéficiers fimples, & maifons religieufes & dans ceux des Affemblées de diftricts de la Nobleffe & du Tiers-Etat, ainfi que des Affemblées des villes.

Suivent les noms des Membres des Etats, d'après les délibérations & procès-verbaux de leurs nominations, fans obfervation de rang, d'âge ni de préféance.

CLERGÉ

Monseigneur l'Archevêque de Vienne, *Préſident*.

Monseigneur l'Archevêque d'Embrun.
Monseigneur l'Evêque de Die.

Commandeurs de Malthe.

M. le Commandeur de Rozan.
M. le Commandeur de Rigaud.

M. le Commandeur de Monſpey.

Députés des Egliſes Cathédrales.

MM. De Saint-Albin, *Doyen de l'Egliſe de Vienne.*
De la Salcette, *Chanoine de l'Egliſe d'Embrun.*
Barthellemy, *Chanoine de l'Egliſe de Grenoble.*
De Lancelin de la Rolliere *Chanoine-Archidiacre de l'Egliſe de Valence.*

MM. Colaud de la Salcette, *Chanoine de l'Egliſe de Die.*
De Saint-Genis, *Chanoine de l'Egliſe de Gap.*
De Seillant, *Prévôt de l'Egliſe de Saint Paul-Trois-Châteaux.*

Députés des Egliſes Collégiales.

MM. L'Abbé de Dolomieu, *Chanoine & Comte de l'Egliſe de Saint Pierre-Saint-Chef de Vienne.*
De Legaliere, *Chanoine de Saint André de Grenoble.*

MM. Suel, *Chanoine de l'Egliſe de Saint Barnard de Romans.*
Marcelin, *Chanoine de l'Egliſe de Creſt.*
De Courgeux, *Chanoine de l'Egliſe de Montelimar.*

Députés des Curés.

M. Fuzier, *Curé de Chirens, diocefe de Vienne.*

M. Allard, *Curé de la paroiffe Sainte Cecile de la ville d'Embrun.*

Députés des Abbés-Commandataires, Prieurs & Bénéficiers fimples.

M. .... *du diocefe de Vienne.*

M. L'Abbé de Leyffin, *Abbé commandataire de l'Abbaye de Bofcodon, pour le diocefe d'Embrun.*

Députés des Communautés Religieufes d'Hommes.

Dom Renard, *Chartreux de la Silve-Bénite.*

Députés des Communautés Religieufes de Filles.

Dom Harmand, *Chartreux, Coadjuteur des Religieufes Chartreufes de la maifon de Salette, diocefe de Lyon.*

NOBLESSE

Election de Grenoble.

MM. Le Marquis de Langon, *Maréchal des Camps & Armées du Roi.*
Le Marquis de Baronat.
De Sibeud de Saint-Ferreol.
Le Baron de Chaleon, *Confeiller au Parl. de Grenoble.*

MM. Le Vicomte de Bardonenche.
Le Comte de Morges.
Le Comte de Revol.
Le Baron de Venterol.
Le Marquis de Viennois.
Le Marquis de Chalvet.
Le Comte Antoine d'Agoult.

Election de Vienne.

MM. Le Vicomte de Leyffin.
Le Chevalier du Bouchage.
Le Baron de Vaulx, *Préfident à Mortier au Parlement de Grenoble.*
Le Comte de Méfrey, *Confeiller au Parl. de Grenoble.*
Le Marquis de Buffevent.
Le Comte de Mercy, *Meftre de Camp de Cavalerie.*

MM. Le Comte de Virieu-Pupetiere, *Meftre de Camp du Régiment de Limoufin, Infanterie.*
Le Marquis de Rachais.
Le Comte de Vallier.
Le Marquis de Rigaud, fils.
Le Chevalier de Rachais.
Le Marquis de Bienaffis.

Election de Romans.

MM. Le Marquis de Marcieu, *Lieutenant-Général des Armées du Roi, & Gouverneur de la Ville de Grenoble.*
Le Comte de la Blache, *Maréchal des Camps & Armées du Roi.*

MM. Le Marquis de Beauffemblant.
Le Chevalier de Murinais.
Le Marquis de Pifançon.
De Delley-d'Agier.
Duvivier.

Election de Valence.

MM. Le Marquis de Saint-Vallier.
Le Marquis de Veynes.
Le Marquis de Vefc de Beconne.

MM. De Breffac, *Préfident à Mortier au Parlement de Grenoble.*
De Marquet.

Election de Gap.

MM. Le Comte de Flotte, *Chef de divifion des Armées Navales.*
Le Marquis de Savines, *Maréchal des Camps & Armées du Roi.*

MM. Le Marquis d'Abon.
Le Marquis de la Villette.
De Taxis du Poët.
Le Marquis d'Hugues.

Election de Montelimar.

MM. Le Marquis Dupui-Montbrun, *Brigadier des Armées du Roi, & Grand'Croix honoraire de l'Ordre de Malthe.*
Le Comte de Marſane, *fils.*
Le Comte de la Coſte.
Le Marquis de Grammont, *Duc de* Caderouſſe.

MM. Le Marquis de la Tour-du-Pin-Montauban, *Maréchal des Camps & Armées du Roi, & Gouverneur de la Ville de Montelimar.*
Le Marquis de Blacons, *fils.*
Le Baron de Montrond.

TIERS-ÉTAT

Election de Grenoble.

VILLE DE GRENOBLE

MM. Revol, *ſecond Conſul-Echevin.*
Michal, *Bourgeois.*

M. Mounier, *Négociant.*

Députés du Diſtrict.

M. Piſon-du-Galland, *Juge-Epiſc. de Grenoble.*
Allard-du-Plantier, *Bourgeois.*
Dumolard.
Royer, *aîné.*
Guillot, *Notaire à la Mure.*
Imbert-des-Granges.
Bravet.

MM. Revol, *Avocat.*
Aman.
Bernard, *Lieutenant en la Judicature de Grenoble.*
Farconet, *Avocat.*
Vial, *de Veſſilieu.*
Vigne-la-Chaud.
Jullien, *de Tencin.*

Election de Vienne.

VILLE DE VIENNE

M. Chabroud, *fils, Avocat.*

M. Bernard, *Avocat.*

Députés du District.

MM. Ronin, *Avocat du Roi à Vienne.*
De Roziere-de-Champagnieu, *Avocat.*
Carlet, *Bourgeois à la Coste-Saint-André.*
Giraud, *Notaire à Moretel.*
Pascal-la-Rochette, *Avocat, habitant à Saint Geoire.*
De Nantes, *Avocat à Vienne.*
Picot-la-Baume, *Avocat à Torchefelon.*
Sornin, *Bourgeois à Vienne.*

MM. Lombard, *Avocat, résidant à Saint Simphorien d'Ozon.*
Reynaud, *Bourgeois à Crémieu.*
Apprin, *Notaire au Passage.*
Chevalier de Maison-Blanche, *résidant aux Avenieres.*
Proby, *Notaire à Bevenais.*
Salomon, *Bourgeois à Bossieux.*
d'Anthon, *Avocat à Vienne.*
Peroncet-de-Beauvini, *résidant à Vignieu.*

Election de Romans.

VILLE DE ROMANS

M. De Lacour-d'Ambesieux, *Avocat.* | M. Mortillet, *Echevin.*

VILLE DE SAINT MARCELLIN

M. Vallier-Colombier, *Maître particulier des eaux & forêts, au département de Saint Marcellin.*

Députés du District.

MM. Champel, *Avocat.*
Glandut, *de Saint-Antoine.*
Figuet, *Négociant.*
Pouchon, *de Colonge.*

MM. Vallet-Contamine.
Reynaud-Florentin.
Reymond, *fils.*

Election de Valence.

VILLE DE VALENCE

M. De Landes.   M. Berenger, *Procureur du Roi en l'Election.*

Députés du Diſtrict.

MM. Didier, *Avocat.*   MM. Chalamel, *Bourgeois à Tain.*
Blancard, *Bourg. à l'Oriol.*   Roux, *Procureur à Romans.*
Ezeingeard, *Notaire.*

Election de Gap.

VILLE DE GAP

M. Marchon, *Maire.*

VILLE D'EMBRUN

M. Ardoin, *Avocat.*

VILLE DE BRIANÇON

M. Grand de Champrouet, *Conſeiller & Aſſeſſeur au Bailliage.*

Députés du Diſtrict.

MM. Gautier, *Notaire à la Saulce.*   MM. Collomb, *Avocat à Remollon.*
Allemand-Dulauron.   Durafour, *Châtelain à Saint Crépin.*
Nicolas, *Notaire à Serres.*
Carles, *Notaire à Veynes.*

Election de Montelimar.

VILLE DE MONTELIMAR

M. Cheinet, *Maire.*

VILLE DE DIE
M. de la Morte, *Maire.*

VILLE DE CREST
M. Richard, *Maire.*

VILLE DU BUIS
M. de Bertrand, *Comte de Montfort, Lieutenant-Général au Bailliage des Baronnies.*

Députés du Diſtrict.

MM. Falquet-Travail, *Propriétaire à Saou.*	MM. Barnave, *fils, Avocat.*
Morin, *pere, Négociant à Dieulefit.*	Lagier-de-Vaugelas, *Avocat.*
	Bignan, *Négociant à Suſe.*
Chaniac, *pere, Avocat.*	Farre, *Propr. à Mollans.*

IL a été reconnu que parmi les perſonnes ci-deſſus nommées, pluſieurs ſont abſentes pour cauſe de maladie ou pour des affaires preſſantes ; ſavoir : dans le Clergé, MM. *de Saint-Albin, Fuzier, de Leyſſin, Dom Armand & Dom Renard ;* & dans le Tiers-Etat, MM. *Carlet, Allard-du-Plantier, Champel, Reynaud, Picot-Labaume, Perroncel, Ronin, Reynaud-Florentin, Nicolas, Carle, Vallet-Contamine, Sornin, Chevalier de Maiſon-Blanche, Giraud, Colonge, Paſcal-la-Rochette, Apprin, Proby, Berenger & Vial-Veſſilieu.*

IL a enſuite été fait lecture d'une requête préſentée aux Etats par M. Chaix de Chamlon, Prieur de la Coſte-Saint-André, par laquelle il ſoutient que la nomination de M. Bernard, élu dans l'Aſſemblée des Bénéficiers ſimples du dioceſe de Vienne, eſt abſolument nulle, comme étant contraire au réglement, & qu'il doit lui être préféré, quoiqu'il ait eu un moins grand nombre de suffrages.

M. Bernard a demandé qu'il lui fût permis de lire un mémoire pour sa défense, il l'a enfuite dépofé entre les mains du Secretaire.

M. le Préfident a dit qu'il étoit néceffaire de nommer une commiffion pour examiner la difficulté qui s'étoit élevée entre MM. de Chamlon & Bernard, & pour vérifier tous les pouvoirs des Députés, & en faire leur rapport à l'Affemblée, *Mgr. l'Archevêque d'Embrun, MM. l'Abbé Barthellemy, le Baron de Vaulx, le Baron de Chaleon, le Comte de la Blache, le Marquis de Savines, de Bertrand, Comte de Montfort, d'Ambefieu, Pifon-du-Galland, Didier, Chabroud & Marchon*, ont été nommés Commiffaires pour cette vérification.

M. le Préfident a indiqué la féance prochaine à demain, fur les dix heures du matin, & il a figné :

☩ J. G. *Archev. de Vienne, Préfident.*

MOUNIER, *Secretaire.*

Du trois Décembre mil fept cent quatre-vingt-huit, à dix heures du matin.

M. *Fuzier*, Député des Curés du diocefe de Vienne ; *Dom Renard*, Député des Communautés Religieufes d'Hommes ; *Dom Harmand*, Député des Communautés Religieufes de filles ; MM. *Sornin, Pafcal-la-Rochette, Ronin, Carlet, Reynaud*, Députés du Tiers-Etat de l'Election de Vienne ; MM. *Champel, Vallet-Contamine, Reynaud-Florentin*, de celle de Romans ; MM. *Nicolas & Carle*, de celle de Gap, ont pris féance aux Etats.

M. l'Archevêque d'Embrun a dit que la Commiffion a examiné tous les procès-verbaux & délibérations contenant les pouvoirs des Membres des Etats, les procès-verbaux des Affemblées de diftrict de Vienne & de Romans ayant été adreffés au Secrétaire, depuis la dernière Séance, & par lui remis fous les yeux de la Commiffion, & qu'il paroit qu'on a fuivi, pour les formes extérieures, les difpofitions du règlement.

M. le Préfident a renvoyé la Séance à quatre heures du foir, & il a figné :

✝ J. G. *Archev. de Vienne, Préfident.*

Mounier, *Secrétaire.*

Du même jour, à quatre heures du foir.

M. le Préfident a dit que M. Vial-Veffilieu, Député du diftrict de l'Election de Grenoble, lui a écrit pour lui annoncer que fon âge & fes infirmités ne lui permettoient point de fe tranfporter à Romans pour y remplir les fonctions de Membre des Etats, & qu'il prioit l'Affemblée d'agréer qu'il fût remplacé par celui qui avoit eu le plus de fuffrages après les perfonnes élues dans le diftrict.

Il a été arrêté que pour remplacer M. Vial-Veffillieu, M. le Préfident écrira à M. Allemand des Chemins, notaire Royal au Moneftier de Clermont, pour l'inviter à fe rendre à Romans, attendu que le Procès-Verbal de l'Affemblée tenue à Vizille, l'indique, comme ayant eu le plus de fuffrages après les Députés.

Ayant été propofé d'examiner comment on décideroit les queftions d'incomptabilité des perfonnes députées aux Etats, M. l'Evêque de Die, au nom de l'Ordre du Clergé, a demandé le renvoi de la délibération fur ce fujet, à demain, en exécution de l'art. 56 du règlement arrêté par S. M. en fon Confeil.

M. le Préfident a renvoyé la Séance à demain, fur les dix heures du matin, & il a figné :

† J. G. *Archev. de Vienne, Préfident.*

Mounier, *Secretaire.*

Du quatre Décembre mil fept cent quatre-vingt-huit, à dix heures du matin.

MM. *Colonge,* Député de l'Election de Romans ; *Apprin* & *Proby,* Députés de l'Election de Vienne, ont pris Séance.

M. le Préfident a dit qu'il a reçu une lettre de M. Allemand-Dulauron, dont il doit être fait lecture.

Cette lettre a été lue par le Secretaire ; elle eft de la teneur fuivante :

Monseigneur,

« Ayant été honoré de la confiance de madame la Marquife de Talaru
» & de madame la Comteffe de Bruc, dont j'ai fubftitué la procuration en
» vertu des pouvoirs qu'elles m'en avoient donné, je n'ai pu voir, fans
» furprife, quelques perfonnes de mon ordre confondant les fonctions d'un
» procureur-fondé avec celles d'un agent, élever des doutes fur la validité
» de ma nomination de Député aux Etats.
» Je crois pouvoir dire, Monfeigneur, parce que perfonne ne l'ignore
» dans cette Province, que ma conduite, dans les circonftances les plus

» critiques, a mérité l'eftime & l'approbation de mes concitoyens ; ils ont
» bien voulu m'en donner, en différentes occafions, les témoignages les
» plus flatteurs ; je dois donc être convaincu qu'aucun d'eux n'a eu
» l'intention de me nuire, & que l'attachement aux regles a pu feul faire
» naître des doutes fur le droit que je crois avoir d'être membre des Etats.

« La Communauté de S^t. André en Rofans, lieu de ma naiffance,
» m'ayant député à l'Affemblée de diftrict de l'Election de Gap, & ne me
» confidérant point comme ayant des qualités incompatibles, j'ai dû me
» préfenter à cette affemblée pour y donner mon fuffrage ; les Membres
» qui la compofoient ont bien voulu m'honorer de leur confiance & m'ont
» même nommé leur Préfident ; c'eft pour répondre à cette confiance, que
» je me fuis rendu aux Etats, malgré ma mauvaife fanté & des affaires qui
» m'en auroient éloigné, fi je n'avois confulté que mes intérêts ; mais
» quoique bien perfuadé que ma nomination eft réguliere, il fuffiroit,
» Monfeigneur, qu'une feule perfonne de l'augufte Affemblée que vous
» préfidez, eût conçu le moindre foupçon fur ce fujet, pour que ma
» délicateffe m'eût fait une loi de renoncer au droit de voter dans les
» Etats.

« La réfolution que je viens de prendre, Monfeigneur, eft ferme
» & fincere. Je déclare abdiquer ma place de membre des Etats, que mes
» principes ne me permettent pas d'occuper, & je m'eftime honoré de
» pouvoir faire à ma patrie ce nouveau facrifice. J'ofe efpérer, Monfeigneur,
» que vous aurez la bonté de faire lire ma lettre à l'Affemblée des Etats. »

Je fuis, avec le plus profond refpect, Monfeigneur, Votre très-humble
& très-obéiffant ferviteur. *Signé*, ALLEMAND-DULAURON, *Procureur du Roi à
la Police de Grenoble.*

Romans, le 4 Décembre 1788.

LES Etats ayant repris la Délibération renvoyée à ce jour, il a été arrêté
que les queftions relatives aux qualités incompatibles des perfonnes

députées aux Etats, feront renvoyées à l'examen de l'ordre dont ces perfonnes feront Membres, fauf à être décidées par les Etats, en cas de recours.

M. le Préfident a renvoyé la Séance à demain, fur les dix heures du matin, & il a figné :

† J. G. *Archev. de Vienne, Préfident.*

Mounier, *Secretaire.*

Du cinq Décembre mil fept cent quatre-vingt-huit, à dix heures du matin.

M. *l'Abbé de Leyffin*, Député des Bénéficiers fimples du Diocèfe d'Embrun ; MM. *Chevalier de Maifon-Blanche, Giraud, Picot-la-Baume & Perroncet*, Députés de l'Election de Vienne, ont pris féance aux Etats.

M. l'Abbé de Leyffin a dit, que « perfuadé du droit qu'il a de fiéger
» & voter immédiatement après Noffeigneurs les Archevêques & Evêques,
» & avant MM. les Baillis & Commandeurs de l'Ordre de Malthe, & avant
» MM. les Doyens des Eglifes Cathédrales & Collégiales de cette
» Province, par la raifon que dans l'Ordre Hiérarchique, les Abbés-
» Commandataires font, & ont toujours été regardés comme *prelati minores*,
» avec Jurifdiction *quafi epifcopale* dans les Cloîtres des maifons dont ils font
» les Chefs ; cependant pour ne point faire perdre un temps précieux, qui
» eft accordé à cette augufte Affemblée pour s'occuper du bien général, il
» confent de s'en rapporter, pour le moment préfent, à la décifion de

» Monseigneur l'Archevêque de Vienne, en sa qualité de Préfident des
» Etats, jufqu'à ce que la queftion foit décidée par ceux qui ont le droit de
» le faire ; il prie Monfeigneur le Préfident & MM. des Etats d'ordonner
» que la préfente proteftation fera inférée dans le Procès-Verbal de
» l'Affemblée ».

M. le Commandeur de Rozan, au nom de MM. de Malthe ; M. Barthellemy, au nom des députés des Cathédrales ; M. l'Abbé de Dolomieu, au nom des Collégiales, & M. Fuzier, au nom des Curés, ont fait des proteftations contraires.

M. le Préfident a dit que « MM. du Clergé ont examiné la difficulté qui s'eft élevée entre M. Bernard & M. de Chamlon ; qu'ils ont penfé que l'élection de M. Bernard devoit être déclarée nulle, attendu que fur vingt-trois perfonnes qui compofoient l'Affemblée des Bénéficiers fimples du Diocefe de Vienne, il y avoit quatorze Collégiés de l'Eglife de Saint Maurice & quatre Curés ; que les Collégiés font membres de l'Eglife de Saint-Maurice, qu'ainfi leur droit d'élire a été confommé par la députation de M. l'Abbé de Saint-Albin, élu par le Chapitre ».

« Que M. Bernard étant lui-même un de ces Collégiés & Chevalier de l'Eglife de Saint-Maurice, n'a pu être élu parmi les Bénéficiers fimples ; que les Collégiés qui font partie du corps de cette Eglife, foutiennent qu'ils ont le droit de concourir à toutes les députations, & que même M. Bernard, en qualité de leur prévôt, par acte du 20 novembre dernier, interpella le Chapitre de les admettre dans l'affemblée qui devoit être convoquée, pour députer aux Etats ; que le Règlement ne permet pas qu'on puiffe être électeur & éligible en deux lieux à la fois ; que par la même raifon, les Curés n'auroient pas dû voter dans l'Affemblée des Bénéficiers fimples ; que cependant M. de Chamlon ne peut avoir le droit de remplacer M. Bernard, attendu que les perfonnes qui n'avoient pas le droit de voter, formoient le plus grand nombre. »

Les Etats ont arrêté que M. le Président fera convoquer une nouvelle Assemblée de Bénéficiers simples du Diocese de Vienne, pour élire un autre Député.

M. Bertrand, Comte de Montfort, a dit, au nom du Tiers-Etat, « qu'instruit de la démission de M. Allemand-Dulauron, par la lecture de la
» Lettre qui fut adressée hier à M. le Président, ils ont prié MM. Bertrand
» de Montfort & d'Ambesieux, de lui témoigner, au nom de leur Ordre,
» combien il regrettoit que M. Dulauron, donnant à sa démission des motifs
» de délicatesse, la liberté & le vœu de son Ordre se trouvassent gênés
» pour le réclamer, & que l'Assemblée fût privée de l'assistance & des
» lumieres d'un citoyen aussi distingué par son patriotisme, & fait pour
» réunir, non-seulement les suffrages de son Election, mais ceux de son
» Ordre. »

M. de Montfort a ajouté que « M. d'Ambesieux & lui avoient rempli
» leur mission envers M. Dulauron, & que leur Ordre espéroit que les Etats
» consentiroient qu'il fût fait mention, dans le Procès-Verbal de
» l'Assemblée, du rapport qui vient de leur être présenté. »

Les Etats ont arrêté qu'il sera fait mention, dans le Procès-Verbal, du rapport fait par M. Bertrand de Montfort. Au surplus, ils ont déclaré qu'ils ne peuvent donner trop d'éloges au Patriotisme, au zele, aux lumieres & à la fermeté dont M. Allemand-Dulauron a donné des preuves éclatantes dans les circonstances les plus critiques, & qui lui ont mérité l'estime & l'approbation de ses concitoyens.

Le Secrétaire a fait lecture de divers Mémoires qui lui ont été adressés relativement à de prétendues irrégularités dans le pouvoir de plusieurs des Membres des Etats.

Ce qui a fait naître la question de savoir si M. Roux, ayant voté comme Electeur, en la seule qualité d'Officier-Municipal dans l'Assemblée de la

Ville de Romans, où il n'eſt pas propriétaire, a pu être enſuite valablement nommé par la Communauté de Charpey, pour ſe rendre à l'Aſſemblée de diſtrict, à Chabeuil, où il a été député aux Etats.

Les Etats rendant juſtice aux qualités perſonnelles & à la bonne foi de M. Roux qui, d'après l'atteſtation des Officiers-Municipaux, refuſoit de voter dans l'Aſſemblée de la Ville de Romans, & qui y fut engagé par les Membres de l'Hôtel-de-Ville, perſuadés qu'ils étoient, en cette qualité, obligés de donner leurs ſuffrages ; mais conſidérant que la conſtitution des Etats s'oppoſe expreſſément à ce qu'on puiſſe être électeur, & éligible en deux lieux à la fois, il a été déclaré que M. Roux ayant été électeur à Romans, n'a pu être Député par la Communauté de Charpey, pour élire à Chabeuil, & conſéquemment que ſa nomination eſt nulle.

Sur la lecture des autres Mémoires, les Etats ont déclaré qu'ils ne préſentent aucun moyen digne de leur attention.

M. le Préſident a dit que « MM. Abel & Chaix avoient eu un nombre » égal de ſuffrages après les perſonnes élues dans l'Aſſemblée de Chorge, » & qu'il faut décider lequel des deux ſera préféré pour remplacer » M. Dulauron. » Il a été arrêté que le plus âgé des deux ſera admis en remplacement.

Il a également arrêté qu'on ne recevra aucune Requête ou Mémoire contre les nominations des Membres, paſſé le 6 de ce mois.

M. le Préſident a renvoyé la Séance à quatre heures du ſoir, & il a ſigné :

† J. G. *Archev. de Vienne, Préſident.*

Mounier, *Secretaire.*

Du même Jour, à quatre heures du foir.

M. l'Archevêque de Vienne a dit « qu'ayant écrit à M. Necker, Miniftre des Finances, pour l'engager à folliciter, pour la Province, auprès de S. M., la permiffion de nommer les Députés aux Etats-Généraux, dans la forme portée par l'Art. 50 du projet du Réglement préfenté au Roi par l'Affemblée Générale des Trois-Ordres, il a reçu de ce Miniftre une Lettre dont il doit être fait lecture. »

Le Secretaire a lu la Lettre de M. Necker, dont la teneur fuit :

« Je rendrai compte au Roi, demain, Monfeigneur, de votre demande,
» elle me femble raifonnable. Vous ne me dites point quel nombre de
» Députés, aux Etats-Généraux, la Province de Dauphiné defireroit
» d'envoyer ; mandez-le moi, je vous prie, par le retour du courrier, fi
» vous le favez. » J'ai l'honneur d'être, avec le plus parfait attachement.
» *Signé*, Necker.

Ce 29 Novembre 1788.

Un Officier du Régiment de Royal-la-Marine eft entré dans la Salle des Etats, & a remis à M. le Préfident une Lettre en date du 1er Décembre, adreffée par M. Necker à MM. les Commiffaires du Roi, de laquelle il a été fait lecture, & dont la teneur fuit :

« J'ai pris, Meffieurs, les Ordres du Roi, fur le defir que vous a marqué
» l'Affemblée de Dauphiné, qu'il plût à S. M. autorifer, pendant la tenue
» des Etats de la Province, la convocation & l'élection des cent-quarante-
» quatre Repréfentants qui doivent leur être joints, pour élire les perfonnes
» qui feront députées par la Province aux Etats-Généraux du Royaume. J'ai

» mis fous les yeux de S. M. l'art. 50 du Projet du Règlement préfenté par
» la première Affemblée de Romans, & l'obfervation à laquelle cet Article
» a donné lieu. Quoique l'Affemblée des Notables n'ait pas encore terminé
» fes Délibérations, ni préfenté fon Vœu, S. M. prenant en confidération
» l'inconvénient d'affembler de nouveau les Etats de Dauphiné, ou de
» prolonger leurs féances, fi l'on ne s'occupoit dès-à-préfent de la convo-
» cation & du choix des Membres qui doivent leur être adjoints dans les
» Trois-Ordres, veut bien permettre que, conformément à l'art. 50 du
» Projet, il foit pourvu dans la forme qui s'y trouve prefcrite, à la nomi-
» nation de 144 Membres qui doivent s'unir aux Etats, de maniere qu'ils
» puiffent y être rendus pour le 26 ou le 27 du préfent mois. J'ai tout lieu
» d'efpérer qu'en conféquence de la Délibération des Notables, la forme
» des convocations, pour tout le Royaume, fera arrêtée au Confeil du Roi,
» de maniere qu'on puiffe vous faire parvenir, pour le 26, celles qui
» concerneront les Etats de Dauphiné. J'ai l'honneur d'être, &c. *Signé :*
» NECKER. »

A Verfailles, le 1ᵉʳ Décembre 1788.

M. le Préfident a dit « qu'il feroit convenable de nommer des Commiffaires pour former des Bureaux qui prendroient des inftructions fur les diverfes matieres, & prépareroient les Objets fur lefquels les Etats auront à délibérer, & pour examiner quel nombre de Députés le Dauphiné doit avoir aux Etats-Généraux. »

Ont été nommés : MM. *l'Archevêque d'Embrun, l'Abbé de Dolomieu, de Blacons, de Virieu, de Langon, de Chaleon, Pifon-du-Galland, d'Ambefieux, Revol, Didier, Barnave & Champel.*

M. le Préfident a indiqué la Séance prochaine à demain, à quatre heures du foir, & il a figné :

† J. G. *Archev. de Vienne, Préfident.*

MOUNIER, *Secretaire.*

Du sixieme Décembre mil sept cent quatre-vingt-huit, à quatre heures du soir.

M. l'Archevêque d'Embrun a fait le rapport du travail de MM. les Commissaires.

Sur ce rapport, les Etats ont formé trois Bureaux ; le premier, pour les Impositions ; le second, pour les Chemins & Ouvrages publics, & le troisieme, pour le bien public ; sauf à ces trois Bureaux à se subdiviser s'ils le jugent nécessaire, & aux Etats, à former des Commissions prises dans les différents Bureaux, quand les circonstances l'exigeront.

Le premier Bureau examinera, la Taille, la Capitation, les Vingtiemes & autres impositions ordinaires & extraordinaires ; il prendra connoissance des Loix qui peuvent servir de titre à ces différentes impositions ; du progrès qu'elles ont reçu ; de la manière dont elles sont réparties ; des frais de recouvrement ; du produit net qui est versé dans le trésor Royal, en s'occupant spécialement des améliorations & économies dont ces objets pourroient être susceptibles.

Il prendra connoissance des sommes qui doivent être distraites du montant des Impositions, soit dans le premier, soit dans le second Brevet de la Taille, pour être versées dans la caisse particulière de la Province ; des remises ordinaires ou extraordinaires que S. M. accorde à titres de *dégrèvement, soulagement, atteliers de Charité* ou autrement, & des excédents des précédentes impositions ou remises.

Le même Bureau prendra connoissance des objets compris dans les Fermes & Droits domaniaux de S. M., & généralement de tous les objets relatifs aux impositions directes ou indirectes qui ont lieu dans la Province.

Le second Bureau prendra connoissance des Routes faites ou à faire ; des dépenses que peut exiger leur entretien ou leur construction ; des moyens les plus avantageux de les faire exécuter, d'en accélérer les réparations, & d'en répartir la dépense.

Il s'occupera en même-temps des moyens d'améliorer les Chemins particuliers des Communautés.

Il prendra connoiffance des Ponts & autres ouvrages d'Arts, relatifs aux routes ; de la fituation des ouvrages commencés ; de ceux à faire, fuivant qu'ils paraîtront plus ou moins preffés, des fonds engagés à ce fujet, & de ceux qui peuvent être libres.

Il prendra une connoiffance particuliere de la fituation des lieux, Canaux, Torrents & Rivieres ; des fonds libres ou engagés à ce fujet, & de ce qui concerne les atteliers de Charité, & généralement de tout ce qui peut être relatif aux ouvrages publics.

Le troifieme Bureau prendra connoiffance des objets & établiffements relatifs à l'Agriculture, au Commerce & aux Arts ; des fommes employées en encouragement ; des Manufactures dont l'établiffement doit être accéléré & favorifé.

Il s'occupera fpécialement des moyens de fecourir les Indigents ; des Dépôts de mendicité, & de l'amélioration des Eaux, Forêts & *Communaux*. Il s'occupera de l'exécution des difpofitions réfervées aux Etats par l'Affemblée des Trois-Ordres, concernant la divifion de la Province en diftricts ; de la dépenfe & de la comptabilité des Etats ; du traitement de leurs Officiers ; de l'amélioration des adminiftrations municipales ; des réglements qui pourroient encore être néceffaires.

De ce qui peut intéreffer la légiflation de la Province, particulièrement des prétentions de l'évêché de Grenoble & des Barons du Dauphiné, concernant les Etats ; de la réclamation du bourg de la Guillotiere ; du Procès-Verbal, & généralement de tout ce qui peut intéreffer le bien public.

Pour former le bureau des impofitions, ont été nommés : *Mgr. l'Evêque de*

Die, MM. le Commandeur de Rozan, de Saint-Albin, de la Salcette, Barthellemy, de Dolomieu, de Légaliere, Dom Renard, de Langon, de Saint-Ferreol, de Chaleon, de Leyssin, de Buffevent, de Rachais, de Meffrey, de Marcieu, de Pisançon, de Vesc, de Bressac, de Blacons, d'Hugues, de Flotte, de Lacoste, Dupui-Montbrun, Revol, Chabroud, d'Ambesieu, Berenger, Marchon, Lamorte, Allemand-des-Chemins, de Nante, Glandut, Lambert, Gautier, Richard, Jullien, Chevalier de Maison-Blanche, Mortillet, Ezeingeard, Carle, Michal, Guillot, Carlet, Bernard, Giraud, Perroncet & Champel.

Pour le second bureau, ont été nommés : Mgr. l'Archevêque d'Embrun, MM. le Commandeur de Rigaud, de la Rolliere, Colaud de la Salcette, de Saint Genis, Suel, Marcelin, de Courgeux, le Vicomte de Bardonenche, de Viennois, de Morges, de Revol, de Vaulx, du Bouchage, de Vallier, de Rigaud, de Murinais, de Baussemblant, de la Blache, de Veynes, de la Tour-du-Pin, de Grammont, de Taxis du Poët, de la Villette, Bignan, Bernard, de Vienne, Reymond, de Landes, Champrouet, de Montfort, Royer, Sornin, Reynaud-Florentin, Colomb, Barnave, Bravet, Reynaud, Vallet-Contamine, Durafour, de Vaugelas, Amand, Lombard, Farre, Vigne-la-Chaud, Salomon, Dumollard, Pascal-la-Rochette & Charamel.

Pour le troisieme Bureau, ont été nommés : MM. le Commandeur de Monspey, de Seillant, Allard, Fuzier, de Leyssin, le Député des Bénéficiers simples de Vienne, & Dom Harmand, de Chalvet, de Baronnat, d'Agoult, de Venterol, le Chevalier de Rachais, de Mercy, de Virieu, de Bienassis, de Delley-d'Agier, du Vivier, de Marquet, de Saint-Vallier, de Savines, d'Abon, de Marsane, de Montrond, Pison-du-Galland, Mounier, Ronin, Vallier-Colombier, Blancard, Ardoin, Cheynet, Allard-du-Plantier, d'Anthon, Colonge, Nicolas, Chaniac, Imbert-Desgranges, Proby, Figuet, Abbel, Morin, Revol, Avocat, Apprin, Falquet-Travail, Farconet, Picot-la-Baume & Didier.

M. le Président a dit que « M. l'Intendant lui a remis les Mémoires qu'il avoit annoncés, & qu'ils feront portés aux différents Bureaux ; il a invité les Membres des Etats à assister à une Messe du Saint-Esprit, qui sera célébrée Dimanche, fur les dix heures du matin, dans l'Eglife des Cordeliers. »

M. le Préfident a dit de plus que « les Etats doivent l'autorifer à convoquer les Affemblées des Eccléfiaftiques & des Nobles des différentes Elections, ainfi que des Villes & Communautés, afin de faire nommer un nombre de Députés égal à celui des Etats, pour élire enfuite conjointement les Repréfentants de la Province aux Etats-Généraux : cette propofition a été acceptée par les Etats. »

M. le Préfident a renvoyé la Séance générale des Etats à Mardi, fur les dix heures du matin, & il a figné :

† *J. G. Archev. de Vienne, Préfident.*

Mounier, *Secretaire.*

Du Dimanche, fept Décembre mil fept cent quatre-vingt-huit, à dix heures du matin.

LES Etats ont affifté à la Meffe du Saint-Efprit, célébrée par M. l'Abbé de la Salcette, Vicaire-Général du Diocefe d'Embrun.

Signé, † J. G. *Archev. de Vienne, Préfident.*

Mounier, *Secretaire.*

Du Mardi, neuf Décembre mil sept cent quatre-vingt-huit, à dix heures du matin.

MM. *l'Abbé de Saint-Albin*, Député de l'Eglise de Saint-Maurice ; *Berenger*, Député de la ville de Valence, & *Allard-du-Plantier*, Député de l'Election de Grenoble, ont pris Séance aux Etats.

Mgr l'Archevêque d'Embrun a fait le rapport du travail de la Commission chargée d'examiner quel nombre de Députés la Province doit avoir aux Etats-Généraux.

Ouï ce rapport,

Les Etats ont confidéré qu'ils ne peuvent s'écarter des principes que la Province a solemnellement adoptés sur les formes des Etats-Généraux ; que l'indication du nombre de ses Députés doit être une conséquence de ces mêmes principes ;

Qu'il est temps que le titre sacré de Citoyen soit mérité par l'observation des devoirs qu'il impose ; que tous les François doivent s'unir comme les Membres d'une même famille ;

Que pour ne pas prendre des résolutions différentes sur des intérêts communs, pour ne pas nuire à l'esprit public, les Ordres & les Provinces doivent délibérer ensemble, les suffrages être comptés par tête, & le Tiers-Etat avoir un auffi grand nombre de Représentants que le premier & le second Ordre réunis ;

Que la vérité de ces principes reçoit une nouvelle force des objections préfentées pour la combattre ;

Qu'on ne sauroit appliquer à la France l'exemple de l'Angleterre, où deux Chambres, il est vrai, déliberent féparément, mais où les Citoyens ne font pas divifés en plufieurs claffes, toutes intéreffées au maintien des abus qui leur font particuliers ; la Chambre haute n'étant pas un Ordre diftinct, mais étant formée par des Magiftrats héréditaires, dont les familles entrent dans la Chambre des Communes & n'ont point d'autres droits que ceux qui appartiennent à tous les Citoyens ;

Que féparer les Ordres pour en former plufieurs Chambres, feroit contraire à l'ancienne conftitution du Royaume, fuivant laquelle les affaires publiques ne pouvoient être traitées que par le Roi & la Nation *délibérant en un feul Corps ;*

Qu'il n'appartient qu'au Monarque & à la Nation affemblée d'établir de nouveaux moyens pour affurer la fageffe des délibérations ;

Que fi les Ordres étoient féparés, la différence des intérêts pourroit produire la défiance & la rivalité ; que chaque Ordre pourroit empêcher la fuppreffion des abus qu'il croiroit lui être favorables ; qu'une Chambre pourroit oppofer, aux réfolutions de l'autre, des réfolutions contraires ; que le Roi, qui veut le bonheur de fon Peuple, ne fauroit en découvrir les moyens parmi tant de prétentions diverfes ; qu'il feroit à craindre que l'Etat ne fût pas promptement fecouru, l'enthoufiafme patriotique, qui commande les grands facrifices, ne pouvant exifter que parmi des Citoyens occupés du bien général & non de leurs intérêts particuliers ;

Que les Ordres mécontents de leurs prétentions refpectives, & voulant triompher dans cette lutte dangereufe, l'un d'eux pourroit détruire ou facrifier la liberté publique ;

Que les Ordres étant réunis & les opinions comptées par tête, la pluralité des fuffrages arrêteroit le choc des intérêts particuliers ; les Repréfentants s'éclaireroient par leurs obfervations mutuelles ; les prérogatives, qui peuvent contribuer au maintien de la tranquillité publique, ne ceffroient pas d'être refpectées : mais l'amour de la Patrie dirigeroit toutes les réfolutions, & les projets de bienfaifance de Sa Majefté n'éprouveroient aucun obftacle ;

Que vainement on rappelleroit les dernieres Affemblées tenues à Orléans, à Blois & à Paris, qui durent à la difcorde leur origine, leurs formes & leur inutilité ; la féparation des Ordres ne fut, à Orléans, que le funefte effet des querelles religieufes ; on n'eut pas le deffein de rendre cette innovation perpétuelle, on en prévit les conféquences & l'on annonça le danger par des proteftations ;

Qu'il eft impoffible d'appeler *forme antique & conftitutionnelle* la féparation des Ordres, puifque dans les derniers Etats-Généraux de 1614, la Nobleffe & le Clergé frappés de fes inconvénients & laffés des diffentions qu'elle leur avoit procuré, inviterent le troifieme Ordre à faire un cahier commun, ce qu'il refufa pour fe venger de fon humiliation, dont la féparation des Ordres avoit été la feule caufe ;

Que les Notables affemblés par Sa Majefté, pour la confeiller fur les formes des Etats-Généraux, ne répondroient pas à l'efpoir de la Nation s'ils propofoient au Roi la féparation des Ordres & citoient les derniers Etats-Généraux comme des modeles dignes d'être fuivis ;

Que Sa Majefté n'héfiteroit pas fans doute entre leurs confeils & ceux de l'opinion publique, & s'empresseroit de feconder les vœux de fon Peuple ;

Que les Ordres & les Provinces devant être réunis dans les Etats-Généraux, le Dauphiné ne peut nommer fes Députés que dans la proportion du nombre total des Repréfentants du Royaume ; que ce nombre doit être confidérable, puifqu'il faudra délibérer fur les intérêts de vingt-quatre millions d'hommes ; qu'il ne doit pas cependant être tel que les Affemblées deviennent tumultueufes ; qu'il foit impoffible d'entendre & de profiter des lumieres de tous leurs Membres ;

Que tous les hommes ont les mêmes droits au bonheur ; que moins ils font favorifés de la fortune, plus il eft digne de la générofité Françoife de s'occuper de leur fort ;

Que ce ne font pas les Provinces qui doivent être repréfentées, mais leurs habitants. Quelles que foient leurs richeffes ou leur étendue, le premier foin que doivent avoir des hommes, eft d'y confidérer les hommes ; qu'ainfi, la population peut feule former la bafe fur laquelle il faut déterminer le nombre des Repréfentants, d'autant plus que les impofitions, les richeffes ou l'étendue du territoire n'offriroient que des bafes incertaines & prefqu'impoffibles à faifir.

Qu'en nommant un Député par vingt mille ames, le Royaume auroit environ douze cents Repréfentants, & que d'après ce rapport le Dauphiné doit avoir trente Députés ; favoir : cinq de l'Ordre du Clergé, dix de l'Ordre de la Nobleffe & quinze du Tiers-Etat ; il pourroit en réclamer trente-trois, mais ce nombre ne fe prêteroit point aux proportions établies entre les différents Ordres ;

Que le Dauphiné, en fubordonnant fa repréfentation au nombre total des Députés du Royaume, oublie fon intérêt particulier ; que lorfqu'on opinoit par gouvernement, il n'en exiftoit que douze ; que le Dauphiné avoit alors la douzieme partie des fuffrages ; & fi l'on compare maintenant l'avantage auquel il renonce, avec la petite portion d'influence qu'il fe réferve, on jugera qu'il fait un grand facrifice ; mais il efpere d'être plus folidement heureux lorfque la félicité fera générale : puiffent les autres Provinces reconnoître la juftice des motifs qui le dirigent, & ne jamais fe montrer rivales que dans les efforts néceffaires pour rendre à la Nation, pour rendre au Trône François le rang, la puiffance & la gloire dont ils doivent jouir !

Par ces considérations, les Etats ont arrêté que M. le Préfident fera autorifé à écrire à M. Necker, Miniftre des Finances, qu'ils eftiment que dans toute l'étendue du Royaume on devroit nommer pour les Etats-Généraux un Député par vingt mille ames, & que d'après cette proportion, le Dauphiné doit avoir trente Députés.

M. le Préfident a dit « qu'il a reçu de M. l'Intendant une lettre dont il doit être fait lecture, elle eft de la teneur fuivante » :

Monseigneur,

« J'ai l'honneur de vous faire part que je viens de recevoir une lettre de
» M. Necker, qui me mande qu'il m'envoie, ainfi que je lui ai propofé, un

» arrêt du Conseil qui ordonne que la somme de 77,514 liv. montant de
» l'imposition principale des Octrois-Municipaux, sera répartie en la forme
» ordinaire, pour être ladite somme employée à des travaux utiles à la
» Province, suivant les propositions qui seront adressées par les Etats ; & à
» l'égard de celle de 48,000 liv. pour les 10 sols pour liv., le Roi ordonne que
» ladite somme sera répartie par un moins imposé au marc la livre, en dimi-
» nution sur le montant de la contribution que chaque communauté auroit
» été dans le cas de supporter ; je n'ai cessé de solliciter depuis un an cette
» décision, & je suis enchanté de pouvoir vous l'annoncer. Je vous prie de
» vouloir bien en faire part aux Etats, & dès que l'Arrêt aura été signifié,
» j'aurai l'honneur de vous en envoyer une copie. »

Je suis, avec respect.

Signé, CAZE DE LA BOVE.

Romans, le 7 décembre 1788.

M. le Président a renvoyé la Séance à Mercredi, à dix heures du matin, & il a signé :

† J. G. *Archev. de Vienne, Président.*

MOUNIER, *Secrétaire.*

Du Mercredi, dix Décembre mil sept cent quatre-vingt-huit, à dix heures du matin.

M. le Président a dit « qu'il seroit convenable de nommer les Procureurs-Généraux-Syndics. »

Il a été procédé à cette nomination dans la forme prescrite par le Règlement. Le scrutin ayant été vérifié par MM. *l'Abbé de Saint-Albin, le*

Marquis de Langon, le Marquis de Rigaud, de Bertrand de Montfort, d'Ambefieux & Revol, Conful de Grenoble, nommés Commiffaires pour cette vérification, il en eft réfulté que parmi les Membres des deux premiers Ordres, M. le Chevalier du Bouchage, & parmi ceux du Tiers-Etat, M. Falquet-Travail, ont réuni une très-grande majorité de fuffrages ; en conféquence, M. le Chevalier du Bouchage & M. Falquet-Travail ont été déclarés Procureurs-Généraux-Syndics.

M. le Chevalier du Bouchage a dit :

Messieurs,

« La place importante à laquelle vos fuffrages me font l'honneur de m'appeler, eft un témoignage trop flatteur de votre confiance & de votre eftime, pour que je ne fois pas pénétré de la plus vive et de la plus refpectueufe reconnoiffance. Daignez, Meffieurs, agréer l'hommage de tous les fentiments qu'elle m'infpire ; j'oferois peut-être efpérer de juftifier le choix dont vous m'honorez, fi un zele conftant & l'amour de la Patrie fuffifoient pour y parvenir. »

L'affemblée a répondu par des applaudiffements.

M. Falquet-Travail a dit :

Messieurs,

» Je fens tout le prix de l'honneur que je reçois aujourd'hui ; je n'ai point d'autre titre pour obtenir votre confiance, que le zele le plus ardent pour le bien public. Dans les fonctions importantes que vos fuffrages m'ont deftinées, je ferai toujours dirigé par le même zele & par le defir de vous donner des preuves du refpect & de la reconnoiffance que je dois à cette augufte Affemblée. »

L'affemblée a également répondu par des applaudiffements :

M. le Préfident a dit « qu'il faut laiffer aux Bureaux le temps néceffaire pour prendre des inftructions fur les divers Objets qui doivent être foumis aux Délibérations des Etats. »

M. le Préfident a figné :

☩ J. G. *Archev. de Vienne, Préfident.*

Mounier, *Secretaire.*

Du quinze Décembre mil fept cent quatre-vingt-huit, à dix heures du matin.

LES Etats fe font affemblés d'après la convocation faite par M. le Préfident.

M. Allemand des Chemins, arrivé le douze, a pris féance aux Etats.

M. le Préfident a dit « qu'il eft effentiel que les Etats décident s'ils confentent à la levée & à la répartition de la fomme de foixante & dix-fept mille cinq cents quatorze livres, montant de l'impofition principale, connue fous le nom d'Octrois Municipaux. »

La Queftion a été difcutée & examinée.

M. le Préfident a renvoyé la féance à quatre heures du foir, & il a figné :

☩ J. G. *Archev. de Vienne, Préfident.*

Mounier, *Secretaire.*

Du même jour, à quatre heures du foir.

L'Assemblée ayant repris la délibération fur l'impofition appellée Octrois Municipaux,

Les Etats ont délibéré de confentir à la levée & à la répartition de la fomme de foixante-dix-fept mille cinq cents quatorze livres fur les fonds taillables, pour cette année feulement, & pour être employée aux Travaux publics de la Province, fauf à être impofé, pour les mêmes objets & dans la même proportion, fur les fonds nobles, ou à tenir compte, pour l'avenir, aux Taillables, de cette fomme qui fera confidérée comme une avance faite par eux, les Etats n'entendant donner aucune approbation à la dénomination d'Octrois Municipaux, attendu que l'impôt connu fous ce nom, a dû ceffer depuis le 31 Décembre 1787.

Il a été, de plus, délibéré que les cent vingt-cinq livres arrêtées dans les mains des Receveurs, par Arrêt du Parlement, provenant des fommes perçues fous le nom d'Octrois Municipaux, depuis le moment où cet impôt a dû ceffer, feroient de même employées aux Travaux publics de la Province, & feroient également confidérées comme une avance faite par les fonds taillables, & à raifon de laquelle il fera impofé proportionnellement fur les fonds Nobles ; & les Procureurs-Généraux-Syndics ont été autorifés à prendre les moyens convenables pour qu'on puiffe difposer, au profit de la Province, des fonds ci-deffus.

M. le Préfident a figné :

† J. G. *Archev. de Vienne, Préfident.*
Mounier, *Secrétaire.*

Du seize Décembre mil sept cent quatre-vingt-huit, à quatre heures du soir.

Les Membres des Etats se sont réunis en Assemblée Générale, sur la convocation faite par M. le Préfident.

Ouï le rapport fait par M. le Marquis de Blacons, du travail du Bureau des Impositions,

Il a été délibéré que le traitement annuel du Préfident des Etats sera de six mille livres ; que le traitement de chacun des Procureurs-Généraux Syndics sera de quatre mille livres, outre les frais des voyages qui pourront être ordonnés par la Commission intermédiaire, & tous les autres frais qui seront payés sur l'état qu'ils en donneront.

Que celui du Secretaire sera de quatre mille livres ; & qu'attendu les services déjà rendus à la Province par M. Mounier, il lui sera accordé annuellement une gratification de mille livres, outre les frais de Bureau qui seront payés sur l'état donné par le Secretaire.

Il a été également arrêté que chaque Membre de la Commission intermédiaire, domicilié dans le lieu de l'établissement de la Commission, aura un traitement fixe & annuel de mille livres ; que ceux qui ne seront pas domiciliés auront un traitement de deux mille livres, & qu'on ne payera aux correspondants que les frais de poste & de voyages sur l'état qu'ils en présenteront.

Il a été encore arrêté que MM. les Procureurs-Généraux-Syndics écriront à la Municipalité de la Ville de Grenoble, pour l'inviter à procurer un appartement à la Commission intermédiaire, pour y tenir les Assemblées, placer les Bureaux & loger le Secretaire.

M. le Préfident a dit « que M. Duvaure, citoyen de Crest, Membre des Sociétés Royales d'Agriculture de Lyon & de Rouen, qui se livre avec autant de zele que de succès à la science si intéressante de la culture des terres, est

Auteur d'un Ouvrage, intitulé : *Mémoire fur la meilleure manière de faire & d'augmenter les engrais.* Cet ouvrage a été couronné par la Société Académique & Patriotique de Valence ; il a été examiné par plufieurs des Membres qui compofent le Bureau du bien public ; ils en ont rendu le compte le plus avantageux : M. Duvaure defireroit que les Etats vouluffent lui permettre de lui dédier fon Ouvrage. »

Cette propofition a été agréée par acclamations.

M. le Préfident a renvoyé la Séance des Etats à Vendredi, dix-neuf, fur les dix heures du matin, & il a figné :

† J. G. *Archev. de Vienne, Préfident.*

Mounier, *Secretaire.*

Du dix-neuf Décembre mil fept cent quatre-vingt-huit, à dix heures du matin.

M. Mounier, Secretaire des Etats, a dit : « Meffieurs, obligé de faire lecture d'un témoignage bien honorable pour moi, il doit m'être permis de vous exprimer ma refpectueufe reconnoiffance. Vous avez daigné déclarer que j'ai rendu des fervices à la Province; fans doute je n'ai pas encore mérité une telle récompenfe; mais vous avez voulu, Meffieurs, m'infpirer la réfolution de faire tous mes efforts pour m'en montrer digne à l'avenir. Je ne négligerai rien pour être utile à ma Patrie, & pour juftifier, s'il eft poffible, l'approbation glorieufe que vous m'avez accordée. »

Enfuite il a été fait lecture du Procès-Verbal des Séances précédentes.

M. le Baron de Vaulx a fait lecture d'un Mémoire, contenant le rapport de tous les renseignements que le Bureau des travaux publics a pu se procurer jusqu'à ce jour, sur les réparations & frais d'entretien nécessaires pour les routes ouvertes & les ouvrages d'Arts.

Il a été arrêté que le rapport fait par M. le Baron de Vaulx sera déposé dans les Archives, pour servir à la Commission intermédiaire.

M. le Président a renvoyé la Séance à demain, sur les dix heures du matin, & il a signé :

† J. G. *Archev. de Vienne, Préfident.*

MOUNIER, *Secretaire.*

Du Samedi vingt Décembre mil sept cent quatre-vingt-huit, à dix heures du matin.

M. le Président a dit « qu'il seroit convenable de nommer les dix personnes qui, avec les Procureurs-Généraux-Syndics & le Secretaire, doivent former la Commission intermédiaire, conformément à l'art. 34 du Règlement. »

En conséquence, il a été procédé à cette nomination dans la forme prescrite par le Règlement, & le scrutin a été vérifié par les mêmes Commissaires qui avoient été choisis lors de la Nomination de MM. les Procureurs-Généraux-Syndics.

MM. le Commandeur de Rigaud, de la Salcette, Vicaire-Général d'Embrun, *le Marquis de Viennois, le Comte de Meffrey, Champel & Ronin,* ont réuni plus de la moitié des suffrages.

M. le Président a renvoyé la Séance à quatre heures du soir, & il a signé :

† J. G. *Archev. de Vienne, Préfident,*

MOUNIER, *Secretaire.*

Du même jour, à quatre heures du foir.

L'Assemblée a continué de procéder à la nomination des Membres de la Commiffion intermédiaire. *MM. de Saint-Ferréol, Chaniac, Royer & de Landes*, ont réuni plus de la moitié des fuffrages.

M. le Préfident a dit « que le fieur Cuchet ayant été choifi, par les Affemblées Générales des Trois-Ordres, pour leur Imprimeur, il feroit convenable de le reconnoître pour Imprimeur des Etats. Cette propofition a été acceptée par acclamations. »

M. le Préfident a renvoyé la Séance au vingt-deux de ce mois, fur les dix heures du matin, & il a figné :

† J. G. *Archev. de Vienne, Préfident,*

Mounier, *Secrétaire.*

Du Lundi, vingt-deux Décembre mil fept cent quatre-vingt-huit, à dix heures du matin.

M. Chaix de Chamlon a pris féance aux Etats en qualité de Député des Bénéficiers fimples du Diocefe de Vienne, en vertu de la nouvelle Nomination faite le 18 de ce mois : fes Pouvoirs ont été vérifiés.

M. l'Archevêque d'Embrun a prononcé un difcours pour démontrer combien il eft important de s'occuper, fans délai, des pouvoirs & des inftructions qui doivent être confiés à ceux qui repréfenteront la Province dans les Etats-Généraux, & la nécessité de nommer des Commissaires pour cet objet : il a été arrêté qu'on nommera dix-huit Commissaires.

M. le Président a dit « que M. le Duc de Tonnerre lui a adressé un Mémoire imprimé, & une Lettre relativement aux droits qu'il soutient appartenir à l'aîné mâle de la Maison de Clermont. »

Les Etats ayant ouï lecture de la Lettre de M. le Duc de Tonnerre, ont arrêté qu'elle sera enrégistrée, & que le Mémoire sera remis à la subdivision du Bureau du bien public, chargé des affaires contentieuses.

Suit l'enrégistrement de la Lettre de M. le Duc de Tonnerre.

Paris, le 14 Décembre 1778.

« Avant de publier, Monsieur, le Mémoire que j'ai l'honneur de vous
» adresser, je viens en faire hommage aux Etats de Dauphiné. Je me félicite
» de le présenter sous vos auspices, & je m'estime heureux d'avoir à
» réclamer le suffrage d'une Province, dont ma maison a reçu, dans tous
» les temps, tant de marque d'affection.

« Quelque intérêt que j'aie à conserver la place que mes Ancêtres ont eu
» l'honneur d'occuper dans les anciens Etats de la Province du Dauphiné,
» j'applaudis volontiers à la Délibération prise à Romans le 27 Septembre
» dernier ; & je me suis fait un devoir de m'unir au vœu général, pour
» consentir que toutes les places soient électives. Ainsi, je respecte la
» Délibération, & ne m'oppose point à l'Arrêt du Conseil qui en ordonne
» l'exécution. Je vous prie, Monsieur, de vouloir bien saisir cette proposi-
» tion, & d'assurer les Etats que, sous ce seul point de vue, je ne fais
» aucune réclamation.

» J'ai l'honneur d'être. *Signé,* le Duc de Tonnerre. »

M. le Chevalier du Bouchage, Procureur-Général-Syndic, a dit que « les Officiers municipaux de la Mure ont préfenté requête aux Etats, dans laquelle ils ont expofé qu'ils n'avoient point d'Hôtel-de-Ville pour placer les Archives & tenir les Affemblées de la Municipalité ; qu'ils avoient été obligés jufqu'à ce jour de fe fervir de l'une des Salles de l'Hôtel-Dieu, & que cette Salle étant devenue néceffaire parce qu'on a augmenté le nombre des perfonnes entretenues dans cet Hôpital, la Municipalité a délibéré de convertir en Hôtel-de-Ville un bâtiment qui lui appartient ; & comme ce changement occafionnoit des frais de conftruction, l'entreprife, après un devis eftimatif & les affiches ordinaires, en a été donnée par adjudication, attendu le cas preffant, pour la fomme de 8150 liv. & la Municipalité de la Mure a demandé qu'il plût aux Etats homologuer le devis & la délibération portant adjudication, & ordonner que le tout feroit exécuté. »

L'Assemblée confidérant que le devis & adjudication dont il s'agit, ont été paffés avant que les Etats fuffent en activité, a ordonné qu'ils feroient exécutés fans tirer à conféquence, & fans approbation d'aucune adjudication qui pourroit être faite à l'avenir fans l'autorité des Etats ou de la Commiffion intermédiaire.

M. Didier a dit qu'on « s'eft occupé, dans le Bureau du bien public, des prétentions du Briançonnois ; qu'on a fait fignifier des proteftations à M. le Secretaire des Etats, & préfenté plufieurs mémoires ; enfuite M. Didier a fait le rapport des prétentions du Briançonnois, & des motifs fur lefquels on les appuie.

Sur ce rapport, les Etats ont arrêté que les mémoires des Communautés du Briançonnois feront remis à la Commiffion intermédiaire, afin que lorfqu'on procédera à une nouvelle formation de diftricts, en exécution du règlement, on puiffe faire un diftrict particulier du Briançonnois, fi on le juge convenable.

Il a été de plus arrêté, qu'en refpectant les privileges particuliers du Briançonnois, on ne fauroit avoir égard à fes autres prétentions qui pourroient tendre à fe féparer de la Province, & à priver un pays auffi intéreffant, des effets falutaires de l'adminiftration des Etats.

Sur la queftion de favoir fi deux Gentilshommes Dauphinois, qui font propriétaires dans cette Province & ont en même temps une Baronnie dans le Vivarais, font éligibles pour les Etats de Dauphiné;

Il a été délibéré qu'ils devoient être confidérés comme éligibles.

M. le Préfident a renvoyé la Séance à demain, vingt-trois, à dix heures du matin, & il a figné :

† J. G. *Archev. de Vienne, Préfident,*
MOUNIER, *Secretaire.*

Du vingt-trois Décembre mil fept cent quatre-vingt-huit, à dix heures
du matin.

MM. *le Commandeur de Monfpey, l'Abbé de St. Albin, l'Abbé de Dolomieu, le Marquis de Viennois, le Baron de Chaléon, le Comte de la Blache, le Marquis de Blacons, fils, le Marquis de Virieu, le Marquis de Savines, Pifon du Galand, Chaniac, Didier, d'Ambéfieux, Marchon, Berenger, Bertrand Comte de Montfort, Delandes & Colomb,* ont été nommés Commiffaires pour préparer les pouvoirs des Députés aux Etats Généraux du Royaume.

Il a été mis en délibération combien pourroient demander ceux qui, ayant été députés aux Affemblées générales des Trois-Ordres, croiroient devoir réclamer leurs paiements.

M. le Préfident a renvoyé la Séance à demain, fur les dix heures du matin, & il a figné :

† J. G. *Archev. de Vienne, Préfident,*

Mounier, *Secretaire.*

Du vingt-quatre Décembre mil fept cent quatre-vingt-huit, à dix heures du matin.

M. le Chevalier du Bouchage a dit que « la Communauté de Roybons a préfenté un mémoire aux Etats, dans lequel elle foutient que fon procès contre MM. le Duc de Tonnerre & le Marquis de Monteynard, au fujet de la Forêt de Chambaran, n'a pu être renvoyé au Confeil de Sa Majefté, fans violer les privileges du Dauphiné.

Il a été arrêté que la Commiffion intermédiaire examinera ce procès; & que dans le cas où il auroit été évoqué au préjudice des droits du Dauphiné, les Procureurs-Généraux-Syndics en demanderont le renvoi aux juges de cette Province.

L'Assemblée ayant repris la délibération relative au paiement des Députés qui ont formé les Affemblées générales des Trois-Ordres, il a été arrêté que ceux d'entr'eux qui voudront être payés, le feront par les Communautés qui les ont envoyés, de la maniere & d'après la taxe qui fera fixée par la Commiffion intermédiaire, à laquelle ils préfenteront leurs requêtes ou mémoires, fans que la taxe puiffe excéder fix livres par jour, & que toute demande de ce genre devra être formée avant le premier du mois d'Avril prochain. Il a été de plus arrêté que les Communautés qui, dans le moment préfent, ont déjà payé leurs Députés, pourront fe faire reftituer l'excédant de fix livres par jour, & que MM. les Procureurs-Généraux-Syndics avertiront toutes les Communautés de la préfente Délibération.

M. Champel a fait le rapport du travail du Bureau des impofitions, fur la queftion de favoir fi l'on nommeroit un Tréforier pour la Province, la préfente année, ou fi l'on accepteroit les offres & les conditions propofées par les receveurs des finances.

M. le Préfident a renvoyé la Séance à quatre heures du foir, & il a figné :

† J. G. *Archev. de Vienne, Préfident,*
Mounier, *Secretaire.*

Du même jour, à quatre heures du foir.

L'Assemblée a continué d'examiner la queftion propofée au fujet de la Tréforerie.

M. le Préfident a renvoyé la Séance au vingt-fix de ce mois, à quatre heures & demie du foir, & il a figné :

† J. G. *Archev. de Vienne, Préfident,*
Mounier, *Secretaire.*

Du vingt-fix Décembre mil huit cent quatre-vingt-huit, à quatre heures & demie du foir.

L'ASSEMBLÉE a repris l'Examen de la queftion propofée par MM. du Bureau des impofitions.

Il a été arrêté que la Commiffion intermédiaire, ainfi que les Députés aux Etats-Généraux, folliciteront auprès du Gouvernement la fuppreffion du régime actuel pour la perception des impofitions, & la réunion de toutes les recettes dans la Caiffe du Tréforier de la Province ; mais que pour l'année 1789 feulement, les nouvelles impofitions pour les befoins de la Province, qui feront perçues par les receveurs généraux & particuliers, fous les conditions par eux offertes, de n'exiger, pour toute taxation, que deux deniers pour livre; d'en faire les fonds aux époques fixées par leur traité avec le Roi, & de donner à la Province une fomme de 186,000 liv. par forme de cautionnement, dans le cas où les Etats croiroient avoir befoin de cette fomme, dont les intérêts feroient payés au cinq pour cent, & dont le capital ne feroit rembourfé que fix mois après la fin de leur exercice.

Il a été de plus arrêté que les offres faites par M. Perier feront prifes en confidération, ainfi que toutes les autres offres faites ou à faire au fujet de la tréforerie de la Province; que la Commiffion intermédiaire fera chargée de les recevoir pour en faire le rapport aux Etats, & que ces offres feront rendues publiques.

M. le Préfident a renvoyé la Séance au vingt-huit de ce mois, à quatre heures & demie du foir, & il a figné :

† J. G. *Archev. de Vienne, Préfident,*
MOUNIER, *Secretaire.*

Du vingt-huit Décembre mil sept cent quatre-vingt-huit, à quatre heures & demie du soir.

M. Revol, Avocat, a dit que « dans l'Assemblée des Trois-Ordres on avoit délibéré de renvoyer aux Etats l'examen du Procés des habitants de la Guillotiere, contre la Ville de Lyon, sur la question de savoir si le lieu de la Guillotiere étoit une dépendance du Lyonnois, ou si, au contraire, il faisoit partie de la Province de Dauphiné ; qu'il résultoit des titres mis sous ses yeux par les Députés des habitants de ce bourg, que le 8 avant les calendes d'Août 1241, Berlion de Chandieu avoit prêté hommage à Amédée, Comte de Savoie, de sa terre de Chandieu, & en avoit assigné les limites depuis les fourches de Falavier jusqu'au pont du Rhône, & aussi avant dans le fleuve qu'un cheval peut y entrer sans nager. Le pont donné pour confin est le même qui existe encore aujourd'hui entre Lyon & la Guillotiere ; c'est une limite invariable qui ne permet pas de douter que le pont, ainsi que le Rhône qui a toujours coulé sous ce pont, forment la ligne de séparation du Dauphiné avec le Lyonnois.

L'Archevêque de Lyon ayant étendu sa jurisdiction sur le lieu de la Guillotiere, au préjudice des droits du Comte de Savoie, les parties convinrent d'arbitres, devant lesquels il fut fait, en 1334, une enquête composée de 64 témoins ; il en résulte la preuve que les terres du Comte de Savoie s'étendoient dans le Rhône aussi avant qu'un homme à cheval pouvoit y jeter sa lance : *Quantùm homo incidens in equo potest immitere seu jacere unam lanceam*. Il en résulte encore que ses Officiers faisoient des Actes de jurisdiction, & tenoient leurs assises même sur le pont qui est entre la Guillotiere & Lyon.

Les terres du Comte de Savoie, dans lesquelles, suivant cette enquête, étoit compris le Bourg de la Guillotiere, furent unies au Dauphiné par un acte d'échange, du 5 Janvier 1354 ; & l'Archevêque de Lyon ayant reproduit, contre les Officiers du Roi-Dauphin, la querelle de limitation qui avoit donné lieu à l'enquête de 1334, il obtint, le 6 Juillet 1386, des Lettres-Patentes adreffées au Confeil Delphinal, pour faire réparer les torts dont l'Archevêque fe plaignoit. On trouve énoncé que le Confeil Delphinal commit Pons de Chevrieres, un de fes Confeillers, pour informer des faits; mais le Procès-Verbal de ce commiffaire s'eft égaré; on a feulement confervé dans les Archives de la Chambre des Comptes le Mémoire contenant les moyens qu'employoit le Procureur-Général contre l'Archevêque. Il foutenoit : 1° conformément à l'hommage de 1241 & l'enquête de 1334, que les terres du Dauphin s'étendoient dans le Rhône auffi avant qu'un homme à cheval pouvoit y jeter fa lance.

Il ajoutoit qu'il exiftoit une limite fur le pont, qui étoit un arc en pierre, où étoient fixés deux anneaux de fer, vers le milieu du fleuve : *Circà medium fluminis*.

2° Que lorfqu'un criminel fe réfugioit dans le Lyonnois, les Officiers de Lyon le livroient aux Officiers du Dauphin, au milieu du pont, à l'endroit où étoient les deux anneaux, affertion qui eft foutenue par plufieurs Procès-Verbaux que produifent encore aujourd'hui les habitants de la Guillotiere, où l'on voit, en effet, plufieurs rémiffions d'accufés, faites par les Officiers Lyonnois aux Officiers du Dauphin, entre les deux anneaux du pont.

3° Que les habitants de la Guillotiere étoient fujets au banvin Delphinal; que leurs mefures étoient marquées aux armes du Dauphin; qu'ils payoient les mêmes droits d'entrée & de fortie que les autres habitants du Dauphiné, & que le péage Delphinal étoit levé dans le lieu de la Guillotiere.

Mais une preuve bien certaine que la Guillotiere fut, dans tous les temps, un Bourg du Dauphiné, fe tire du Procès-Verbal de l'Affemblée des Etats de la même Province, qui furent tenus à la Guillotiere le 2 Février 1471.

Un autre titre non moins décifif, c'eft un autre Procès-Verbal, du 6 Avril 1476, qui prouve que le Parlement de Grenoble ayant à fa tête le Gouverneur de la Province, a tenu fes affifes à la Guillotiere, dans le maifon d'un Gentilhomme, appellé Jean de Villeneuve; c'eft là que fut homologuée une tranfaction paffée entre Joffrey de Montchenu & Humbert de Baternay. Il eft expreffément dit dans le Procès-Verbal, que la Séance fut tenue *pro Tribunali & Judciiali more in loco Guilloteriæ, propé pontem Lugduni.*

On voit encore par les anciens *pérécaires* de la Province de Dauphiné, depuis 1498 jufqu'en 1544, que le mandement de Bechevelin, dont la Guillotiere fait partie, y étoit compris pour deux feux.

Enfin, les Officiers Royaux & Archiépifcopaux de Lyon s'étant permis de faire placer un poteau de juftice fur le territoire de la Guillotiere, le Parlement de Grenoble le fit enlever & jeter dans le Rhône. Le commiffaire de cette exécution conftatée par un Procès-Verbal du 5 janvier 1508, fit étalonner & marquer, aux Armes du Dauphiné, les mefures des habitants de la Guillotiere, & proclamer que les limites de la jurifdiction du Dauphiné s'étendoient jufqu'aux anneaux de fer qui étoient au milieu du pont.

A tant de monuments authentiques, les Lyonnois n'oppofent qu'un feul titre, qui eft un Procès-Verbal de Louis Tindo, Sénéchal de Touars, commencé le 23 Août 1479 & fini le 17 Septembre fuivant. Il réfulte de ce titre que le fieur Tindo avoit été commis avec M. Adam Fumé, pour s'informer du vrai reffort de la jurifdiction de Bechevelin. Que le Procureur-Général au Parlement de Grenoble foutint : 1° que le fieur Tindo ne pouvoit pas procéder feul, puifque la commiffion étoit adreffée à deux; 2° que cette commiffion avoit été furprife au préjudice de la *litifpendance* au Confeil Delphinal, depuis 1386. Le Procureur-Général déclara en conféquence s'oppofer à tout ce qui feroit fait; en appeller & prendre à partie le Commiffaire, s'il fe permettoit de paffer outre. Mais le Commiffaire franchit tous ces obftacles, & fe dirigea uniquement fur les indications des Officiers de Lyon, qui n'avoient plus de contradicteurs. S'il faut en croire le Procès-Verbal où l'on apperçoit une partialité évidente, le Commiffaire vérifia les limites & entendit des témoins dont il ne rapporte point les dépofitions, & finit par déclarer, par provifion, & jufqu'à ce qu'il plût au Roi d'en ordonner autrement, que la jurifdiction de Bechevelin refforti-roit par appel aux Juges Royaux de Lyon & fucceffivement au Parlement de Paris.

Cette décifion provifoire, qui ne concernoit que la jurifdiction & nullement le territoire qui, d'ailleurs, étoit donnée par un Commiffaire incompétent, fufpect & recufé, ne fut point refpectée par le Parlement de Grenoble. Il continua des actes *poffefforiaux* pour la confervation de fes droits, ainfi que le prouve le Verbal ci-deffus rapporté, du 5 janvier 1508, fuivant lequel l'entreprife des Officiers de Lyon fut réprimée, en faifant arracher & jeter dans le Rhône le poteau de juftice qu'ils avoient ofé faire planter dans le lieu de la Guillotiere.

On ne regarda pas même, de la part du Gouvernement, la queftion de jurifdiction comme décidée par le Verbal du fieur Tindo; car le 24 Juin 1489 il fut adreffé de nouvelles Lettres-Patentes au Parlement de Grenoble, pour procéder, conjointement avec les Officiers de la Sénéchauffée de Lyon, au réglement des limites de la jurifdiction de Bechevelin.

Cependant, cette queftion de jurifdiction s'étant élevée fur la fin du dernier fiecle, entre deux particuliers, dont l'un vouloit porter au Bailliage de Vienne, & l'autre à la Sénéchauffée de Lyon, un appel du Juge de la Guillotiere ; le Procureur du Roi en la Sénéchauffée de Lyon & le Procu-reur-Général au Parlement de Grenoble, intervinrent dans l'inftance en réglement de juges ; elle fut décidée par un Arrêt du Confeil, du 9 Mars 1701, qui maintint la Sénéchauffée de Lyon en poffeffion de connoître des appellations du Juge de la Guillotiere & mandement de Bechevelin, fuivant les limites du Procès-Verbal du fieur Tindo.

Mais cet Arrêt, lors duquel tous les titres du Parlement de Grenoble ne furent pas produits, ne fauroit être confidéré comme une décifion irréfra-gable contre les Etats du Dauphiné, qui n'y ont point été parties, & qui ne pouvoient pas même l'être, puifque on fait qu'ils ont demeuré fufpendus, par la volonté du Roi, depuis 1628 ; on va voir d'ailleurs qu'une multitude d'Arrêts du Conseil & d'autres Tribunaux souverains, antérieurs & postérieurs à celui de 1701, ont formellement jugé que la Guillotiere étoit une dépendance de la Province de Dauphiné & nullement un fauxbourg de Lyon.

Le premier fut rendu au Grand-Conseil, le 26 Octobre 1551, sur la contestation qui s'étoit élevée entre les Echevins de Lyon & les habitants de la Guillotiere, au sujet des droits d'octroi. Les Echevins de Lyon vouloient les étendre sur les habitants de la Guillotiere, sous prétexte que la Guillotiere n'étoit qu'un fauxbourg de leur Ville ; le Grand-Conseil décida le contraire ; il prononça qu'il seroit procédé au jugement du procès, sans avoir égard *à ce que, par les lettres d'octroi, le lieu de la Guillotiere étoit nommé fauxbourg de la Ville de Lyon; il ordonna que le Procureur des Etats du pays de Dauphiné seroit mis en cause;* & cependant il déclara, par provision, que les habitants de la Guillotiere seroient exempts des droits demandés, & que ceux qu'on avoit perçus sur eux leur seroient rendus.

La Ville de Lyon ne craignoit rien tant que l'intervention des Etats du Dauphiné : pour la prévenir, elle transigea avec les habitants de la Guillotiere, le 22 Septembre 1556; elle leur paya 700 liv. pour restitution, & consentit à ne plus rien leur demander.

Mais après la suspension des Etats de la Province, le fermier des Aides osa reproduire cette contestation ; il ne fut pas plus heureux que les Echevins de Lyon. Un second Arrêt rendu par la Cour des Aides de Paris, le 22 Septembre 1636, contradictoirement avec les habitants de la Guillotiere, confirma leur exemption, qui n'étoit qu'une conséquence de la distinction de leur territoire & de son indépendance absolue du Lyonnois.

Une imposition sur les Boulangers de Lyon fut, trente ans après, le sujet d'un nouveau procès au Parlement de Paris, sur la même question, si la Guillotiere ne devoit pas être considérée comme une dépendance de Lyon, & en conséquence si les Boulangers de la Guillotiere ne devoient pas contribuer tout comme ceux de Lyon. M. l'Archevêque de Lyon, en qualité de Seigneur de la Guillotiere, intervint dans l'instance qui fut terminée par un Arrêt contradictoire, du 13 Août 1668. Cet Arrêt, en déchargeant les Boulangers de la Guillotiere de la contribution demandée, jugea de nouveau que la Guillotiere étoit un Bourg du Dauphiné, indépendant de Lyon.

Quelques particuliers Boulangers de Lyon, qui prétendoient n'avoir pas été ouïs lors de cet Arrêt, y ayant formé opposition, il fut confirmé, à leur égard, par un second Arrêt du 5 Décembre suivant.

La ville de Lyon, qui avoit été contradictoirement condamnée par l'Arrêt du Grand-Conseil de 1551, auquel elle avoit acquiescé par la transaction de 1556, conservoit toujours des regrets de n'avoir pas pu étendre ses octrois sur la Guillotiere. Elle reproduisit, pendant la suspension des Etats de Dauphiné, la question qu'elle n'avoit pas osé soutenir contradictoirement avec eux; mais les habitants de la Guillotiere, quoique dépourvus de l'assistance & du secours des Etats, obtinrent la justice qui leur étoit due par l'Arrêt du Conseil, du 1er Mai 1696. Il fut jugé, pour la quatrieme fois, en pleine connoissance de cause, que la Guillotiere étoit un Bourg de la Province de Dauphiné. *Le Roi, en son Conseil*, porte cet Arrêt : *A déclaré & déclare le lieu de la Guillotiere & mandement de Bechevelin, être un Bourg de Dauphiné, & non un fauxbourg de la ville de Lyon.* »

« Le fermier des Aides de Lyon osa néanmoins renouveller ses tentatives d'étendre sa perception sur les habitants de la Guillotiere; ceux-ci se défendirent, & obtinrent encore au Conseil un cinquieme Arrêt contradictoire, le 1er Mars 1701, qui déclare de nouveau le Bourg de la Guillotiere & mandement de Bechevelin, près Lyon, être de la Province de Dauphiné, & exempte les habitants de la Guillotiere du droit demandé. »

« La création des Offices de mouleurs de bois dans la ville de Lyon, donna lieu à un sixieme procès & à une sixieme décision en faveur des habitants de la Guillotiere. Dans l'Edit portant cette création, on avoit compris la Guillotiere comme *un fauxbourg de Lyon*. Les habitants de la Guillotiere se plaignirent de cette surprise, à la faveur de laquelle les mouleurs de bois vouloient s'introduire chez eux; & par un sixieme Arrêt du

Conseil, du 28 Décembre 1706, la surprise fut réparée, & l'exécution du précédent Arrêt fut ordonnée. »

« Malgré cette multitude de décisions, les habitants de la Guillotiere ne jouirent pas long-temps de l'avantage de rester attachés à la Province de Dauphiné, leur véritable Patrie. La Ville de Lyon osa reproduire sa prétention, déjà tant de fois condamnée, de les assujetir à ses octrois. Un Arrêt du Conseil, du 16 Mai 1724, commit M. Pouletier, Intendant de Lyon, & M. de Fontanieu, Intendant de Dauphiné, pour l'instruction de l'affaire. »

« On prétend que le fermier des octrois, qui redoutoit fort l'avis de M. de Fontanieu, retint toutes les pieces au Bureau de l'Intendance de Lyon; ce qu'il y a de certain, c'est que le Conseil n'attendit pas l'avis de M. de Fontanieu pour juger le procès; ce fait est attesté par M. de Fontanieu lui-même. »

« L'Arrêt définitif, rendu au Conseil le 6 Novembre 1725, jugea, au mépris de tous les Arrêts antérieurs, que la Guillotiere n'étoit qu'un fauxbourg de Lyon, & asservit ses habitants aux octrois demandés. »

« Le fermier des Aides, témoin du succès de celui des octrois, ne respecta pas mieux que lui les Arrêts qui avoient proscrit ses anciennes prétentions. Il se pourvut au Conseil un mois après l'Arrêt que venoit d'obtenir le fermier des octrois; il trouva les circonstances si favorables, qu'il parvint à surprendre, sur sa simple requête, le 11 Décembre 1725, l'extension qu'il sollicitoit. »

« Les habitants de la Guillotiere se hâterent d'y former opposition. Dans l'instance qui en fut la suite, le fermier des aides produisit l'Arrêt du Conseil, du 9 Mars 1701, rendu entre le Procureur-Général au Parlement de Grenoble, & les Officiers de la Sénéchauffée de Lyon; il se servit également de l'Arrêt de 1725, obtenu par le fermier des octrois; ce qui engagea les habitants de la Guillotiere à se rendre également opposants à ces deux Arrêts; leur opposition étoit donc dirigée : 1º contre l'Arrêt du 9 Mars 1701, qui avoit dépouillé le Parlement de Grenoble du droit de connoître de leurs causes; 2º contre l'Arrêt du 6 Novembre 1785, qui avoit étendu fur eux la perception de l'octroi ; 3° contre l'Arrêt du 11 Décembre de la même année, qui les avoit également affujettis à l'impôt des aides, fans égard à leur qualité de Dauphinois, qui, au moyen des abonnements de la Province de Dauphiné, les en exemptoit. »

« Un premier Arrêt contradictoire, du 17 Février 1728, les déclara non-recevables dans leur oppofition à l'Arrêt du 9 Mars 1701, vraifemblablement parce qu'ils y avoient acquiefcé en l'exécutant. Ils furent encore déclarés non-recevables dans leur oppofition à l'Arrêt du 6 Novembre 1725, rendu en faveur du fermier des octrois, parce qu'ils y avoient été parties : mais en ce qui concernoit leur oppofition à l'Arrêt du 11 Décembre 1725, rendu fur la fimple requête du fermier des aides, ils furent renvoyés à contefter devant les Intendants de Lyon & de Grenoble, pour, fur leur avis, être ftatué ce qu'il appartiendroit. »

« Les Parties fe retirerent, en effet, devant ces deux Commiffaires : nous n'avons pas les Procès-Verbaux de ce qui fut dit devant eux, & des moyens qui furent employés de part & d'autre; mais nous pouvons en juger par l'avis de M. de Fontanieu, Intendant de Dauphiné, où il paroît que rien de ce qui pouvoit concourir au fuccès de la caufe des habitants de la Guillotiere, ne fut négligé. »

« Cependant ils furent définitivement condamnés par l'Arrêt du 7 Septembre 1734, qui, par une contrariété littérale & manifefte avec la multitude d'Arrêts antérieurs, qu'on a rapporté, déclara le lieu de la Guillotiere & Mandement de Bechevelin faire partie de la Province de Lyonnois, &, comme tel, fujet aux aides. »

« Les habitants de la Guillotiere ont vécu depuis lors fous le poids de l'oppreffion du fermier des aides & du fermier des octrois ; & ce qu'il y a de plus furprenant, c'eft qu'en les jugeant Lyonnois, pour les écrafer de ces deux impôts, on les traite néanmoins comme Dauphinois & comme étrangers, tant au Lyonnois qu'à la Ville de Lyon, lorfqu'il s'agit des avantages que la feule qualité de Lyonnois leur attribueroit. »

« Ils fe font plaints de cette injuftice criante, dans une requête au

Confeil, au mois de Février ; ils y ont foutenu qu'ils ne devoient pas être vexés par les receveurs des aides & octrois, comme étant du Lyonnois, & opprimés par la ville de Lyon elle-même ; & le fermier des traites foraines, comme étant du Dauphiné, être accablé des charges des deux Provinces, fans jouir des avantages d'aucuns ; ils ont établi qu'il y avoit une contrariété évidente entre les arrêts rendus depuis 1725 & tous les arrêts antérieurs, & que les ordonnances regardoient ce moyen de contrariété comme fuffifant pour faire anéantir les derniers arrêts, & ordonner l'exécution des anciens ; ils ont fait valoir enfin le principe de droit public reçu dans le royaume, qui ne permet pas le démembrement d'une Province, & l'union d'aucune de fes parties à une autre, fans lettres-patentes duement enrégiftrées. »

« La Ville de Lyon, à qui cette requête a été fignifiée enfuite d'un arrêt de foit communiqué, n'y a encore fourni aucune réponfe ; & c'eft dans ces circonftances, que les habitants de la Guillotiere, convaincus que leur caufe intéreffe effentiellement toute la Province de Dauphiné, l'ont dénoncée aux Etats pour réclamer leur appui & leur protection qu'il paroîtroit injufte de leur refufer. »

« On voit en effet que ce procès eft véritablement celui de la Province en corps ; il n'a jamais été rendu de jugement contr'elle, qui l'ait dépouillé du droit de conferver, dans fon territoire, le bourg de la Guillotiere, que tous les titres démontrent en faire partie ; le grand Confeil l'avoit ainfi penfé lorfque, par fon arrêt du 26 Octobre 1551, il avoit ordonné que les Procureurs-Syndics des Etats de Dauphiné feroient mis en caufe ; les anciens Etats de la Province en avoient porté le même jugement, puifqu'ils avoient commencé un procès au grand Confeil, contre l'Archevêque de Lyon, fur le même point, ainfi que le prouve le défaut accufé fur les regiftres du grand Confeil, le 16 Avril 1611, enfuite de l'affignation qu'ils avoient fait donner à ce Prélat ; ce n'eft qu'à la fufpenfion des Etats depuis 1628, qu'on peut attribuer l'inaction où l'on eft demeuré depuis lors ; & jamais fans doute, fi la Province de Dauphiné eût pu fe faire entendre, ni la ville de Lyon, ni le Fermier des Aides, ni la Sénéchauffée, n'euffent eu les fuccès qu'ils ont obtenu. »

Ouï le rapport, il a été arrêté que MM. les Procureurs-Généraux-Syndics interviendront au procès pour faire déclarer que le bourg de la Guillotiere fait partie de la Province de Dauphiné, & doit jouir de tous les droits de cette Province, & pour cet effet, formeront *telles oppofitions, comme tiers non ouis,* & prendront telles conclufions qui feront jugées néceffaires.

M. de Chaléon a fait le rapport des renfeignements pris jufqu'à ce jour fur les impofitions comprifes dans les deux Brevets de la taille; l'examen de plufieurs queftions qu'il a préfentées, a été renvoyé à la Séance prochaine.

M. le Préfident a dit que « la plus grande partie des cent quarante-quatre Députés convoqués pour procéder, avec les Etats, à la nomination de ceux qui doivent repréfenter la Province dans les Etats-Généraux, font arrivés en cette Ville, & qu'il feroit convenable de nommer une Commiffion pour vérifier leurs pouvoirs. »

L'ASSEMBLÉE a chargé la Commiffion intermédiaire de procéder à cette vérification.

M. le Préfident a renvoyé la Séance au vingt-neuf de ce mois, à quatre heures du foir, & il a figné :

† J. G. *Archevêque de Vienne, Préfident,*

MOUNIER, *Secretaire.*

Du vingt-neuf Décembre mil sept cent quatre-vingt-huit, à quatre heures du soir.

MM. le Chevalier du Bouchage & Falquet-Travail, Procureurs-Généraux-Syndics, ont fait le rapport de la vérification des pouvoirs, qui a été confiée à la Commiſſion intermédiaire.

Sur ce rapport, l'Aſſemblée a renvoyé à l'examen de l'ordre du Clergé la queſtion qui s'eſt élevée au ſujet de la nomination faite par les Bénéficiers de l'Egliſe Métropolitaine d'Embrun, en faveur de M. de Cervoule, les autres Bénéficiers ſimples ayant nommé M. Audibert.

Il a été enſuite fait lecture d'un mémoire préſenté au ſujet des nominations faites dans l'Aſſemblée de la Nobleſſe de l'Election de Romans, qu'on ſoutenoit être nulles, ſur le prétexte que pluſieurs perſonnes de la même famille ont été au nombre des Electeurs.

Ces nominations ont été déclarées valables, ſauf à faire, à ce ſujet, pour l'avenir, un réglement, ſi on le juge néceſſaire.

M. de Chaléon a continué le rapport qu'il avoit commencé précédemment au ſujet des impoſitions.

M. le Préſident a dit que « M. Bernard, l'un des Députés de la ville de Vienne, étant décédé, M. *Revolat*, Médecin, nommé en remplacement, prend aujourd'hui ſéance. »

M. le Préſident a renvoyé la Séance à demain, ſur les dix heures du matin, & il a ſigné :

† J. G. *Archev. de Vienne, Préſident,*

MOUNIER, *Secretaire.*

Du trente Décembre mil fept cent quatre-vingt-huit, à dix heures du matin.

M. le Préfident a dit que « MM. du Clergé ont penfé que M. de Cervoule étant attaché à l'Eglife Métropolitaine d'Embrun, n'avoit pu être, ni Electeur, ni Eligible, parmi les Bénéficiers fimples, attendu que tous les Membres de cette Eglife font repréfentés par le Député du Chapitre ; & il a été déclaré que M. Audibert étoit le feul légitime Repréfentant des Bénéficiers fimples du Diocéfe d'Embrun. »

M. de Cervoule ayant déclaré recourir aux Etats, la décifion de MM. du Clergé a été confirmée.

MM. les Procureurs-Généraux-Syndics ont continué le rapport de la vérification faite par la Commiffion intermédiaire.

Il a été obfervé que M. le Bailli de Gaillard ayant été nommé l'un des trois Députés de l'Ordre de Malthe, & n'ayant pu fe rendre à Romans, avoit envoyé une procuration à M. le Commandeur du Poët, pour le remplacer, & que M. le Commandeur du Poët n'avoit pas cru que cette procuration lui donnât le droit d'être admis parmi ceux qui nommeront les Repréfentants de la Province aux Etats-Généraux.

Il a été déclaré que les cent quarante-quatre Députés qui procéderont avec les Etats à cette nomination, devant être choifis, fuivant le règlement, dans les formes & les qualités prefcrites, pour être Membres des Etats, & nul ne pouvant y procéder en vertu d'une procuration, celle qui a été donnée par M. le Bailli de Gaillard, ne fauroit produire aucun effet.

Il a été fait lecture de la délibération prife par les Communautés du Briançonnois & la ville de Briançon, qui ont élu deux Députés ; MM. Rosfignol & Richard, & n'ont pas concouru à la nomination des Députés du diftrict de l'Election de Gap, dans l'Affemblée tenue à Chorges.

Il a été arrêté que M. Roffignol s'étant feul rendu à Romans, il fera admis comme repréfentant la ville de Briançon, fans tirer à conféquence pour l'avenir.

Plufieurs autres queftions d'incompatibilité qui avoient été préfentées, ont été déclarées mal-fondées, & il a été arrêté qu'on ne recevra plus ni Requêtes, ni Mémoires au fujet des perfonnes qui compofent le *Doublement*.

Sur le rapport fait par M. de Chaléon,

Il a été arrêté que la Commiffion intermédiaire s'inftruira des motifs qui ont décidé à porter la Communauté de *Feyfins*, dans le Viennois, fur l'*allivrement* actuel des impofitions, à près de trois feux, tant nobles que roturiers, au-deffous de ce qui eft fixé par le pérécaire général.

De ceux qui ont fait obtenir à celle de *Saint-Bonnet* en Champfaur, Election de Grenoble, une diminution de quatre feux un tiers & un vingt-quatrieme fur les dix feux & demi; un fixieme & un feizieme de feux roturiers, pour lefquels elle eft portée au pérécaire général, & celle de Saint Crépin en Embrunois, une diminution de deux feux & demi exempts de taille.

Qu'elle s'occupera du foin de connoître les titres, en vertu defquels les Communautés de *Ribiers, Rochebrune* & *le Sauzet* dans l'Embrunois, & celle de *Tulette* dans la Sénéchauffée de Montelimar, font exemptes de toutes impofitions relatives à la taille & à fes acceffoires, quoique l'Edit du mois de Juin 1706, des Arrêts du Confeil, des 31 Mars 1705 & 8 Juin 1706, euffent ordonné leur *allivrement* en addition au pérécaire général pour les feux, tant nobles que roturiers, pour lefquels elles feroient jugées devoir y être portées après *la confection de leurs parcelaires* auxquels ces jugements leur enjoignoient de faire procéder.

Qu'elle s'inftruira des raifons qui ont décidé à n'énoncer, ni dans le pérécaire général, ni dans l'état des Communautés, fur lequel l'ancienne adminiftration déterminoit fes opérations, les villages ou communautés de la *Beaume, Refoul, Villaret & la Peigniere*, Election de Gap.

De l'époque à laquelle les communautés de *Saint-Pierre-Avès, Raboi & Chaudon*, Diocefe de Gap, qui n'étoient pas *allivrées* au pérécaire général, ont été comprifes, dans l'état des communautés contribuables aux tailles, conformément à l'Edit & aux Arrêts ci-deffus cités, & de quelle quantité de feux les lieux de *Noffage & Benivent* ont été compris, lors de leur réunion, avec la communauté de *Lagrand, & ceux d'Oze & de Chandonne*, avec celle de la Bâtie-Neuve, n'étant pas *allivrées*, depuis cette réunion à un plus grand nombre de feux, qu'elles ne font portées au pérécaire général.

Il a été, de plus, arrêté qu'attendu la proximité des Etats-Généraux, on ne formera préfentement aucune réclamation au fujet des impofitions comprifes dans le premier & le fecond brevet de la taille, fous la réferve des délibérations prifes précédemment au fujet des octrois municipaux, & de ce qui devra être laiffé à la difpofition des Etats, pour l'exécution des articles 48 & 49 du Réglement.

Le Secrétaire a dit qu'il lui a été fignifié, de la part de M. & de Madame de Pons, un fupplément de confultation.

Il a été arrêté que ce fupplément fera remis à la fubdivifion du bureau du bien public, chargée du contentieux.

Enfuite ont été lus les noms des Députés choifis pour procéder, avec les Etats, à la nomination de ceux qui doivent repréfenter la Province dans les Etats-Généraux.

CLERGÉ

MONSEIGNEUR l'Evêque de Gap.

Commandeurs de Malthe.

M. Le Bailli de Laubepin. | M. Le Commandeur de Chabrillan.

Députés des Eglises Cathédrales.

MM. De Nantes, *Chanoine-Précenteur de l'Eglise de Vienne.*
De Plan de Scieyes, *Chanoine de l'Eglise d'Embrun.*
De Reynaud, *Chanoine de l'Eglise de Grenoble.*
Ruel, *Chanoine de l'Eglise de Valence.*

MM. De Montauban, *Chanoine de l'Eglise de Die.*
De Cazeneuve, *Chanoine de l'Eglise de Gap.*
Martin, *Chanoine de l'Eglise de Saint-Paul-Trois-Châteaux.*

Députés des Eglises Collégiales.

M. De Morard, *Chanoine & Comte de l'Eglise de Saint Pierre & Saint Chef de Vienne.*

M. De Chieze, *Chanoine de Saint André de Grenoble.*

Députés des Eglises Collégiales.

MM. Bouvier-Defmareft, *Chanoine de Saint Barnard de Romans.*
Borel, *Chanoine de l'Eglise de Creft.*

M. Audran, *Chanoine du Chapitre Dauphin de Montelimar.*

Députés des Curés.

M. Gonneti-Mallet, *Curé de Notre-Dame de la Vie, de Vienne.*

M. Girard, *Curé de Savine, Dioceſe d'Embrun.*

Députés des Abbés-Commendataires, Prieurs & Bénéficiers ſimples.

M. Buiſſiere, *pour le Dioceſe de Vienne.*

M. Audibert, *pour le Dioceſe d'Embrun.*

Communautés Religieuſes d'Hommes.

Le Révérend Pere Elizée Talochon.

Communautés Religieuſes de Filles.

Le Révérend Pere Curtel, *Cordelier.*

NOBLESSE

Election de Grenoble.

MM. Leclet, *Conſeiller au Parlement de Grenoble.*
De Galbert.
De Riviere.
De Chuzin.
Dupré de Mayen.
De Saint-Ours de l'Echaillon.

MM. De Vignon de Saille, *Conſeiller au Parlement de Grenoble.*
De Gauteron.
Le Vicomte de Galbert.
Le Chevalier de Pina.
Bouffier de Cezarge.

Election de Vienne.

MM. Le Comte de Loras de Champagnieux.
Le Comte de Bectoz.

MM. Le Chevalier Alphonce de Dolomieu.
Le Marquis de Boiffac.
Le Marquis de Leyffin.

Election de Romans.

MM. Le Comte de Monts.
Le Chevalier de Pizançon.
Le Chevalier Alexandre de Pizançon.

MM. Duperron.
Grand.
Chaptal de Grand-Maifon.
Chaptal de la Mure.

Election de Valence.

MM. Le Vicomte d'Allard.
Le Chevalier de Laurencin.
Tardivon de Montbrifon.

MM. De Revel.
Le Marquis de la Rolliere.

Election de Gap.

MM. De Sigoin.
Le Marquis de Pina-Saint-Didier.
De Lagarde.

MM. Le Chevalier de Taxis.
D'Yze de Rozan.
De Revigliafc de Veyne.

Election de Montelimar.

MM. Le Comte d'Allard.
Le Marquis de Ripert d'Alauzier.
Le Marquis de Quiqueran-Beaujeu.

MM. Le Chevalier de Bonne-Vercorps.
Le Marquis de Blacons, *pere*.
Le Marquis de Montjoux.
Le Marquis d'Acqueria-Rochegude.

TIERS-ÉTAT

Election de Grenoble.

VILLE DE GRENOBLE

MM. Gagnon, *Médecin.*
      Brun, *Avocat.*

M. Flory, *Négociant.*

Députés du Diſtriƈt.

MM. Bernard, *d'Entraigues, Avocat.*
      Delhors, *Procureur.*
      Blanc, *Notaire au Perrier.*
      Jullien, *Notaire au Villard de Lans.*
      Garcin-Duverger, *Avocat.*
      Chabert, pere, *Avocat.*
      Bouvier, *Avocat.*
      Mollard, *Bourgeois à Lancey.*

MM. Long, *Notaire à Aſpres.*
      Terrier, *Bourgeois à la Mure.*
      Gonfollin, *Notaire à Corp.*
      Joly, *Procureur à Saint Bonnet en Champſaur.*
      Desjardin, *Bourgeois à Pierre-Chatel.*
      Caral, *Bourgeois à la Mure.*

Election de Vienne.

VILLE DE VIENNE

M. Almeras-Latour, *Avocat.*

M. Bertet-Dupiney, *Avocat.*

Députés du Diſtriƈt.

MM. Thibaud, *Notaire à Crémieu.*
      Peyret, *Notaire à Crémieu.*
      Pecand, *Bourgeois à Moretel.*

MM. Guedi, *Bourg. à Ceſſieux.*
      Pey, *Notaire à Vignieux.*
      Bicſſi, *Notaire à Belmont.*

MM. Clavel, *Avocat*.
Reymond, *Bourgeois à Eyrieux*.
Marquis, *Médecin à S. Geoire*.
Mollard, *Notaire à Château-Vilain*.
Thuillier, *Avocat, réfidant à Vienne*.

MM. Medail, *Bourgeois à Vienne*.
Forgeret, *Notaire à la Côte-Saint-André*.
Pravas, *Négociant au Pont-de-Beauvoifin*.
Boudin, *Négociant à la Roche*.
Tête-le-Beau, *Avocat à Vienne*.

Election de Romans.

VILLE DE ROMANS

M. Sabliere des Ayes. | M. Pinet, *Bourgeois à Romans*.

VILLE DE SAINT-MARCELLIN

M. Robin-Delcombes, *Avocat*.

Députés du Diſtrict.

MM. Lepine, *Bourgeois à Tulins*.
Saint-Germain.
Peyroufe de Montclos.
De Boiffieu-Perrin.

MM. Imbert.
Charvet.
Andrevon, *Notaire à Saint Sorlin de Valoire*.

Election de Valence.

VILLE DE VALENCE

M. Anulphe-d'Aumont, *Médecin*. | M. Charlon, *Horloger*.

Députés du Diſtrict.

MM. De St-Pierre, *Juge de Chabeuil*. | MM. Melleret, *Avocat à Etoile*.

MM. Gallix, *Notaire à Mercurol.* | M. Pey *de Montoifon.*
Maffot, *Bourgeois à Saint-Nazaire.*

Election de Gap.

VILLE DE GAP
M. Joubert, *Procureur,*

VILLE D'EMBRUN
M. Davin, *Echevin.*

VILLE DE BRIANÇON
M. Roffignol.

Députés du Diftrict.

MM. Aftier, *Bourgeois à Afpres.* | MM. Maffon, *Bourgeois à Chorges.*
Lesbros, *Négociant à Veynes.* | Melquion, *Notaire à l'Argentiere.*
Long, *Avocat à Ribiers.*
Chaix, *Notaire à la Roche-des-Arnaud.*

Election de Montelimar.

VILLE DE MONTELIMAR
M. Moral, *Médecin.*

VILLE DE DIE
M. Lagier-la-Condamine.

VILLE DE CREST
M. Gaillard, *Affeffeur en la Sénéchauffée.*

VILLE DU BUIS
M. Leydier, *premier Echevin.*

Députés du Diſtrict.

MM. Barnave, *Notaire à Saillans.*
Vallentin, *Bourgeois à Barnave.*
Morin, *Avocat à Poyols.*
Sambuc, *Négociant à Dieulefit.*

Reynaud-la-Gardette, *Agriculteur à Auriple.*
Livache, *Négociant à la Motte.*
Tavan, *Bourgeois à Soyans.*

Les perſonnes ci-deſſus nommées ont pris ſéance,
A l'exception de MM. de Lagarde, d'Yze de Rozan, de Revigliaſc de Veynes, Chaix & Imbert, *abſents.*

Il a été, de plus, arrêté que toutes les perſonnes qui doivent élire, délibéreront ſur les pouvoirs & les inſtructions qui feront remis à ces Repréſentants, & en conſéquence, que les nouveaux Députés choiſiront entr'eux dix-huit Commiſſaires qui ſe joindront aux dix-huit précédents, pour préparer les pouvoirs & inſtructions.

Ont été nommés MM. *l'Evéque de Gap, l'Abbé de Morard, le Chanoine Bouvier-Deſmareſt, de Galbert, le Chevalier Alphonce de Dolomieu, Duperron, le Vicomte d'Allard, le Marquis de Pina-Saint-Didier, le Comte d'Allard, Gagnon, Thuillier, de Boiſſieu-Perrin, Pey, Long, Gaillard, Brun, Almeras de Latour & Joubert.*

Il a été arrêté qu'on ne pourra reconnoître pour Repréſentants aux Etats-Généraux, que ceux qui, conformément aux Réglements, auroient réuni plus de la moitié des ſuffrages.

M. le Préſident a renvoyé la Séance à demain, ſur les dix heures du matin, & il a ſigné :

† J. G. *Archev. de Vienne, Préſident.*

Mounier, *Secretaire.*

Du trente-un Décembre mil sept cent quatre-vingt-huit, sur les dix heures du matin.

Les Membres des Etats & leurs Adjoints ayant pris séance,

M. l'Evêque de Gap a dit « que la Commission s'est occupée du traitement que doivent avoir les Députés aux Etats-Généraux. Sur son rapport, il a été délibéré que chacun des Députés auroit vingt louis pour les frais de voyage, & 12 liv. par jour, à compter de celui qui sera indiqué pour l'ouverture des Etats-Généraux »,

Ensuite M. l'Evêque de Gap a dit « que la Commission a approuvé un projet de pouvoirs pour ceux qui doivent représenter la Province, & que M. Mounier, Secretaire des Etats, rendroit compte des motifs qui avoient dirigé la rédaction de ces pouvoirs »,

M. Mounier a développé les motifs qui ont déterminé la Commission.

Le projet annoncé ayant été lu, a été approuvé deux fois par acclamations.

M. le Chevalier de Murinais a dit « que M. Mounier, Rédacteur de ce projet, doit être député aux Etats-Généraux par acclamations; » ce qui a été accepté par l'Assemblée, avec de grands applaudissements.

M. Mounier a dit « qu'il étoit trop vivement ému, pour qu'il lui fût possible d'exprimer l'excès de sa reconnoissance, mais que le Réglement ne lui permettoit pas d'accepter l'honneur qu'on vouloit lui faire. »

Il a été aussi-tôt arrêté qu'il sera fait mention, dans le Procès-Verbal, du choix, par acclamations, que venoit de faire l'Assemblée, en faveur de M. Mounier, & que cependant, sur sa demande, sa nomination seroit renouvellée par la voie du scrutin.

On a enfuite recueilli les fuffrages fur le projet préfenté par la Commiffion; il a été de nouveau accepté, ainfi qu'il fuit :

L'Assemblée qui doit fe conformer aux principes confignés dans la lettre écrite au Roi par les Trois-Ordres de la Province, le 8 novembre dernier, & dans la délibération prife par les Etats le 9 de ce mois; plus que jamais perfuadée de leur juftice & de leur importance pour le bonheur de la Nation, donne pouvoir aux perfonnes qui feront choifies par la voie du fcrutin, de repréfenter la Province dans les Etats-Généraux du Royaume, en tant qu'il feront compofés de Membres librement élus.

Leur défend de délibérer féparément.

Leur donne mandat fpécial d'employer tous leurs efforts pour obtenir que les Députés du Tiers-Etat foient en nombre égal à ceux du premier & du fecond Ordre réunis; que les délibérations foient conftamment prifes par les Trois-Ordres réunis, & que les fuffrages foient comptés par tête, fans qu'ils puiffent voter fur aucune propofition, avant que ces formes aient été définitivement arrêtées; l'Affemblée déclarant qu'elle défavoue fes Députés, & leur retire fes pouvoirs, s'ils contreviennent au mandat ci-deffus.

Et dans le cas feulement où les Etats-Généraux feroient compofés de Membres librement élus, les Députés du Tiers-Etat, en nombre égal à ceux du premier & du fecond Ordre, les délibérations prifes par Ordres réunis, & les fuffrages comptés par tête, l'Affemblée donne pouvoir & mandat fpécial à fes Députés, de concourir, par tous les efforts de leur zele, à procurer à la France une heureufe conftitution qui affure à jamais la ftabilité des droits du Monarque & de ceux du peuple François;

Qui rende inviolable & facrée la liberté perfonnelle de tous les Citoyens;

Qui ne permette pas qu'aucune loi foit établie fans l'autorité du Prince & le confentement des Repréfentants du peuple, réunis dans des Affemblées nationales, fréquentes & périodiques;

Qui ne permette pas que les Miniſtres, les tribunaux, & aucun des ſujets du Monarque puiſſent violer les loix impunément; qu'il ſoit fait aucun emprunt direct ou indirect, & qu'aucun ſubſide ſoit perçu ſans le libre conſentement des Etats-Généraux, en préférant les genres d'impôts & de perception les plus compatibles avec la liberté publique & individuelle, & les plus ſuſceptibles d'être également répartis ſur tous les Citoyens.

Leur donne de plus, mandat ſpécial de procurer la réforme des abus relatifs aux tribunaux & à l'adminiſtration de la juſtice.

Leur défend de s'occuper des ſubſides avant que les principes & les baſes de cette conſtitution ſoient établis, à moins que les circonſtances n'exigeaſſent impérieuſement des ſecours extraordinaires & momentanés; leur recommandant, lorſque ces baſes ſeront fixées, de chercher tous les moyens propres à rétablir l'ordre & l'économie dans les finances; de prendre une connoiſſance exacte des beſoins de l'Etat & de la dette publique, afin d'y proportionner les ſacrifices que la gloire du trône, l'honneur François & le ſalut de la Nation pourront rendre néceſſaires.

Leur défend encore d'accorder aucun impôt pour un temps illimité, ſans que le terme de *l'octroi* puiſſe excéder l'intervalle d'une Aſſemblée d'Etats-Généraux à la ſuivante.

L'Aſſemblée déclare qu'en tout ce qui n'eſt pas reſtreint ou limité par le mandat ci-deſſus, elle s'en rapporte à ce que ſes Députés eſtimeront, en leur âme & conſcience, pouvoir contribuer au bonheur de la patrie, ne doutant pas qu'ils ne ſoient toujours dirigés par la juſtice, la modération, la fidélité envers le Roi, le reſpect des propriétés, l'amour de l'ordre & de la tranquillité publique.

Il leur ſera remis des inſtructions ſur quelques objets particuliers.

Et comme rien de ce qui peut intéreſſer la dignité de l'homme, ne ſauroit être indifférent à cette Aſſemblée, en reſpectant la juſte prérogative de la préſéance du Clergé & de la Nobleſſe, elle défend à ſes Députés de conſentir aux diſtinctions humiliantes qui avilirent les communes dans les derniers Etats-Généraux de Blois & de Paris.

L'Affemblée déclare de plus, que n'ayant eu, pour confondre les intérêts du Dauphiné avec ceux du refte du Royaume, d'autre but que celui de la félicité commune, elle réferve expreffément les droits de cette Province, dans le cas où des obftacles imprévus ne permettroient pas aux Etats-Généraux de prendre les réfolutions falutaires qu'elle a le droit d'en efpérer.

Il a été délibéré que les inftructions dont il eft parlé dans les pouvoirs des Députés, feront arrêtées définitivement avant de commencer le Scrutin, & que la Commiffion nommée pour les pouvoirs, s'occupera de ces inftructions.

M. le Préfident a renvoyé la Séance à demain, à quatre heures du foir, & il a figné :

† J. G. *Archev. de Vienne, Préfident.*

Mounier, *Secretaire.*

Du premier Janvier mil fept cent quatre-vingt-neuf, à quatre heures du foir.

LA Commiffion a fait le rapport d'un projet d'inftructions fur quelques objets particuliers, elles ont été approuvées; elles font de la teneur fuivante.

L'Assemblée délibérant fur les inftructions qu'il convient de donner, relativement à quelques objets particuliers, aux Députés qui doivent repréfenter la Province dans les Etats-Généraux,

A arrêté qu'ils pourront confentir à l'aliénation des Domaines du Roi &

à la confirmation des aliénations précédentes, pour employer le prix des ventes & des confirmations au paiement des dettes de l'Etat;

Qu'ils demanderont la deftruction des entraves qui s'oppofent aux progrès de l'Induftrie, & nuifent à la liberté des Arts & Métiers & à celle du Commerce;

Qu'ils demanderont de plus, qu'on accorde au Dauphiné la faculté de racheter les Péages;

Qu'ils feront prendre en confidération le grand nombre de Routes que le Dauphiné eft obligé d'entretenir pour la marche des Troupes vers les Frontieres, & dont il retire peu d'avantage; l'énormité des frais des ouvrages d'Arts qu'exigent ces mêmes routes, coupées fréquemment par des montagnes & des torrents, & combien il feroit injufte que le Dauphiné fupportât feul des dépenfes qui font utiles à tout le Royaume, & pour lefquelles il a toujours reçu des fecours du Gouvernement jufques à l'année 1788.

Au furplus, l'Affemblée invite tous les Membres qui la compofent, ainfi que les Villes & Communautés, corps & corporations du Dauphiné, à envoyer à la Commiffion intermédiaire les inftructions ou Mémoires qu'ils pourront juger convenables fur toutes les parties de la légiflation & de l'adminiftration, fur les abus de tous les genres, & fur les moyens qu'ils croiront les plus propres à en opérer la réforme, afin que la Commiffion intermédiaire faffe parvenir ces divers renfeignements aux Repréfentants de la Province.

Enfuite on a relu les pouvoirs fur lefquels on a de nouveau recueilli les opinions des Membres de l'Affemblée; ils ont été encore approuvés.

M. le Préfident a dit que « les Députés qui doivent concourir, avec les Membres des Etats, à l'Election de ceux qui repréfenteront la Province dans les Etats-Généraux, avoient été convoqués conformément aux intentions de S. M., communiquées par fes Commiffaires; que la lettre écrite à ce fujet, par M. Necker, annonçoit de nouveaux Ordres pour le 27 du mois dernier; mais que les ayant attendus jufques à ce jour, il y auroit des inconvéniens à retarder plus long-temps la nomination; qu'il étoit indifpenfable de commencer le Scrutin & de choifir trente Repréfentants, fans préjudice des Lettres de convocation; & que dans le cas où les ordres du Roi exigeroient un moindre nombre, les perfonnes qui fe trouveroient au delà du nombre fixé, feroient en *remplacement*.

Enfuite on a commencé le Scrutin.

A l'heure de minuit, les billets du Scrutin, ainfi que les *relevés* des Suffrages, ont été enfermés fous deux cachets par MM. les Procureurs-Généraux-Syndics.

M. le Préfident a renvoyé la Séance à demain, à neuf heures du matin, & il a figné :

† J. G. *Archev. de Vienne, Préfident.*

MOUNIER, *Secretaire.*

Du Vendredi, deux Janvier mil fept cent quatre-vingt-neuf, à neuf heures du matin.

LES cachets du Scrutin ayant été vérifiés & enfuite rompus, on a continué le Scrutin.

Mgr. *Jean-George le Franc de Pompignan,* Archevêque de Vienne, Préfident des Etats; M. *Henri-François Lucretius-d'Armand-de-Foreft,* Marquis de Blacons, *fils*; M. *Nicolas-François,* Marquis de Langon, Maréchal des Camps & Armées du Roi; M. *Alexandre-Jofeph de Falcoz, Comte de Lablache,* Maréchal des Camps & Armées du Roi; M. *Jean-Jofeph Mounier,* Secretaire des Etats; M. *Charles-Claude de Lacour-d'Ambezieux,* Avocat à Romans ; M. *Jean-Baptifte-Jofeph Barthellemy-d'Orbanne,* Avocat au Parlement de Grenoble ; M. *Alexis-François Pifon-du-Galland, fils,* Juge-Epifcopal de la ville de Grenoble; M. *Marcelin-René Berenger*, Procureur du Roi en l'Election de Valence ; M. *Antoine-Pierre-Jofeph-Marie Barnave, fils*, Propriétaire à Vercheni; M. *Louis-Antoine-François de Bertrand-de-Montfort*, Lieutenant-Général au Bailliage des Baronnies, ont été nommés Députés aux Etats-Généraux, ayant tous réuni plus de la moitié des fuffrages.

M. le Préfident a renvoyé la Séance à quatre heures du foir, & il a figné

† J. G. *Archev. de Vienne, Préfident.*

MOUNIER, *Secretaire.*

Du même jour, à quatre heures du foir.

LE Scrutin ayant été recommencé, M. *Jean-Antoine, Comte d'Agoult*, Colonel de Cavalerie, Sous-Lieutenant des Gardes du Corps du Roi, & M. *Pierre Revol*, Avocat au Parlement de Grenoble, ont été nommés Députés aux Etats-Généraux, ayant réuni plus de la moitié des fuffrages.

M. le Préfident a renvoyé la Séance à demain, à neuf heures du matin, & il a figné :

† J. G. *Archev. de Vienne, Préfident.*

MOUNIER, *Secretaire.*

Du Samedi, trois Janvier mil sept cent quatre-vingt-neuf, à neuf heures du matin.

M. le Préfident a renvoyé la Séance à trois heures & demie du foir, & il a figné :

† J. G. *Archev. de Vienne, Préfident.*

Mounier, *Secretaire.*

Du même Jour, à trois heures & demie du foir.

M. le Préfident a renvoyé la Séance à demain, à quatre heures du foir, & il a figné :

† J. G. *Archev. de Vienne, Préfident.*

Mounier, *Secretaire.*

Du Dimanche, quatre Janvier, à quatre heures du foir.

LE Scrutin ayant été repris, *M. Charles-Emmanuel de Gratel de Dolomieu,* Abbé-Commandataire de l'Abbaye de Saint Hilaire, Vicaire-Général du Diocefe de Vienne, Chanoine & Comte de l'Eglife de Saint Pierre & Saint Chef de la même ville; *M. François-Henry, Comte de Virieu,* Colonel du Régiment Limoufin, Infanterie; *M. Pierre-François, Comte de Morges;*

M. *Jean-Louis-Dominique Bignan-de-Coyrol*, Négociant à Suze; M. *Charles Chabroud,* Avocat à Vienne, *&* M. *Guy-Blancard*, propriétaire, habitant à Loriol, ont été reconnus Députés aux Etats-Généraux, ayant réuni plus de la moitié des fuffrages.

M. le Préfident a renvoyé la Séance à demain, à neuf heures du matin, & il a figné :

☦ J. G. *Archev. de Vienne, Préfident.*

Mounier, *Secretaire.*

Du Lundi, cinq Janvier mil fept cent quatre-vingt-neuf, à neuf heures du matin.

LE Scrutin ayant été repris, M. *Laurent-Céfar,* Baron *de Chaléon,* Confeiller au Parlement de Grenoble, *&* M. *Jean-Louis-Charles-François, Comte de Marfanne-Font-Juliane,* ont été reconnus Députés aux Etats-Généraux, ayant réuni plus de la moitié des fuffrages.

M. le Préfident a renvoyé la Séance à quatre heures du foir, & il a figné :

☦ J. G. *Archev. de Vienne, Préfident.*

Mounier, *Secretaire.*

Du même Jour, à quatre heures du foir.

LE Scrutin ayant été repris, M. *Aimé-François de Corbeau de Saint-Albin*, Doyen de l'Eglife Primatiale de Vienne, Vicaire-Général du Diocefe, & Abbé-Commandataire de l'Abbaye Royale d'Aulnay; M. *Jacques Bernardin Colaud-de-la-Salcette*, Chanoine de l'Eglife Cathédrale de Die; M. *Jean-Baptifte, Marquis de Baronat;* M. *Jofeph Allard-Duplantier*, propriétaire, habitant à Voiron; M. *Jean-Louis Cheynet*, Maire de la ville de Montelimar; M. *Antoine-Jofeph Richard*, Maire de la ville de Creft, ont été reconnus Députés aux Etats-Généraux, ayant eu plus de la moitié des fuffrages.

M. le Préfident a renvoyé la Séance à demain, à trois heures & demie du foir, & il a figné :

† *J. G. Archev. de Vienne, Préfident.*

MOUNIER, *Secretaire.*

Du Mardi, fix Janvier mil fept cent quatre-vingt-neuf, à trois heures & demie du foir.

LE Scrutin ayant été repris, M. *Reymond Grand de Champrouet*, Affeffeur au Bailliage de Briançon, a réuni plus de la moitié des fuffrages.

Le Scrutin ayant été repris une feconde fois, M. *Pierre-Paul-Alexandre de Monfpey*, Chevalier de Juftice de l'Ordre de Saint Jean de Jérufalem, Commandeur de Montbrifon, Lieutenant de M. le Grand-Prieur d'Auvergne, en Dauphiné, M. *Claude-Pierre de Delley-d'Agier*, ancien Officier du Régiment de Meſtre de Camp-Général, Cavalerie, & Maire de la ville de Romans, ont réuni plus de la moitié des ſuffrages.

M. le Préſident a renvoyé la Séance à demain, à trois heures du ſoir, & il a ſigné :

† J. G. *Archev. de Vienne, Préſident.*

Mounier, *Secretaire.*

Du Mercredi, ſept Janvier mil ſept cent quatre-vingt-neuf, à trois heures du ſoir.

IL a été fait lecture du réſultat du Conſeil du Roi, & du rapport fait par M. Necker à S. M. au ſujet des formes des Etats-Généraux; cette lecture a été pluſieurs fois interrompue par les plus grands applaudiſſements & par des cris de VIVE LE ROI; enſuite il a été arrêté que les Etats écriroient à S. M. pour lui préſenter les témoignages de leur reſpectueuſe reconnoiſſance, & qu'on écriroit également à M. Necker, Miniſtre des finances.

M. le Préſident a dit « qu'il falloit nommer en remplacement un Membre du Clergé, deux de la Nobleſſe & trois du Tiers-Etat. »

Le Scrutin ayant été repris, M. *Guy-Joſeph-François-Louis-Timoléon d'Aubergeon, Chevalier de Murinais,* a réuni plus de la moitié des ſuffrages.

Un Officier du Régiment de Royal-la-Marine eſt entré dans la ſalle des Etats, & a préſenté à M. le Préſident une lettre écrite par M. Necker à MM. les Commiſſaires du Roi, dans laquelle il annonce que S. M. a fixé à vingt-quatre le nombre des Repréſentants du Dauphiné, dans les Etats-Généraux.

Il a été auſſi-tôt arrêté que *MM. le Commandeur de Monſpey, le Marquis de Baronat, de Delley-d'Agier, Cheynet, Richard & de Champrouet,* ne ſeront conſidérés que comme nommés en *remplacement,* ainſi que M. le *Chevalier de Murinais.*

Il a été fait lecture d'une lettre écrite à M. le Marquis de Viennois, par des Dauphinois étant actuellement à Paris, qui contient leur adhéſion aux principes du Dauphiné; qui rend hommage au zele & au courage avec leſquels MM. le Marquis de Viennois, le Comte de la Blache & le Comte de Virieu, Députés de la Nobleſſe, ont ſoutenu les intérêts de la Province pendant leur ſéjour dans la Capitale. Cette lettre eſt ſignée par *MM. Cuchet. Reymond. Lenoir de la Roche. Robin de Mozas. Giroud. Sarraſin de Mareze. Allemand. Buiſſon, aîné. Guillaumet. Sarret du Cernai. Toſcan. L'Abbé Pollin. Amblard. Mathon. Amblard de Rue. Lacroix. Vincent. Donnet. Chaniès. Julien, aîné. Buiſſon, jeune. L'Abbé Garcin. Buiſſon. J. Trouſſier. L'Abbé de Perret. Lemaiſtre, Régiſſeur Général. Menuret de Chambaud, Médecin. Perier du Merlet.*

M. le Préſident a renvoyé la Séance à demain, à dix heures du matin, & il a ſigné :

† J. G. *Archev. de Vienne, Préſident.*

Mounier, *Secretaire.*

Du Jeudi, huit Janvier mil ſept cent quatre-vingt-neuf, à dix heures du matin.

Plusieurs Membres de l'Aſſemblée ont fait des obſervations relatives aux pouvoirs des Députés aux Etats-Généraux.

M. le Préſident a renvoyé la Séance à demain, à dix heures du matin, & il a ſigné :

† J. G. *Archev. de Vienne, Préſident.*

Mounier, *Secretaire.*

Du Vendredi, neuf Janvier mil sept cent quatre-vingt-neuf, à dix heures du matin.

UN des Membres de l'Assemblée a dit « qu'il ne paroissoit pas qu'on eût suffisamment recommandé aux Représentants de la Province, dans les Etats-Généraux, de veiller à ce que la Constitution garantisse les propriétés de tous genres, & qu'il seroit convenable de faire, à ce sujet, une addition au mandat spécial qui leur a été donné. »

L'Assemblée a unanimement délibéré qu'elle a entendu suffisamment pourvoir à la sûreté des propriétés, en déclarant qu'elle ne doutoit pas que ses Députés ne fussent dirigés par le respect des propriétés; mais que pour ne laisser aucune incertitude, elle déclare de nouveau charger expressément ses Députés d'obtenir une Constitution qui garantisse tous les genres de propriétés, de maniere qu'on ne puisse jamais y porter atteinte, & que les propriétaires soient toujours assurés d'une indemnité effective, juste & proportionnelle, dans le cas où le bien public exigeroit quelque changement qui leur seroit préjudiciable. L'Assemblée déclare de plus que la *Nobilité* des fonds en Dauphiné, ayant augmenté leur valeur dans le commerce & le partage des successions, elle ne pourra être abrogée sans une indemnité, également effective, juste & proportionnelle.

M. le Président a renvoyé la Séance à cinq heures du soir, & il a signé :

† J. G. *Archev. de Vienne, Président.*

MOUNIER, *Secretaire.*

Du même jour, neuf Janvier mil sept cent quatre-vingt-neuf, à cinq heures du soir.

Lecture a été faite du Procès-Verbal des Séances précédentes.

Il a été arrêté qu'il sera remis, à chacun des Députés aux Etats-Généraux, une copie collationnée par le Secretaire des Etats, des pouvoirs arrêtés le trente-un Décembre dernier; des instructions arrêtées le 1er du préfent mois de Janvier, & de l'addition des pouvoirs, fixée par la Délibération de ce jour.

Il a été arrêté que les perfonnes qui ont été adjointes aux Etats pour nommer les Députés aux Etats-Généraux, feront payées au moyen des mandats que leur remettront MM. les Procureurs-Généraux-Syndics, fur les Receveurs particuliers des Finances; que ce paiement fera de fix livres par jour, en comprenant le temps néceffaire pour leur voyage, qui fera déterminé à raifon de huit lieues par jour.

M. le Préfident a annoncé la clôture des Séances auxquelles doivent prendre part les Députés adjoints aux Etats, & en conféquence tous les Membres de l'Affemblée ont figné, fans obfervation de rang, d'âge ni de préféance dans chaque Ordre. *Signés,*

† Jean-George, *Archevêque de Vienne, Préfident.*
† A. P. L., *Archevêque, Prince d'Embrun.*
† S. H., *Evêque, Comte de Gap.*
Le Chevalier d'Yze de Rozans, *Commandeur de Gap.*
Le Bailli de Laubepin.

Le Commandeur de Rigaud.
Le Chevalier de Chabrillan.
Le Commandeur de Monfpey.
L'Abbé de Seillans, *Prévôt de Saint Paul.*
L'Abbé de Saint-Albin.
L'Abbé de la Salcette.
L'Abbé Colaud de la Salcette.

L'Abbé Comte de Dolomieu.
Légalieres, *Chanoine.*
L'Abbé Suel, *Chanoine.*
Marcellin, *Chanoine.*
Chanlon, *Prieur de la Côte.*
Fuzier, *Curé.*
Allard, *Curé.*
De Courgeux, *Vicaire Général d'Embrun.*
F. J. B. Renard, *Prieur, Chartreux.*
François Harmand, *Coadjuteur de Sallette.*
Denantes, *Précenteur de l'Eglife de Vienne.*
L'Abbé de Plan de Sieyes, *Vicaire Général d'Embrun.*
Ruel, *Chanoine & Député du Chapitre de Valence.*
Saint-Genis, *Chanoine, Député de l'Eglife de Gap.*
De Caze-Neuve, *Député de l'Eglife de Gap.*
L'Abbé de Morard, *Comte de Saint Pierre.*
L'Abbé de Reynaud, *Vicaire Général de Grenoble.*
L'Abbé de Chieze.
Bouvier-Defmareft, *Sacriftain du Chapitre de Romans.*
L'Abbé Borel, *Chanoine, Député du Chapitre de Creft.*
Martin, *Chanoine du Chapitre de Saint-Paul-Trois-Châteaux.*
Andrau, *Chanoine, Député de l'Eglife de Montelimar.*
Mallet, *Curé de Notre-Dame de la Vie de Vienne.*
Gerard, *Prieur-Curé.*
Buiffiere.
F. Curtel, *Gardien des Cordeliers.*
P. Elifée Talochon, *Religieux de la Charité.*

L'Abbé de la Roliere.
Le Marquis de Langon.
Le Vicomte de Galbert.
De Galbert.
Riviere.
Leclet.
Le Vicomte d'Allard.
Le Chevalier de Pina.
De Chuzin.
Louis-Victoire, Comte d'Allard.
La Roliere.
Saint-Ours de l'Echaillons.
Vignon de Saille.
Gauteron, fils.
Le Chevalier de Bonne-Vercors.
Le Marquis de Montjoux.
De Bouffier de Cezarges.
Bectoz.
Le Chevalier Alphonce de Dolomieu.
Le Vicomte de Leyffin.
Le Marquis de Vefc.
François-Charles-Louis de Leyffin.
Gafpard-Pierre Comte de Monts de Savaffe.
Le Marquis d'Acquéria-Rochegude.
Charles-Philippe, Marquis de Blacons.
François Romain-Chaptal de Grand-Maifon.
Joachim de Revel du Perron.
De Grand.
Chaptal de la Mure.
Le Marquis de Quiquerans-Beaujeu.
De Tardivon.
Pina-Saint-Didier.
Le Chevalier Etienne de Taxis.
Le Marquis de Viennois.
Le Comte de Morges.
Le Marquis de Buffevent.

Du Vivier.
Le Marquis de la Tour-du-Pin-Montauban.
Sigoin.
François-René de Taxis du Poët.
Le Comte de la Blache.
Henri-François Marquis de Blacons.
Le Marquis de Saint-Vallier.
Chaléon.
Le Marquis de Marcieu.
Le Chevalier de Rachais.
Le Chevalier de Laurencin.
Le Comte Antoine d'Agoult.
Le Chevalier de Murinais.
Le Comte de Vallier.
Le Baron de Mont-Rond.
Marquet.
Baronat.
D'Hugues.
Le Marquis de Beaufemblant.
Le Marquis de Pifançon.
Le Marquis de la Villette.
Le Marquis de Veynes.
Ravel.
Le Marquis de Savine.
Le Vicomte de Bardonenche.
Le Comte de Virieu.
Le Baron de Venterol.
Le Marquis de Rachais.
De Breffac.
Meffray.
Dupré de Mayen.
Chevalier de Pifançon.
Chevalier Alexandre de Pifançon.
Le Chevalier du Bouchage, *Procureur-Général-Syndic*.
Le Comte de Marfane, fils.

Sibeud-Saint-Ferriol.
De Rigaud.
Le Marquis de Rippert-d'Alauzier.
De Chappuis de Bienaffis.
Le Marquis de Chalvet.
De Delley-d'Agier.
Lambert.
Chabroud.
Grand de Champrouet.
Aman.
Andrevon.
Ardoin.
Gagnon.
Pey.
Brun.
Revol.
Tefte le Beau.
Flory.
Bernard-d'Entraigues.
Delhors.
Garcin du Verger.
Blanc.
Bouvier.
Imbert des Granges.
Mollar.
Chabert.
Long.
Terrier.
Gonffolin.
Joly.
Caral.
Almeras la Tour.
Bertet-Dupiney.
Pecoud.
Moral, *Médecin*.
Desjardins.

Sornin.
Thibaud.
L. B. Clavet.
Peyret.
Guedy.
Bieffy.
E. Reymond, *d'Erieux*.
Marquis.
Mollard.
Cyprien Medal.
Forgeret.
Pravas.
Jullien.
Boudin.
Sabliere-des-Ayes.
Pinet.
Robin-des-Combes.
De Boiffieu-Perrin.
Peroufe-de-Montclos.
Charvet.
Charlon.
Lacroix-Saint-Pierre.
Melleret.
Gallix.
Pierre Maffot.
Joubert.
Pey.
Davin.
Roffignol, *fous la réferve des Proteflations du Briançonnois*.
Aftier.
Lesbros.
Long, *Avocat*.
Maffon.
Melquiond.
Gaillard.

Leydier.
Barnave.
Vallentin.
Livache.
Reynaud-la-Gardette.
Morin.
Sambuc.
Bertrand-de-Montfort.
Tavan.
Bignan-de-Çoyrol.
Revol, *Conful de Grenoble*.
Giraud.
Michal.
Fare.
Reynaud.
Mounier, *Négociant*.
De la Morte.
Allard Duplantier.
Dumolard.
Royer.
Bravet.
Bernard.
Guillot.
Farconet.
Vigne.
Allemand-des-Chemins.
Jullien.
Ronin.
Champagneux.
Carlet.
Pafcal-la-Rochette.
Lombard.
Apprin.
Chevalier-Maifon-Blanche.
Proby.
Perroncet-de-Beauvenir.

Danthon.
Mortillet.
Champel.
Vallier-Collombier.
Glandut.
Figuet.
Colonge.
Vallet-la-Contamine.
Delandes.
Berenger.
Didier.
Blancard.
Ezeingeard.
Chalamel, *de Thain.*
Marchon, *Maire & Député de Gap.*
Gautier.
Nicollas.

Carle.
Colomb.
Duraffourt.
Cheynet.
Chaniac.
Morin.
Richard, *Maire de Creſt.*
Barnave, *fils.*
Lagier-Vaugelas.
De Saint-Germain.
Falquet-Travail, *Procureur-Général-Syndic.*
Revolat, *Médecin.*
Reynaud-Florentin.
De Lacour-d'Ambeſieux.
Reymond, *de Saint-Vallier.*
Abel.
Mounier, *Secretaire des Etats.*

M. le Préſident a renvoyé la Séance à demain, à dix heures du matin, & il a ſigné :

† J. G. *Archev. de Vienne, Préſident.*

MOUNIER, *Secretaire.*

Du dix Janvier mil ſept cent quatre-vingt-neuf, à dix heures du matin.

M. le Chevalier du Bouchage, Procureur-Général-Syndic, a rendu compte d'un Mémoire, ſur la néceſſité d'établir des limites invariables entre le Dauphiné & le Vivarais, & d'une requête préſentée par la Communauté des maîtres Tailleurs de pierre & Entrepreneurs de la ville de Lyon, qui a pour objet d'engager les Etats à folliciter, en attendant l'abrogation de l'Edit du trois Mars mil fept cent quatre-vingt-quatre, la diminution provifoire des droits qui fe perçoivent au Bureau d'Anthon, fur les pierres à bâtir, venant du Bugey ou de la Province de Dauphiné.

Les Mémoires & Requêtes ci-deffus ont été renvoyés à la Commiffion intermédiaire.

M. Didier a fait le rapport du travail du Bureau du bien public, fur les Municipalités; il a lu un Mémoire qui préfente les vices du régime actuel & un Projet de réglement, pour indiquer les moyens d'en corriger les abus.

Les Etats ont délibéré que le Mémoire & le Projet de réglement, lus par M. Didier, feront dépofés dans les Archives, pour fervir à la Commiffion intermédiaire, qui prendra de nouveaux renfeignemens fur cet objet, pour en rendre compte dans la premiere Affemblée des Etats.

Les Etats ont arrêté que MM. les Procureurs-Généraux-Syndics écriront à toutes les Villes & Communautés de la Province, que pour être autorifés dans leurs divers objets de dépenfe, ainfi que dans toutes les impofitions néceffaires, pour y fubvenir, elles devront s'adreffer aux Etats, & dans l'intervalle de leurs Séances, à la Commiffion intermédiaire; de même que pour ce qui concerne la répartition de toutes les impofitions foncieres & perfonnelles, la diftribution des dégrèvemens, récompenfes, indemnités & encouragemens.

Il a été également arrêté que MM. les Procureurs-Généraux-Syndics demanderont, chaque année, aux Villes, Bourgs & Communautés, l'état de leurs revenus, tant patrimoniaux que d'octrois; celui de leurs recettes & de leurs dépenfes; celui de fituation de leurs fonds, & de ce qu'elles peuvent avoir entre les mains de leurs Confuls ou Receveurs; qu'ils leur demanderont, de plus, d'indiquer l'époque à laquelle ont été rendus les derniers comptes; quels font les revenus des pauvres, tant en immeubles qu'en rentes & vingt-quatrieme, & quelle en eft l'adminiftration.

Il a été, de plus, arrêté que la Commiffion intermédiaire réclamera, auprès de S. M., les diverfes parties d'adminiftration qui n'ont pas encore été confiées aux Etats.

M. le Préfident a renvoyé la Séance à quatre heures & demie du foir, & il a figné :

† J. G. *Archev. de Vienne, Préfident,*

Mounier, *Secretaire.*

Du même jour, à quatre heures & demie du foir.

Sur le rapport fait par M. de Chaléon, du travail du Bureau des impofitions, il a été arrêté que la Commiffion intermédiaire fera chargée de prendre des renfeignements fur l'utilité ou l'inutilité de l'infpecteur des toiles de cette Province, fur les économies dont peuvent être fufceptibles les gratifications accordées aux maîtres de Poftes, ainfi que les fommes impofées pour les logements des officiers fupérieurs, en examinant quels font les logements abufifs, & s'il ne fe commet pas, à cet égard, des doubles emplois; qu'elle fera également chargée de prendre des renfeignements fur les épargnes ou améliorations qu'on pourroit faire dans le régime des haras, & fur l'utilité ou inutilité du régime actuel.

Il a été, de plus, arrêté que le Mémoire lu par M. de Chaléon, fur les impofitions comprifes dans le premier & fecond Brevet de la Taille, fera dépofé dans les Archives des Etats.

M. Champel a fait le rapport du travail du Bureau des impofitions fur les fubfides, dont la perception eft confiée à la ferme générale, à la régie & à l'adminiftration des Domaines, & à d'autres Compagnies des finances.

Sur ce rapport, il a été délibéré que la Commiffion intermédiaire fera expreffément chargée de prendre les renfeignements les plus précis & les plus prompts qu'il lui fera poffible; 1° fur la qualité d'impôts indirects que fupportent les habitants de cette province; 2° fur les frais de régie & de perception que coûtent ces divers impôts; 3° fur les dommages ou pertes particulieres qui peuvent en être la fuite pour l'agriculture, le commerce & les arts; 4° fur les moyens de remplacer les impôts, ou de les modifier, foit pour les rendre moins onéreux, foit pour en rendre la perception plus fimple & plus facile, foit enfin pour en corriger les abus, lefquels renfeignements elle communiquera à ceux qui doivent repréfenter la Province dans les Etats-Généraux du Royaume.

Il a été arrêté que le Mémoire lu par M. Champel, fera dépofé dans les Archives des Etats.

M. le Comte de Meffrey a fait lecture d'un Mémoire fur les vingtiemes, les frais de leur perception & le régime de ce genre d'impôt. Il a été également arrêté que ce Mémoire fera dépofé dans les Archives des Etats.

M. le Préfident a renvoyé la Séance à Lundi, douze de ce mois, à dix heures du matin, & il a figné :

† J. G. *Archev. de Vienne, Préfident,*

MOUNIER, *Secretaire.*

Du douze Janvier mil fept cent quatre-vingt-neuf, à dix heures du matin.

IL a été fait lecture du Procès-Verbal de la Séance précédente.

Enfuite ont été lus les projets d'une Lettre au Roi & d'une Lettre à M. Necker; ils ont été approuvés, & font de la teneur fuivante :

LETTRE écrite au ROI par les Etats de la Province de Dauphiné, le douze Janvier mil sept cent quatre-vingt-neuf.

SIRE,

Dans les décisions préliminaires de Votre Majesté, sur les formes des Etats-Généraux, la province de Dauphiné trouve l'accomplissement d'une partie de ses Vœux; elle vous doit un nouvel hommage de sa reconnoissance; ainsi, chaque jour des actes de justice & de bienfaisance vous font bénir de vos Sujets. Vous triompherez de tous les obstacles qui s'opposent au bien général; l'exemple d'un grand Roi ne fut jamais infructueux : tous les François, oubliant leurs intérêts particuliers, marcheront à grands pas vers le but que Votre Majesté s'empresse de leur offrir.

Sire, qui pourroit refuser de seconder les desirs de Votre Majesté ? Le Chef suprême de la Nation nous appelle à la félicité; sa voix sera sans doute entendue, elle le sera sur-tout par les Dauphinois qu'animent la fidélité la plus inviolable, le dévouement le plus absolu envers Votre Majesté comme envers la Patrie.

Et Votre Majesté, qui s'occupe avec autant de constance du sort de son Peuple, *n'auroit que des infants de bonheur!*..... Un pere qui montre une si tendre sollicitude pour ses enfants, pourroit-il les supposer ingrats ?

Sire, si vous eussiez été témoin de nos larmes d'attendrissement & de nos transports de joie, lorsque nous avons entendu la lecture de ce rapport du Ministre de vos finances, qui exprime si bien vos généreux desseins & ceux de votre Auguste Epouse, vous auriez éprouvé combien vous êtes adoré; Votre Majefté auroit été heureufe, puifque le Prince qui aime fes Sujets, met dans leur amour tout fon bonheur & toute fa gloire.

Nous fommes, avec un profond refpect,

  SIRE,

De Votre Majefté,

     Les très-humbles, très-obéiffants & très-fideles Sujets & Serviteurs, les ETATS DE LA PROVINCE DE DAUPHINÉ.

      † J. G. *Archev. de Vienne, Préfident,*
        MOUNIER, *Secretaire.*

LETTRE écrite à M. NECKER.

MONSIEUR,

LA Province de Dauphiné connoiffoit depuis long-temps tout ce que devoit la France entiere à vos vertus & à votre génie; mais le dernier fervice que vous venez de rendre à la Nation, met le comble à votre gloire.

Le rapport touchant que vous avez fait à S. M. fur les formes des Etats-Généraux, nous a vivement émus; jamais on ne parla des droits des hommes & du projet du meilleur des Rois, avec plus de fentiment & de dignité. Quelle fublime fonction que celle d'être ainfi près du Trône, l'organe de la vérité, & de la défendre avec un fi noble courage!

Puiffiez-vous long-temps, MONSIEUR, feconder les intentions de votre Monarque pour le bonheur de fes Sujets; les efforts de l'envie ne parviendront pas à vous priver de fa confiance que vous avez fi juftement méritée; mais il lui fera fur-tout impoffible d'affoiblir notre reconnoiffance : tous les cœurs Dauphinois font à vous pour jamais.

Nous avons l'honneur d'être,

  Monsieur,

    Vos très-humbles & très-obéiffants Serviteurs, les
    Etats de la Province de Dauphiné.

    J. G. *Archev. de Vienne, Préfident,*
    Mounier, *Secretaire.*

Il a été fait lecture d'une Requête préfentée par les Locataires des terreins proches des fortifications de la ville de Grenoble, par laquelle ils expofent que le fermier de l'Etat-Major profite de ce qu'ils ont conftruit des maifons fur ce terrein, en vertu de la permiffion qu'ils en ont obtenue, pour augmenter le prix du louage à l'expiration de chaque Bail; ils fupplient les Etats de les protéger auprès du Miniftre, pour faire régler définitivement les redevances qu'ils doivent payer. Cette Requête a été renvoyée à la Commiffion intermédiaire.

Il a été enfuite fait lecture d'une délibération prife par l'Univerfité de Valence, laquelle ayant été invitée par l'Univerfité de Touloufe, à demander qu'il lui fût permis de députer aux Etats-Généraux, a délibéré de confulter les Etats de la Province. Il a été également fait lecture des Mémoires & Lettres de l'Univerfité de Touloufe.

Les Etats confidérant que les Députés aux Etats-Généraux ne doivent pas repréfenter des Corps ni des Profeffions, mais le peuple François; qu'ils doivent oublier tous les intérêts particuliers pour ne s'occuper que du bien public.

Qu'en permettant à des Corps (quelle que fût d'ailleurs leur importance) de choisir des Députés parmi leurs Membres, on nuiroit à l'élection libre; que ces Députés n'ayant pas été choisis par le concours des Citoyens, mais feulement par un petit nombre d'Electeurs, ne fauroient avoir le droit de voter fur des objets qui intéreffent tout le Royaume; que fi les Univerfités obtenoient une pareille diftinction, les autres Corps prétendroient à la même faveur; que les Etats-Généraux ne feroient plus compofés des Repréfentants de la Nation, mais des Députés des divers Corps qui pourroient s'occuper uniquement des prétentions de leurs commettants, ou du foin de favorifer des abus.

Que les Repréfentants doivent oublier les Corps dont ils font Membres, le lieu qu'ils habitent, la profeffion qu'ils exercent; adopter, pour leur patrie, la France entière; que les droits des Corps & des individus ne doivent être protégés, dans les Etats-Généraux, que d'après leur relation avec le maintien de l'ordre & de la félicité publique.

Qu'ainfi, les Membres des Univerfités ne peuvent être admis dans les Affemblées de la Nation, fi leur nomination n'a pas été faite par tous les habitants d'une Province ou d'un diftrict; le defir de juftifier la confiance publique pouvant feul infpirer l'oubli des petits intérêts, & donner le courage d'attaquer tous les abus, même ceux du Corps auquel on appartient.

Qu'il eft vrai que dans quelques Etats-Généraux l'Univerfité de Paris a eu des Députés parmi les Corps Eccléfiaftiques, mais que fa repréfentation n'a jamais été confidérée comme indifpenfable, qu'elle n'a eu lieu que dans des temps d'ignorance, où les Univerfités étoient confidérées comme les feules dépofitaires de la fcience; mais que dès le moment où les lumieres fe font répandues, l'Univerfité de Paris a ceffé d'être convoquée.

Que dans les derniers Etats-Généraux de 1614, cette Univerfité voulut avoir des Députés particuliers; mais que fa prétention fut rejetée par le Confeil du Roi, qu'il lui fut feulement permis de remettre fes plaintes aux Repréfentants du Clergé.

Que toutes les Univerſités du Royaume peuvent aujourd'hui ſuivre le même exemple, & ont la faculté, ainſi que tous les autres Corps, que tous les Citoyens, d'envoyer des Mémoires & des Pétitions, moyen légitime de défendre leurs droits dans les Aſſemblées nationales, où il ne devroit pas être permis d'opiner dans ſa propre cauſe.

Par toutes ces conſidérations, les Etats ont déclaré qu'ils n'eſtiment pas que les Univerſités puiſſent avoir des Députés particuliers aux Etats-Généraux, & ils ont arrêté qu'il ſera adreſſé Extrait de la préſente Délibération à l'Univerſité de Valence.

M. le Préſident a renvoyé la Séance à quatre heures du ſoir, & il a ſigné :

† J. G. *Archev. de Vienne, Préſident,*

MOUNIER, *Secretaire.*

Du même jour, à quatre heures du ſoir.

IL a été arrêté que la convocation prochaine des Etats-Généraux ayant obligé les Etats à s'occuper, avec les Membres du Doublement, de la nomination des Députés & des pouvoirs qui doivent leur être confiés, & à interrompre ainſi leurs fonctions ordinaires, les Membres des Etats, outre les trente jours déterminés par le Réglement, feront payés pour dix jours de plus.

M. le Chevalier du Bouchage a dit :

MESSIEURS,

« LES Travaux publics de la Province ſont une partie trop importante de ſon Adminiſtration ; ils intéreſſent trop le Commerce & l'Agriculture, pour que les Etats n'apportent pas la plus grande attention à régler tout ce qui peut affurer l'ordre, la folidité & l'économie dans leurs exécutions; il feroit non-feulement difficile, mais peut-être même imprudent, de propofer, dans le moment actuel, des Réglements fixes à cet égard : nous ne devons pas nous diffimuler que nous avons befoin d'être éclairés par l'expérience, de connoître, par nous-mêmes, l'état des routes, les moyens qui ne peuvent être uniformes dans les différents cantons de la Province, & qui dépendent néceffairement de la variété du fol & du climat.

» Il paroît donc plus fage de fe borner, dans la circonftance publique, à adopter un Réglement provifoire, qui puiffe nous mettre à même de furveiller, avec exactitude, les travaux que nous aurons à exécuter cette année, & d'autorifer la Commiffion intermédiaire à prendre toutes les mefures convenables pour fe procurer les inftructions de détail qui nous font néceffaires.

» On pourroit, en attendant, propofer aux Etats un Réglement qui préfenteroit les difpofitions fuivantes. »

1º Divifion des départements des Ingénieurs.

2º Service & fonctions des Ingénieurs dans leurs départements; comptes qu'ils doivent rendre à la Commiffion intermédiaire.

3º Opérations qui doivent précéder les adjudications.

4º Formes à obferver lorfqu'on paffera les adjudications.

5º Exécution des marchés par les Entrepreneurs.

6º Ordre à obferver dans les paiements à faire aux Entrepreneurs.

7º Etabliffement des cantonniers.

Plufieurs Articles de ce Réglement ont été arrêtés par les Etats.

M. le Préfident a renvoyé la Séance à demain, à neuf heures du matin, & il a figné :

† J. G. *Archev. de Vienne, Préfident,*

MOUNIER, *Secretaire.*

Du Mardi, treize Janvier mil fept cent quatre-vingt-neuf, à neuf heures du matin.

Les Etats ont continué l'examen du projet d'un Réglement provifoire, propofé par le Bureau des Travaux publics, dont les Articles ont été fucceffivement approuvés, ainfi qu'il fuit.

CHAPITRE PREMIER.

Divifion des Départements des Ingénieurs.

Article Premier.

La divifion des départements des Travaux publics ne pouvant être définitivement arrêtée que d'après des connoiffances locales & des vérifications fûres & précifes fur le plus ou moins de travaux qu'exige chaque partie de la Province, le même nombre de départements fera provifoirement confervé tels qu'ils ont été fixés par l'ancienne Adminiftration ; ces départements font au nombre de neuf, favoir : ceux de Grenoble, de Bourgoin, de Vienne, de Saint-Marcellin, de Valence, de Pierre-Latte, de Vizille, de Gap & de Briançon.

Art. II.

La Commiffion intermédiaire fera chargée de fe procurer, foit par les vérifications que pourront faire les Membres qui la compofent, foit par fes correfpondants & par les Députés aux Etats, tous les renfeignements néceffaires pour parvenir à des divifions de départements, qui puiffent en diminuer le nombre, & apporter de l'économie dans cette partie de l'Adminiftration de la Province.

Art. III.

D'après les inftructions qu'aura reçues la Commiffion intermédiaire, elle s'occupera de rédiger un nouveau projet de Réglement qu'elle préfentera aux Etats à leur prochaine Affemblée ; ce Réglement comprendra, autant qu'il fera poffible, tous les détails qui doivent affurer une marche fimple & conftante dans la conduite des travaux des routes & ouvrages d'Arts. Il prefcrira l'ordre de la comptabilité ; il déterminera en même-temps le nombre des Ingénieurs, Conducteurs, Piqueurs & autres employés néceffaires pour l'exécution & la furveillance des Travaux publics.

CHAPITRE SECOND.

Service & Fonctions des Ingénieurs dans leurs Départements. Comptes qu'ils doivent rendre à la Commiffion intermédiaire.

Article Premier.

Les Ingénieurs des Ponts & Chauffées, actuellement employés dans la Province, feront confervés provifoirement dans le nombre actuel, & avec le même traitement dont ils jouiffent, jufqu'à ce que, la nature, l'importance & la quantité des travaux à exécuter, étant mieux connus, les Etats puiffent juger de la néceffité de réduire le nombre des Ingénieurs, & qu'on puiffe également fixer les appointements qu'il eft jufte de leur accorder.

Art. II.

Lefdits Ingénieurs feront aux ordres des Etats & de la Commiffion intermédiaire ; la fubordination, dans le fervice qu'ils fuivent entr'eux, continuera d'être obfervée; ils conferveront les mêmes grades; ils ne feront point féparés de leur Corps, fauf aux Etats de prendre, dans la fuite & fous ces différents rapports, les arrangements qui leur paroîtront les plus convenables.

Art. III.

Chaque Ingénieur s'occupera, le plutôt poffible, de dreffer des Mémoires ou Tableaux raifonnés & circonftanciés, qui puiffent faire connoître la nature & la qualité des matériaux qu'on peut employer dans les différentes parties de chaque département, foit pour la conftruction & l'entretien des routes & chauffées, foit pour les pavés & autres ouvrages d'Arts; la diftance des carrieres aux atteliers qu'elles doivent approvifionner; le prix de l'extraction de la pierre, foit pour la taille, foit pour moëllons; celui des voitures & du tranfport fur les divers atteliers; le prix de la main d'œuvre pour la taille de la pierre, pour les maçonneries des différentes efpeces, pour les pavés, pour les remuements de terre, foit en déblais, foit en remblais; la qualité & le prix de la chaux, du fable, &c.; enfin, tous les détails qu'il eft important de raffembler & de connoître, pour juger de l'évaluation des Projets qui feront faits pour chaque département : ces Mémoires ou Tableaux feront adreffés à l'Ingénieur en chef, qui les remettra, avec les obfervations qu'il croira néceffaires, à la Commiffion intermédiaire.

Art. IV.

Les Ingénieurs de départements fuivront, avec la plus grande exactitude, l'exécution des Ouvrages, & veilleront à leur bonne conftruction; ils dresferont, au moins tous les trois mois, & feront parvenir à l'Ingénieur en chef, des états qui conftatent, d'une maniere claire & précife, la fituation actuelle des travaux de chaque attelier; la dépenfe faite & les approvifionnements préparés par les Entrepreneurs. L'Ingénieur en chef remettra lefdits états à la Commiffion intermédiaire, qui ordonnera les paiements qu'elle jugera convenables, dans la forme qui fera préfentée ci-après. Les états de fituation & les mandats de paiements, qui feront délivrés en conféquence, feront exactement tranfcrits fur un Regiftre, afin qu'on puiffe, à chaque inftant, vérifier l'avancement des Ouvrages, & les fommes qui auront été payées.

Art. V.

Si, pendant l'exécution d'un ouvrage, des circonftances imprévues rendoient indifpenfables quelques changements, foit en augmentation, foit en diminution de dépenfe, l'Ingénieur de département en inftruira l'Ingénieur en chef, lequel en fera fon rapport à la Commiffion intermédiaire, qui pourra autorifer lefdits changements.

Art. VI.

L'Ingénieur en chef fera, chaque année, toutes les tournées néceffaires à l'infpection des Travaux de la Province, dont il fera fon rapport à la Commiffion intermédiaire. Les Ingénieurs particuliers feront, tous les trois mois, & plus fouvent, s'il en eft befoin, une tournée générale de leurs départements; ils vérifieront, dans cette tournée, tous les travaux; ils drefferont un rapport détaillé de leur fituation, des dégradations furvenues aux chemins & aux ouvrages d'Arts; ils le feront parvenir à l'Ingénieur en chef, lequel en rendra compte à la Commiffion intermédiaire.

CHAPITRE TROISIEME.

Opérations qui doivent précéder les Adjudications.

Article Premier.

LES *avant-projets* & la dépenfe, par apperçu, des Ouvrages à faire dans la Province, feront adreffés chaque année par l'Ingénieur en chef, à la Commiffion intermédiaire; elle examinera & vérifiera les Projets des

Ouvrages qui doivent être exécutés l'année fuivante, pour en faire le rapport aux Etats; l'Ingénieur en chef lui remettra auffi un état détaillé des Ouvrages qui ont été exécutés l'année précédente & de ceux qui reftent à faire; des atteliers qui font établis & de ceux qu'il conviendra de former.

Art. II.

Les Députés des Etats & tous les Citoyens font invités de faire paffer à la Commiffion intermédiaire des Obfervations & des Mémoires fur l'état des routes, dans les différents cantons de la Province, fur la néceffité & les moyens de réparer les anciennes, d'en entreprendre de nouvelles, & fur les motifs d'utilité publique qui doivent en preffer l'exécution.

Art. III.

La Commiffion intermédiaire rendra compte aux Etats, à leur prochaine Affemblée, du réfultat des connoiffances qui lui auront été tranfmifes, conformément aux Articles précédents, afin qu'ils puiffent juger de l'importance, plus ou moins grande, des différents travaux à entreprendre, & en délibérer avec connoiffance de caufe; elle leur rendra pareillement compte des Ouvrages qui auront été exécutés pendant l'année, de la fituation de ceux qui n'auront pas été entièrement achevés, & des motifs qui doivent en preffer plus ou moins la continuation.

Art. IV.

Lorfque les Etats auront définitivement arrêté leurs Délibérations relatives aux Travaux publics, la Commiffion intermédiaire chargera l'Ingénieur en chef de rédiger, le plutôt poffible, les devis & détails eftimatifs des différents Ouvrages; il les remettra enfuite à la Commiffion intermédiaire, qui, après les avoir examinés & approuvés, prendra les mefures néceffaires pour faire procéder à leur adjudication.

Art. V.

Comme il paroît important, foit pour la célérité & l'économie dans l'exécution, foit pour l'avantage même des différentes Communautés qui font placées fur les routes, ou qui en font très à portée, que les entreprifes puiffent exciter une grande concurrence, on divifera les adjudications, autant qu'il fera poffible, fans nuire au bien du fervice ; par cette méthode, on facilitera, aux habitants des campagnes, les moyens de retrouver, dans le falaire de leur travail, un dédommagement avantageux des contributions qu'ils font obligés de payer en remplacement de la corvée.

Art. VI.

La Commiffion intermédiaire ne paffera aucune adjudication par elle, ou par ceux qu'elle aura commis à cet effet, que les Entrepreneurs ne fourniffent de bonnes & fuffifantes cautions, & qu'ils ne foient reconnus pour être en état d'exécuter les travaux qui leur feront confiés. Si un Entrepreneur, fans y avoir été préalablement autorifé, exécutoit plus d'ouvrage qu'il ne lui en auroit été adjugé, il ne pourroit être admis à répéter aucune indemnité pour cet excédent.

CHAPITRE QUATRIEME

Formes à obferver lorfqu'on paffera les Adjudications.

Article Premier.

Lorsque les plans & devis des projets, foit pour les routes, foit pour les ouvrages d'Arts, auront été approuvés, définitivement arrêtés par les Etats, & renvoyés pour les faire exécuter à la Commiffion intermédiaire, elle les remettra à ceux de fes Membres ou Correfpondants qu'elle aura commis pour faire procéder aux adjudications.

Art. II.

Afin de faciliter la concurrence, les perfonnes commifes à cet effet feront annoncer les adjudications par des affiches, dans les Villes, Bourgs, Paroiffes & Communautés du Département; ils indiqueront dans quel lieu les Entrepreneurs, qui fe préfenteront, pourront prendre connoiffance des devis & conditions defdites adjudications, ainfi que le jour où elles feront paffées.

Art. III.

Les adjudications des ouvrages d'Arts, de ceux des routes, qui feront confidérables, & qui demanderont des Entrepreneurs inftruits & éclairés, feront non-feulement annoncées par affiches, dans le département, mais encore par la voie des feuilles publiques; l'annonce précédera le jour où elles devront être paffées, de fix femaines au moins; pour les entreprifes d'une nature moins importante, ou qui ne pourroient fouffrir aucun retard, il fuffira qu'elles foient annoncées trois femaines à l'avance.

Art. IV.

Les adjudications feront délivrées à celui ou à ceux qui feront les conditions les plus avantageufes; les offres pourront être reçues & enrégiftrées par la perfonne qui fera commife pour communiquer les conditions du marché, depuis le moment où l'entreprife aura été annoncée, jufqu'au jour où l'adjudication en fera définitivement paffée.

Art. V.

Aux jours & lieux indiqués par les affiches, il fera procédé publiquement à l'adjudication par les perfonnes qu'aura nommées, à cet effet, la Commiffion intermédiaire ; les Procureurs-Généraux-Syndics en préviendront trois femaines à l'avance, l'Ingénieur en chef, afin qu'il puiffe s'y trouver, ou fe faire remplacer par l'Ingénieur de département, à l'effet de donner les renfeignements néceffaires fur les Ouvrages à adjuger.

Art. VI.

Les adjudications feront faites dans les principales Villes, Bourgs ou Communautés, à portée des cantons où devront s'exécuter les Ouvrages. Afin d'y faciliter l'accès des Entrepreneurs, la concurrence fera établie entr'eux au rabais, après que leur capacité & leur folvabilité, ainfi que celles de leurs cautions, auront été fuffifamment reconnues par le Procureur-Général-Syndic & les autres Membres des Etats, qui pourront être préfents aux adjudications.

Art. VII.

Les Procureurs-Généraux-Syndics apporteront la plus grande attention à prévenir & à dénoncer les intrigues, fraudes & manœuvres fecretes qui pourroient fe pratiquer pendant la paffation des marchés ; il leur eft pareillement recommandé de s'affurer, autant qu'il leur fera poffible, de la probité & de l'intelligence des Adjudicataires, fur-tout pour les Ouvrages confidérables, la mauvaife-foi & l'impéritie étant également funeftes à l'intérêt public.

Art. VIII.

Les fommes deftinées pour les différents travaux publics, ne pouvant être appréciées que par les détails préfentés préalablement aux Etats, il peut arriver qu'il y ait une diminution de l'eftimation portée par le détail d'un Ouvrage, fur le marché paffé à l'Entrepreneur, & quelquefois un excédent du prix auquel on aura été forcé de paffer le marché, fur l'eftimation fixée par ledit détail : dans le premier cas, la Commiffion intermédiaire fera autorifée à employer les fonds provenant defdits rabais, aux Ouvrages que les Etats auront jugé les plus indifpenfables, après ceux qu'ils auront ordonnés; & dans le fecond, elle pourvoira au fupplément néceffaire fur les fonds que les Etats auroient deftinés aux réparations imprévues.

Art. IX.

Lorfqu'un marché aura été paffé, pour prévenir, autant qu'il fera poffible, toute difficulté avec l'Adjudicataire, le Procureur-Général-Syndic, ou l'une des perfonnes prépofées, & l'Ingénieur qui auront affifté à l'Adjudication, feront, fi les circonftances l'exigent, en préfence de l'Entrepreneur, la reconnoiffance du local où doit être établi l'ouvrage adjugé; ils dreflèront un Procès-Verbal figné par l'Adjudicataire, qui contiendra toutes les indications & renfeignements qui leur paroîtront propres à éviter toute réclamation. Ce Procès-Verbal, ainfi que celui d'Adjudication, feront envoyés à la Commiffion intermédiaire.

Art. X.

La Commiffion intermédiaire fera expédier des copies des devis d'Adjudication à chaque Adjudicataire. Elle remettra également à l'Ingénieur en chef un extrait de toutes les Adjudications qui feront paffées, afin qu'il puiffe donner les inftructions & les ordres néceffaires aux Ingénieurs de Départements & aux Entrepreneurs, pour commencer & exécuter les travaux.

CHAPITRE CINQUIEME

Exécution des marchés par les Entrepreneurs.

ARTICLE PREMIER.

COMME il eft important pour la bonne conftruction & la folidité des ouvrages, qu'ils foient exécutés dans une faifon favorable, les Entrepreneurs fuivront, à cet égard, les ordres & inftructions qui leur font donnés par les Ingénieurs, & approuvés par la Commiffion intermédiaire.

ART. II.

Dans les travaux de Routes, les excavations préparées pour recevoir les encaiffements, ne pourront être remplies, qu'elles n'aient été préalablement vérifiées & jugées conformes aux devis, par l'Ingénieur chargé de la conduite de l'Ouvrage, il en fera de même de celles qui auront été faites pour établir les fondations des Ouvrages en maçonnerie.

ART. III.

Les Ingénieurs obferveront, avec foin, fi, dans la conftruction des Ouvrages d'Art, les Entrepreneurs fe conforment aux conditions de leurs marchés, pour la qualité des matériaux, l'appareil de la pierre-de-taille, les épaiffeurs, le parement & la liaifon des maçonneries.

Art. IV.

Ils obligeront également les Entrepreneurs chargés de la conſtruction des Routes, à fournir les matériaux d'encaiſſement & les graviers de la qualité requiſe par leurs devis, & à ne pas s'écarter des dimenſions qui leur feront preſcrites pour la largeur & le bombement des chemins, & pour l'ouverture & la profondeur des foſſés.

Art. V.

Si un Entrepreneur contrevenoit, en aucune maniere, aux clauſes & conditions portées par ſon adjudication, l'Ingénieur en dreſſera un Procès-Verbal, & l'adreſſera à la Commiſſion intermédiaire.

Art. VI.

La réception des Ouvrages ſera faite en préſence de l'un des Procureurs-Généraux-Syndics, ou des Commiſſaires nommés pour le remplacer, par l'Ingénieur du Département; après avoir fait toutes les vérifications néceſſaires pour s'aſſurer que l'Entrepreneur a rempli les conditions de ſon marché, ils le conſtateront par un Procès-Verbal qui ſera envoyé à la Commiſſion intermédiaire.

Art. VII.

La Commiſſion intermédiaire, après l'examen dudit Procès-Verbal, autoriſera l'Ingénieur en chef à délivrer à l'Entrepreneur un certificat de parfait paiement.

Art. VIII.

Les Conducteurs & Piqueurs employés aux travaux publics, feront préfentés par les Ingénieurs & nommés par la Commiffion intermédiaire, qui fixera leur traitement. Ils feront révocables à volonté, leur conduite & leur exactitude feront juftifiées à la fin de chaque année, par des certificats que leur délivreront les Ingénieurs, lefquels feront vifés par les Correfpondants des Etats.

Art. IX.

Les Correfpondants & les Députés des Etats font invités à rendre compte à la Commiffion intermédiaire de tous les abus qui pourroient fe commettre dans l'exécution des travaux ; mais dans aucun cas ils ne pourront donner aucun ordre, foit aux Ingénieurs, foit à leurs fubordonnés ou aux Entrepreneurs, fans y avoir été préalablement autorifés par la Commiffion intermédiaire.

CHAPITRE SIXIEME

Ordres à obferver dans les Paiements à faire aux Entrepreneurs.

Article Premier.

Les Entrepreneurs recevront leurs paiements, avec la plus grande exactitude, aux termes qui leur feront fixés. Ces paiements feront ordonnés par la Commiffion intermédiaire, d'après les Etats de fituation

& les Procès-Verbaux de réception d'œuvre; ils feront acquittés par le Tréforier ou les Receveurs de la Province, fur les mandats délivrés par les Procureurs-Généraux-Syndics.

Art. II.

Les Entrepreneurs recevront des à compte fur les Ouvrages qui leur auront été adjugés à fur & mefure de leur avancement, à concurrence des 9/10 du montant des Ouvrages exécutés, lefquels feront conftatés d'après les Etats de fituation, & le paiement final ne s'effectuera qu'après la réception d'œuvre.

Art. III.

Dans les cas où les adjudicataires auroient contrevenu aux articles & conditions du devis, non-feulement il ne leur fera accordé aucune fomme en paiement, mais on exercera contr'eux & contre leurs cautions, les contraintes ftipulées dans les adjudications, pour les obliger à réparer les fautes commifes dans l'exécution des Ouvrages.

Art. IV.

Lorfque les réparations, auxquelles aura été fourni un Entrepreneur, feront faites, elles feront conftatées par un Verbal de réception, que dreffera l'Ingénieur, en préfence d'un prépofé par la Commiffion intermédiaire; d'après ledit Procès-Verbal, la Commiffion intermédiaire ordonnera le paiement dû à l'Entrepreneur.

Art. V.

Lorfque du Procès-Verbal de réception d'œuvre, il réfultera que les Ouvrages font entièrement achevés, & que l'Entrepreneur a rempli les conditions de fon marché, il lui fera délivré par l'Ingénieur un certificat de parfait paiement, lequel ne fera foldé qu'en vertu de l'Ordonnance de la Commiffion intermédiaire.

CHAPITRE SEPTIEME

Etabliſſement des Cantonniers.

Article Premier.

L'EXPÉRIENCE de plufieurs Provinces tendant à prouver que le meilleur moyen de pourvoir à l'entretien des chemins, eſt d'établir des Cantonniers chargés de réparer les dégradations journalieres, il en fera placé fucceſſivement fur les principales routes de la Province.

Art. II.

Les Fonctions des Cantonniers feront de s'occuper aſſiduement & journellement à effacer les ornieres, à les remplir & prévenir le paſſage continuel des voitures dans la même trace ; ils employeront à cet effet les graviers & matériaux qui feront dépofés fur les accollements des routes; ils auront foin de faire placer les approviſionnements à mefure qu'ils feront tranſportés, de maniere qu'ils n'embarraſſent jamais le paſſage, & ils n'employeront que ceux qui auront été reconnus & reçus par l'Ingénieur. Ils auront la plus grande attention à favorifer l'écoulement des eaux ; à enlever les boues, enterrer les pierres mouvantes, à curer les foſſés, & à entretenir le bombement régulier des chemins.

Art. III.

Les Cantonniers feront placés aux diftances qui feront jugées convenables, d'après les obfervations qui auront été faites à cet égard. Ces diftances varieront d'après l'expérience, & on obfervera de les diftribuer fuivant le befoin des routes, de maniere qu'ils puiffent faire leur fervice avec toute la facilité que les circonftances locales pourront permettre.

Art. IV.

La Commiffion intermédiaire prendra les arrangements qui lui paroîtront les plus convenables, pour que chaque Cantonnier foit fourni des outils néceffaires au travail de la partie de route dont il fera chargé.

Art. V.

Les Cantonniers feront aux ordres des Ingénieurs, & furveillés par les Correfpondants des Etats. Ils fe formeront, avec exactitude, à tout ce qui fera prefcrit relativement à leur travail.

Art. VI.

Ils feront nommés par la Commiffion intermédiaire, & elle ne choifira que des fujets connus & bien notés; ils feront révocables à volonté, & obligés de préfenter, à la fin de chaque année, à la Commiffion intermédiaire, un certificat d'affiduité & de bonne conduite, qui leur fera délivré par l'Ingénieur, & vifé par les Correfpondants du département.

Art. VII.

La Commiffion intermédiaire réglera leur falaire par mois; indépendamment de leur traitement, il leur fera donné à chacun trois livres de gratification, auffi par mois : mais cette gratification n'aura lieu qu'autant que l'on fera content de leur fervice; s'ils fe mettoient dans le cas de ne pas la mériter pendant deux mois de fuite, après avoir été prévenus & repris des fautes qu'ils auroient commifes, ils feroient décidément renvoyés.

Art. VIII.

Chaque Cantonnier portera une marque diftinctive qui puiffe le faire reconnoître, afin que le public foit à même de juger de l'exactitude & de l'affiduité qu'il aura mife au travail qui lui eft confié.

Art. IX.

Les Cantonniers auront foin de prévenir les Ingénieurs & Correfpondants de la Commiffion intermédiaire, de toutes les ufurpations faites par les particuliers fur les terreins des chemins publics, & des obftacles dont on pourroit embarraffer le paffage; fur le compte qui en fera rendu à la Commiffion intermédiaire, elle prendra les moyens convenables pour obvier à ces abus.

M. le Baron de Vaulx a fait le rapport des recherches du Bureau des travaux publics, fur les fommes néceffaires aux réparations des Routes & des Ouvrages d'arts.

M. le Préfident a renvoyé la Séance à quatre heures & demie du foir, & il a figné :

† J. G. *Archev. de Vienne, Préfident.*
MOUNIER, *Secretaire.*

Du même jour, à quatre heures & demie du foir.

M. le Baron de Vaulx a continué fon rapport.

M. le Préfident a renvoyé la Séance à demain, à neuf heures & demie du matin, & il a figné :

† J. G. *Archev. de Vienne, Préfident.*

Mounier, *Secretaire.*

Du Mercredi, quatorze Janvier mil fept cent quatre-vingt-neuf, à neuf heures & demie du matin.

M. le Baron de Vaulx a continué fon rapport fur les Routes & les Ouvrages d'Arts.

Les Etats ayant délibéré fur ce rapport, ont été prifes les réfolutions fuivantes.

Il fera employé cette année la fomme de trois cent mille livres aux réparations & entretiens des Routes de la Province ; cette fomme fera répartie de la maniere fuivante.

La fomme de cent cinquante mille livres eft affignée pour les réparations de la route de Lyon en Provence, par Vienne, Valence & Montelimar; la largeur de cette Route a été réglée à quarante-deux pieds ; les parties qui ont une plus grande largeur, feront réduites à mefure qu'elles feront réparées ; mais celles qui n'ont que trente-fix pieds, ne feront pas augmentées, & enfin il fera établi fur cette Route des Cantonniers, placés à environ quinze cents toifes les uns des autres.

Il eft recommandé à la Commiffion intermédiaire de faire vérifier plufieurs parties de cette Route, établies dans les terreins fangeux, pour déterminer s'il feroit néceffaire d'y conftruire des pavés. Sur ladite fomme de cent cinquante mille livres, on prendra les frais des réparations indispenfables, pour que le chemin de Thain à Romans ne foit pas intercepté; celui-ci pouvant être confidéré comme acceffoire de la route de Provence, attendu qu'on eft obligé de s'en fervir lorfqu'il eft impoffible de paffer au *Bac de la Roche*.

La fomme de cinquante mille livres eft affignée pour les réparations de la route de Lyon à Grenoble, depuis cette derniere Ville jufqu'à la Verpilliere; & dans le cas où les adjudications ne confommeroient pas la fomme entiere, les réparations feront continuées jufqu'à Lyon. La largeur de cette Route fera réglée à trente-fix pieds; les parties qui font plus larges, feront réduites à mefure qu'on travaillera à les réparer; il fera également employé fur cette même route, des Cantonniers placés à trois mille toifes de diftance les uns des autres.

La fomme de fept mille livres eft affignée pour les réparations les plus utiles fur toute l'étendue de la route de Grenoble en Savoie, par Crolles & Barraux, depuis Grenoble jufqu'à la frontiere. Les parties de ce chemin, qui ont trente-fix pieds, conferveront cette largeur, & l'on n'augmentera point celles qui n'ont que trente pieds.

La fomme de douze mille livres eft affignée pour les réparations nécesfaires fur la route de Valence au Port de Cordon, depuis Romans jufqu'à Moirans; en obfervant de ne faire, entre Vinay & Tulins, que les réparations les plus indifpenfables, attendu qu'il eft poffible que dans la fuite on change la direction de la route dans cette partie; & la largeur de ce chemin a été réglée à trente-fix pieds.

La fomme de quarante mille livres eft affignée pour les réparations de la route de Grenoble à Sifteron, paffant par Vizille, la Mure & Gap. La largeur de cette route a été réglée à trente pieds; il ne fera néanmoins fait aucune réduction dans les parties où elle aura trente-fix pieds de largeur; il fera établi un Cantonnier aux *travers* de Corp, & dans ce même endroit on donnera trente-fix pieds de largeur à la route.

La fomme de douze mille livres eft affignée pour les réparations les plus urgentes fur la route *d'embranchement* de Gap à Briançon par Embrun, & fa largeur fera réglée à trente pieds.

La fomme de fix mille livres eft affignée pour les réparations les plus urgentes fur la route de Die à Valence, lefquelles réparations feront faites depuis Die jufqu'à Creft; & fi elles ne confomment pas la fomme entière, elles feront continuées depuis Creft jufqu'à Valence.

La Commiffion intermédiaire eft autorifée à employer les fommes ci-deffus affignées, de la maniere qui vient d'être indiquée; lui réfervant néanmoins la faculté de ne les employer qu'autant qu'elle les jugera néceffaires après de nouveaux renfeignements.

Il a été de plus arrêté qu'il fera affigné un fonds de vingt-trois mille livres, pour être employé aux réparations les plus urgentes fur les diverfes routes de la Province; & que fur cette fomme, la Commiffion intermédiaire ordonnera les réparations indifpenfables, pour empêcher que la petite route de Grenoble à Briançon, par le Bourg-d'Oyfans, foit entierement interceptée; que fa largeur fera réglée à quinze pieds. Comme les dépenfes extraordinaires que la Province fupportera cette année, ne permettent pas d'affigner les fommes néceffaires pour mettre en bon état cette route fi importante, qui forme la feule communication de quarante Communautés avec la ville de Grenoble, qui abrege de plufieurs jours la marche des Troupes vers les Places fortes de Briançon & de Mont-Dauphin, les Etats ont délibéré que M. le Préfident écriroit à MONSIEUR, frere du Roi, pour folliciter, de fa munificence & de fa juftice, des fecours pour l'entretien de cette route qui facilite l'exploitation de la Mine d'argent, fituée au lieu d'Allemond.

Les Etats ont recommandé à la Commiffion intermédiaire d'ordonner, fur la fomme réfervée, les réparations les plus urgentes fur la nouvelle route de Grenoble en Provence, par le Moneftier, dans les parties qui font ouvertes, & qui font impraticables; la largeur de cette route ayant été réglée à trente pieds. Ils recommandent à la Commiffion intermédiaire la route d'*embranchement* de Gap à Serres, par Veynes, pour ordonner les réparations les plus urgentes dans la partie où le Buëch a fait une ouverture à la chauffée; de prendre en confidération la route d'*embranchement* de la Mure à l'Allée, par Mens, dont la largeur a été réglée à vingt-quatre pieds; de prendre également en confidération l'*embranchement* de Romans à Creft, par Chabeuil, ainfi que la route de Vienne à Bourgoin, au Pont-de-Beauvoifin & à Crémieu.

Il a été arrêté que les terreins néceffaires aux nouvelles routes feront payés à l'avenir aux Propriétaires par la Province; & quant à ceux qui ont été pris précédemment, les Etats chargent la Commiffion intermédiaire d'examiner les demandes qui pourroient être formées à ce fujet, & les queftions auxquelles elles donneront lieu, pour en faire le rapport lors de la prochaine tenue des Etats.

M. le Préfident a renvoyé la Séance à trois heures & demie du foir, & il a figné :

† J. G. *Archev. de Vienne, Préfident.*

Mounier, *Secretaire.*

Du même jour, à trois heures & demie du foir.

M. le Baron de Vaulx a fait le rapport d'un projet de Réglement fur les Atteliers de Charité; l'examen en a été renvoyé à la Commiffion intermédiaire.

Les Etats ont chargé la Commiffion intermédiaire de folliciter les fonds accordés annuellement à la Province par le Gouvernement, pour les Atteliers de Charité, & de répartir ces Atteliers de la maniere qu'elle jugera le plus convenable; lui recommandant néanmoins d'en accorder au Bourg de Dieulefit, pour réparer les chemins qui lui font les plus utiles, & qui lui donneront les débouchés les plus avantageux.

M. le Baron de Vaulx a enfuite fait le rapport des renfeignements pris par le Bureau, fur les Ouvrages d'Arts.

Sur ce rapport, il a été délibéré de deftiner aux Ouvrages d'Arts la fomme de deux cents foixante-dix-neuf mille livres, dont l'emploi fera réglé par la Commiffion intermédiaire, lui recommandant de s'occuper inceffamment des réparations urgentes qu'exige le pont de Gap, & d'employer fix mille livres à la conftruction d'un pont en bois, fur la Durance, au lieu de Savines, dans le cas feulement où la Communauté, fuivant les offres annoncées de fa part, s'obligeroit, au moyen de cette fomme, à fournir les bois, & à conftruire le pont à fes frais, de maniere qu'il puiffe fervir de paffage aux voitures, & à faire, également à fes frais, les autres Ouvrages acceffoires, néceffaires, pour en affurer la folidité, en fe conformant, à cet égard, au devis qui en fera dreffé de l'autorité de la Commiffion intermédiaire. La fomme de fix mille livres fera payée en deux paiements; favoir : trois mille livres après le devis & la fournifion qui fera paffée par la Communauté, & les autres trois mille livres, après la réception d'œuvre, qui fera faite de l'autorité de la Commiffion intermédiaire, laquelle réclamera le paiement des arrérages du prix de ferme du bac de Savines, pour être employé à compte des fix mille livres.

Sur la fomme totale de deux cents foixante-dix-neuf mille livres, on prendra les appointements des Ingénieurs & de ceux qui font employés fous leurs ordres; on deftinera foixante-cinq mille livres à diminuer les avances faites précédemment par les Entrepreneurs.

Il a été arrêté qu'il ne fera fait aucun changement, cette année, au traitement des Ingénieurs, & de recommander à MM. de la Commiffion intermédiaire, de prendre en confidération cette partie de l'adminiftration, afin d'en rendre compte à la prochaine Affemblée des Etats. Il a été néanmoins délibéré que les Ingénieurs ne pourront recevoir de paiements lorfqu'ils feront employés par la Commiffion intermédiaire, pour les befoins particuliers des Communautés.

Enfuite M. le Baron de Vaulx a fait le rapport des renfeignements pris par le Bureau des Travaux publics, fur les digues contre les torrents & rivieres.

Sur ce rapport, les Etats ont donné pouvoir à la Commiffion intermédiaire d'ordonner les réparations, entretien & conftruction des digues, ainfi qu'elle le jugera néceffaire, fur les fonds impofés ou deftinés pour cet objet; la chargeant de folliciter le fecours ordinaire de foixante mille livres, qui fut promis par le Roi, lorfque la feconde impofition de foixante mille livres, pour les torrents & rivieres, fut établie fur la Province.

Il a été, de plus, délibéré que la Commiffion intermédiaire follicitera un Arrêt du Confeil, qui l'autorife à réfilier toutes les adjudications des digues contre les torrents & rivieres, & généralement toutes les adjudications des Ouvrages publics, confiés à l'Adminiftration des Etats; qu'elle fera enfuite examiner lefdits Ouvrages, afin de pouvoir juger quelles font les adjudications contraires aux intérêts de la Province, & que les Procureurs-Généraux-Syndics avertiront inceffamment les Adjudicataires des Ouvrages non-commencés, qu'ils ne doivent pas les entreprendre avant d'avoir reçu de nouveaux ordres de leur part.

Il a été arrêté que les Mémoires lus par M. le Baron de Vaulx, fur les Ouvrages d'Art & les digues, feront dépofés dans les Archives des Etats.

M. d'Ambefieux a lu un Mémoire fur la Capitation.

M. le Préfident a renvoyé la Séance à demain, à neuf heures & demie du matin, & il a figné :

† J. G. *Archev. de Vienne, Préfident.*

Mounier, *Secretaire.*

Du quinze Janvier mil fept cent quatre-vingt-neuf, à neuf heures & demie du matin.

M. d'Ambefieux a continué fon rapport fur la Capitation.

Sur ce rapport, les Etats confidérant que, fuivant la réfolution prife, fous le bon plaifir du Roi, par l'Affemblée générale des Trois-Ordres, ils doivent avoir la difpofition de toutes les fommes perçues dans la Province, qui ne font pas verfées dans le tréfor Royal, donnent pouvoir à la Commiffion intermédiaire d'employer cette année, ainfi qu'elle le jugera convenable, les fonds libres de la capitation, fur lefquels elle prendra les fommes qui feront par elle déterminées, pour les reprifes & les modérations, & ils lui recommandent particulierement les établiffements des fages-femmes & des éleves de chirurgie.

M. le Chevalier du Bouchage, Procureur-Général-Syndic, a fait le rapport d'une Requête préfentée aux Etats par la Communauté de Saint Savin, dans laquelle elle demande la permiffion de prendre, fur fes revenus, la fomme néceffaire pour perfectionner la communication ouverte avec la route de Bourgoin, & qu'il lui foit accordé des fecours fur les Atteliers de charité.

Il a été également fait rapport de deux Requêtes préfentées par l'Hôpital de Montelimar, l'une pour qu'on lui faffe obtenir le paicment qui lui eft dû par la Régie générale, au fujet du droit d'Infpecteur des Boucheries, & l'autre pour faire augmenter cette indemnité, ou qu'il lui foit permis d'avoir une Boucherie franche : ces Requêtes ont été renvoyées à la Commiffion intermédiaire.

M. Falquet-Travail, Procureur-Général-Syndic, a fait le rapport d'une Requête préfentée par la Communauté de Nantaille, pour être difpenfée d'impofer une fomme de 1,311 liv. 11 fols 3 den., en faveur du nommé Raymond Bonnet; il a également fait le rapport des repréfentations des Citoyens de Voiron, relativement à la fabrication des Toiles, aux droits d'Octroi, & des droits d'acquits à caution; d'un Mémoire pour un Canal d'arrofage dans la Plaine de Grenoble; d'une Requête préfentée par les Entrepreneurs de la Manufacture de Saint Symphorien-d'Ozon, pour obtenir l'établiffement d'un Bureau de marques de Plomb; de plufieurs autres Requêtes & Mémoires préfentés, pour réclamer des paiements d'adjudications ou travaux, ou pour obtenir des indemnités, des encouragements, des réparations de chemins, de digues, ouvrages d'Art. Toutes ces Requêtes & Mémoires ont été renvoyées à la Commiffion intermédiaire.

M. Ardoin a fait lecture de deux Mémoires pour la ville d'Embrun, dans lefquels elle fe plaint d'une diftraction de jurifdiction, plufieurs de fes habitants étant pourfuivis aux requêtes de l'Hôtel à Paris, par les fieurs Fantin & Martin : ces Mémoires ont été renvoyés à la Commiffion intermédiaire.

Il a été délibéré que pour les frais des réparations des chemins, il fera impofé, fur les fonds Nobles & Roturiers, la fomme de 300,000 liv. en remplacement de la corvée, par entre-lignes ou par un rôle particulier, fans frais de confection de rôles, outre 6 den. par livre en fus de l'impofition, dont deux pour le paiement des Receveurs & quatre pour les Collecteurs,

& la Commiffion intermédiaire eft expreffément chargée de prendre les renfeignements néceffaires pour pouvoir propofer, à la prochaine tenue des Etats, les moyens d'impofer, en remplacement de la corvée, toutes les différentes natures de biens & de propriétés qui ne feront pas foumifes à l'impofition de cette année.

Attendu le retard de la rentrée des fonds qui ont été ci-devant déterminés & de tous ceux qui doivent être laiffés à la difpofition de la Province, les Etats donnent pouvoir à la Commiffion intermédiaire d'accepter le cautionnement de 186,000 liv. des Receveurs particuliers pour y prendre les avances néceffaires.

Il a été fait lecture d'un Mémoire rédigé par M. Farconet, pour réfuter les prétentions de M. le Marquis de Berenger, de M. & de Madame de Pons;

Les Etats ayant oui la lecture de ce Mémoire, & après avoir examiné les obfervations préfentées par M. de Berenger, & par M. & Madame de Pons;

Confidérant que la prérogative d'être Membre-né des Etats du Dauphiné, n'a jamais été particuliere aux anciens Barons de la Province, mais qu'elle étoit commune à tous les poffeffeurs de fiefs; que cette prérogative étoit fondée fur un ufage & non pas fur un droit, puifque ce qui conftitue effentiellement les affemblées d'Etats, eft la repréfentation des Citoyens, & qu'on ne peut les repréfenter que par leurs aveux exprès ou tacites; qu'ainfi, cet ufage a pu être valablement aboli par les Affemblées générales des Trois-Ordres de la Province; que les poffeffeurs de fiefs ont confenti à fa fuppreffion, le Corps de la Nobleffe ayant voté pour l'Election libre de toutes les places.

Que la néceffité de cette Election libre eft définitivement prefcrite; qu'elle a eu la fanction du Souverain dans un Réglement adreffé par des Lettres-Patentes aux Trois-Ordres du Dauphiné; qu'elle a eu plufieurs fois le confentement formel de la Province; que depuis plufieurs fiecles aucune loi n'avoit été fi régulièrement & fi folemnellement établie; qu'il eft actuellement impoffible de révoquer en doute fa force & fon authenticité, & qu'elle ne fauroit recevoir aucune atteinte de l'oppofition annoncée par les Seigneurs de Clermont & de Saffenage ;

Que les poffeffeurs de fiefs n'ayant plus de places aux Etats, les Seigneurs de Clermont & de Saffenage ne peuvent y être admis que par le choix libre des Electeurs; qu'ainfi ils ne doivent plus réclamer la préféance dont ils ont joui fans aucun titre dans le cours du feixieme fiecle, puifque les fiefs ne donnant plus la prérogative d'entrer aux Etats, il eft impoffible d'avoir un droit de préféance dans une Affemblée où l'on n'a plus le droit de prendre place.

D'après ces Confidérations, les Etats déclarent qu'ils regardent l'Election libre de toutes les places, comme la partie la plus effentielle de leur nouvelle conftitution qui ne peut fubir aucun changement fans l'autorité du Roi & le confentement des Affemblées générales des Trois-Ordres de la Province, qui ont concouru à fon établiffement. En conféquence, il a été arrêté que le Mémoire dont il a été fait lecture, fera imprimé, & un exemplaire adreffé au Miniftre ainfi qu'un Extrait de la préfente Délibération.

M. le Préfident a renvoyé la Séance à quatre heures du foir, & il a figné :

† J. G. *Archev. de Vienne, Préfident.*

MOUNIER, *Secretaire.*

Du même jour, à quatre heures du foir.

IL a été préfenté un Mémoire pour la ville de Romans, au fujet des frais de conftruction, occafionnés par l'établiffement des Etats, ainfi qu'un Mémoire des RR. PP. Cordeliers, pour des dommages par eux foufferts.

Il a été arrêté que la Commiſſion intermédiaire fera rembourſer à la ville de Romans la ſomme de 5,610 liv., & que MM. les Procureurs-Généraux-Syndics regleront le compte des RR. PP. Cordeliers.

Il a été arrêté que la Commiſſion intermédiaire demandera la convocation des Etats pour le 15 du mois d'Août prochain, en la ville de Romans, & les Etats déclarent qu'il ſera fait mention, dans le Procès-Verbal, de leur reconnoiſſance pour le zele & les ſoins de MM. les Officiers-Municipaux.

M. le Comte de Virieu a fait lecture d'un Mémoire ſur la mendicité; ce Mémoire a été renvoyé à la Commiſſion intermédiaire, avec recommandation d'en faire connoître les principes à toutes les Communautés de la Province.

M. le Préſident a renvoyé la Séance à demain, à dix heures du matin, & il a ſigné :

† J. G. *Archevêque de Vienne, Préſident,*

MOUNIER, *Secretaire.*

Du ſeize Janvier mil ſept cent quatre-vingt-neuf, à dix heures du matin.

M. le Commandeur de Monſpey a dit :

MESSIEURS,

« Le Bureau du bien public a été chargé de vous préſenter des vues générales ſur tout ce qui intéreſſe la Province, il s'eſt ſubdiviſé en quatre parties, & c'eſt une de ces ſubdiviſions qui a été chargée de tous les

Mémoires & de toutes les inſtructions ſur l'agriculture, l'induſtrie & le commerce. »

« Cette ſubdiviſion voulant travailler méthodiquement, a formé ſix claſſes de ces objets. La premiere, eſt celle de l'Agriculture; la ſeconde, eſt celle des Bois; la troiſieme celle des Haras qui comprend l'éducation de tous les animaux utiles à l'Agriculture & au Commerce; la quatrieme, celle des Manufactures de la Province; la cinquieme, celle des mines en exploitation & celles qu'il faudroit exploiter; la ſixieme, celle du Commerce. »

« Une multitude de Mémoires ont été remis à la ſubdiviſion ſur toutes les parties eſſentielles à la Province, & nous ne craignons pas de le dire, ſans leſquelles, loin d'être un quarantieme du Royaume, elle ſeroit réduite à ne pas former la centieme partie des forces de l'Etat. »

« La Province ne cueille pas pour plus de quatorze mois de ſubſiſtance dans les bonnes années, elle n'a donc que ſon induſtrie qui puiſſe la garantir des années diſetteuſes, & entretenir ſur ſon ſol une maſſe de numéraire, repréſentative des objets que ſon ſol refuſe quelquefois à ſa population. »

« La diviſion a conſidéré l'importance de la tâche qu'elle avoit à remplir, & ne pouvant ajouter une foi, ſans réſerve, aux ſources dans leſquelles elle les a puiſées, elle a conſidéré la néceſſité d'épurer ſes données par la contradiction de ceux qui pourroient en avoir de plus certaines; que quelque prolongées que ſoient les Séances des Etats, elles ne pourroient ſe procurer les moyens de réparer les erreurs qu'elle auroit adoptées. »

« La Commiſſion intermédiaire, par l'aſſiduité de ſon travail & le temps qu'elle peut y mettre, peut ſeule approfondir la juſtice & l'application de toutes les réclamations conſignées dans ce travail. Ainſi il ſeroit eſſentiel de lui renvoyer l'examen de tous ces Mémoires; de lui confier le ſoin d'encourager l'induſtrie, de perfectionner les branches des Arts & Métiers dont la Province retire le plus d'avantages ; de folliciter auprès du Gouvernement les fecours qu'il verfoit ordinairement fur l'induftrie, par le miniftére des Commiffaires-départis : pourrions-nous, Meffieurs, mieux placer notre confiance que dans la Commiffion intermédiaire, dans l'activité & l'intelligence des Procureurs-Généraux-Syndics. Elle eft l'affemblage des premiers Citoyens, fur lefquels le choix des Etats fe foit repofé, comme étant ceux qu'ils ont cru les plus capables d'accomplir les vues de fageffe, de juftice & de bienfaifance qui les animent. »

Les Etats ont délibéré de renvoyer l'examen de tous les Mémoires fur l'agriculture, l'induftrie & le commerce, à la Commiffion intermédiaire.

L'un des Membres des Etats a dit « que M. Daly a élevé, dans la Ville de Creft, une Manufacture de Toiles de coton, qui fait fubfifter en divers lieux plus de mille perfonnes ; que cet établiffement important a formé le modele & le principe de toutes les filatures de Coton, qui ont été établies dans la Province, & qu'il eft digne, à tous égards, d'être encouragé par les Etats.

Il a été arrêté que la Commiffion intermédiaire follicitera, en faveur de la Manufacture de M. Daly, la protection du Gouvernement, & même des fecours fur les fonds de la caiffe du Commerce, après que la Commiffion intermédiaire fe fera affurée de l'utilité & de la folidité de cet établiffement.

M. Pifon-du-Galand a fait le rapport d'un projet adreffé par M. Villard, Médecin à Grenoble, pour multiplier les fecours de l'art de la Chirurgie dans les campagnes.

Les Etats ont renvoyé ce projet à la Commiffion intermédiaire.

MM. les Echevins de la ville de Romans, revêtus de leurs robes confulaires, ayant à leur tête M. de Deley-d'Agier, Maire de la même Ville, font entrés dans la falle des Etats.

M. de Deley-d'Agier a dit :

Messieurs,

« La Ville de Romans, fenfible à la nouvelle marque de prédilection dont vous l'avez honorée, en fixant dans fon fein la prochaine tenue des Etats, nous a chargé, Meffieurs, de venir vous préfenter l'hommage de fa reconnoiffance & les affurances de fon refpect. »

L'Affemblée a répondu par des applaudiffements.

M. le Préfident a dit « qu'il feroit convenable de nommer des Députés pour faluer MM. les Commiffaires du Roi, & leur annoncer que les Etats avoient prefque entièrement terminé leurs Délibérations. » Ont été nommés MM. *l'Abbé de la Salcette, de Taxis du Poët, le Comte de Virieu, Vallier-Colombier, Pifon-du-Galand & Bernard.*

M. le Préfident a renvoyé la Séance à quatre heures du foir, & il a figné :

† J. G. *Archev. de Vienne, Préfident.*

Mounier, *Secretaire.*

Du même jour, à quatre heures du foir.

M. l'Abbé de la Salcette a dit « que la Commiffion nommée ce matin s'eft rendue chez MM. les Commiffaires du Roi, qui ont dit qu'ils étoient fenfibles à l'attention des Etats, & qu'ils feroient la clôture dès le moment qui leur feroit indiqué. »

Les Etats délibérant fur les inftructions qu'ils doivent laiffer à la Commiffion intermédiaire, pour la préfente année mil fept cent quatre-vingt-neuf, ont arrêté ce qui fuit.

La Commiffion intermédiaire fera tout ce qui fera néceffaire pour l'exécution des délibérations qui ont été prifes précédemment.

Elle follicitera la permiffion du Roi pour les impofitions ci-devant ordonnées; elle prendra des renfeignements fur les moyens les plus juftes de divifer la Province en arrondiflements ou diftricts, & de répartir les Députés dans une jufte proportion; elle examinera, de plus, quelles font les Villes qui doivent avoir des Députés particuliers, & quel doit être le nombre des Députés des Villes. Lorfqu'elle aura befoin de renfeignements locaux, elle correfpondra avec les Membres des Etats; elle paffera les adjudications des Ouvrages publics, par elle ou par fes délégués.

Elle follicitera, auprès du Gouvernement, les fommes annoncées par un de MM. les Commiffaires du Roi, & qui doivent être laiffées à fa difpofition pour l'exécution des diverfes dépenfes énoncées dans les Articles 48 & 49 du Réglement de Sa Majefté.

Les Etats donnent pouvoir à la Commiffion intermédiaire de diftribuer les dégrèvements, indemnités & fecours, récompenfes & encouragements pour l'agriculture, le commerce & les Arts, lui recommandant de ne jamais accorder de récompenfes ou des gratifications, qu'après les confidérations les plus importantes, & lorfque le bien public les fera juger indifpenfables.

Elle pourra fe faire repréfenter tous les comptes des Villes, à l'égard defquels elle follicitera le Réglement qu'a bien voulu promettre Sa Majefté.

Elle vérifiera les comptes des Communautés; autorifera, fur leurs Requêtes, les dépenfes qui pourront leur être néceffaires, lorfqu'elles n'excéderont pas la fomme de fix cents livres; requerra l'approbation de

Sa Majefté pour des dépenfes plus confidérables; donnera fon avis fur les dépenfes ou les impofitions demandées par les Villes de la Province; elle autorifera les Procureurs-Généraux-Syndics à former des demandes devant des Juges compétents, ou à intervenir dans toutes les affaires qui pourroient intéreffer la Province.

Elle rendra publics, par la voie de l'impreffion, tous ceux des Mémoires qui lui auront été remis, qu'elle jugera propres à répandre des lumieres fur l'Adminiftration & fur les vrais intérêts de la Province.

Elle follicitera la furveillance de tous les établiffements publics.

Elle fuppliera le Roi de lui confier la diftribution des fecours deftinés pour les Hôpitaux.

Elle réglera les frais qui ont été occafionnés par les Affemblées générales des Trois-Ordres, ainfi que les frais de Bureaux.

Elle follicitera, pour le fervice des Etats & de la Commiffion intermédiaire, la franchife des Ports de lettres, dont l'Adminiftration & toutes les parties du fervice public ont toujours jouis.

Elle nommera un Secretaire par intérim, pour remplir les fonctions du Secretaire des Etats pendant la tenue des Etats-Généraux.

Dans les cas qui n'ont pas été ci-deffus indiqués, qui exigeroient célérité, elle pourra prendre des délibérations par provifion, fuivant le Réglement, fous la réferve de l'approbation des Etats, auquel elle rendra un compte exact de tout ce qu'elle aura ordonné ou exécuté.

M. le Marquis de la Tour-du-Pin a dit « qu'il feroit important de s'occuper d'un Réglement, fur la queftion de favoir fi plufieurs perfonnes d'une même famille peuvent être Electeurs pour la nomination des Députés de la Province. »

Les Etats ont renvoyé l'examen de cette queſtion à leur premiere Aſſemblée.

M. le Préſident a dit « qu'il faut députer M. Mounier, Secretaire des Etats, à MM. les Commiſſaires du Roi, pour les avertir qu'ils ſont attendus. »

M. Mounier étant de retour, un Officier du Régiment de Royal-la-Marine eſt entré dans la ſalle des Etats, & a dit « que MM. les Commiſſaires du Roi étoient près de la premiere porte; les mêmes Députés nommés dans la Séance précédente, ȷont reçu MM. les Commiſſaires du Roi, trois pas hors de la premiere porte.

MM. les Commiſſaires du Roi ſont entrés, accompagnés de MM. les Députés, & ont ſalué l'Aſſemblée qui s'eſt levée pour les recevoir : ils ont pris les places qui leur étoient deſtinées, & étant aſſis & couverts, ainſi que les Membres de l'Aſſemblée.

M. le Comte de Narbonne-Fritzlar a dit :

Messieurs,

« Témoin du zele avec lequel vous venez de remplir des devoirs
» précieux & ſacrés, puiſqu'ils intéreſſent auſſi eſſentiellement une Pro-
» vince, dont l'Adminiſtration a été confiée à vos ſoins & à votre
» vigilance; c'eſt aux plus juſtes titres que vous avez acquis les ſuffrages
» de tous les Citoyens. Les affaires perſonnelles que vous avez généreuſe-
» ment ſacrifiées à la choſe publique; le mal-aiſe que vous avez éprouvé
» dans une ſaiſon exceſſivement rigoureuſe, n'ont pas arrêté vos travaux,
» conſtamment dirigés par une habile prévoyance. Vous devez, Meſſieurs,
» être bien aſſurés de la ſatisfaction avec laquelle Sa Majeſté, ſi tendrement

» occupée du bonheur de ses Sujets de Dauphiné, en apprendra les succès.
» Permettez, Messieurs, que, touchant au moment de quitter une Province
» dans laquelle je n'étois pas destiné à commander, avantage momentané,
» que je n'ai dû qu'aux circonstances, je vous prie de vouloir bien agréer
» les sentiments de ma juste sensibilité pour la bienveillance flatteuse dont
» vous m'avez honoré pendant le séjour que j'y ai fait, & d'ajouter,
» Messieurs, à cette faveur, d'être intimement persuadés que dans quelque
» partie du Royaume où je puisse dorénavant être employé pour le service
» de Sa Majesté, mes vœux vous suivront par-tout ainsi que ma recon-
» noissance. »

M. Caze, Baron de la Bove, a dit :

Messieurs,

« C'est dans le sanctuaire même de vos premiers travaux & de vos
» premiers succès, que j'aime à me retrouver & à vous applaudir; ma santé
» altérée par de longues fatigues, m'a fait craindre, pendant quelques
» jours, de ne pouvoir venir terminer vos Séances, & partager avec M. le
» Comte de Narbonne-Fritzlar, une fonction qu'il est si flatteur de remplir
» à ses côtés : mais je retrouve des forces dans mon courage, & je ne peux
» céder à des ménagements qui me priveroient d'un avantage bien pré-
» cieux, celui de vous retracer mes sentiments pendant cette Assemblée,
» qui n'a cessé de fixer l'attention publique. Une sagesse profonde a dirigé
» vos démarches, elle a présidé à vos choix; elle a dicté les résultats de vos
» délibérations : de toutes parts vous offrez des modeles & des exemples,
» & rien ne manque à votre gloire, qui s'accroît encore par l'amour
» extrême dont vous pénetrent les bienfaits, les vertus du meilleur des
» Rois. Ainsi, le sentiment qui me lie au bonheur de cette Province, n'a
» jamais été plus pur, plus sublime peut-être que dans ce moment, où

» l'éclat qui vous précédoit & celui qui vous fuit, femblent obfcurcir
» l'adminiftration qui m'eft confiée. Mais c'eft au milieu de vous, Meffieurs,
» que, fidele à mon caractere de droiture & de franchife, j'ofe de nouveau
» m'énorgueillir de mes principes & de mes œuvres. Je n'ai point attendu
» les ordres des Miniftres, ni même de connoître votre vœu, pour vous
» remettre tous les Mémoires qui pouvoient vous être utiles fur toutes
» les parties de mon adminiftration. Vous avez vu, Meffieurs, dans ces
» Mémoires & dans mon premier Difcours, ce que je penfois, ce que j'ai
» fait, ce que je voulois faire. Ce recueil, que je dépofe à jamais entre vos
» mains, atteftera que je n'ai redouté, ni la vérité, ni le grand jour, & que
» l'exercice des fonctions importantes, dont Sa Majefté daignoit charger
» fes Commiffaires dans les Provinces, pouvoit braver les détracteurs &
» mériter d'y avoir des Juges.

» Si quelque expérience, & l'étude particuliere que j'ai faite du Dauphiné,
» peuvent, Meffieurs, vous faire efpérer quelques reffources dans la carriere
» que vous allez parcourir, je vous offre les efforts de mon zele, comme
» un gage de ce penchant qui m'a toujours dévoué au bien public : puiffe
» un pareil tribut acquitter la dette de la reconnoiffance que m'infpirent
» les fentiments que j'ai eu le bonheur d'obtenir de vous. Votre eftime,
» celle d'un Préfident dont s'honorent également la Religion, l'Etat & la
» Patrie, fuffiroient fi pleinement à mon cœur! Pourquoi, par une étrange
» fatalité, lorfque, dans des jours de peine & d'orage, aucune confidération
» perfonnelle n'a pu m'engager à me féparer des intérêts de cette Pro-
» vince; dans les jours de calme & de bonheur, un Ordre refpectable
» s'eft-il éloigné de moi! Ce feroit le fujet de regrets amers, fi, à côté du
» témoignage de ma confcience, je ne pouvois placer celui que j'ai reçu
» du digne interprete de cet Ordre. Il déclaroit, Meffieurs, dans la Séance
» de Clôture de votre Affemblée du 2 Novembre, *Que j'avois contribué à un*
» *établiffement defiré, par un zele qui méritoit toute votre confiance;* & j'aurai
» encore la confolation de penfer que tandis que les expreffions de cette

» confiance n'ont pas fubfifté, les preuves de mon zele ne fe font jamais démenties. »

M. le Préfident a remercié, au nom des Etats, MM. les Commiffaires du Roi, qui ont été accompagnés jufqu'à la porte, par les mêmes Députés; pendant leur marche, l'Affemblée a applaudi.

Il a été délibéré que le Procès-Verbal ne fera figné que par le Préfident des Etats & par le Secretaire.

Signés, Le Comte de NARBONNE-FRITZLAR, *Commiffaire du Roi.*
CAZE DE LA BOVE. . . . . . . —

† J. G. *Archev. de Vienne, Préfident.*
MOUNIER, *Secretaire.*

TABLE DES MATIÈRES

Introduction. v

I. — Procès-verbal de l'Assemblée générale des trois Ordres de la province de Dauphiné, tenue en la ville de Romans, par permission du roy (*septembre 1788*). 1

Liste des députés : Clergé, 2 ; Noblesse, 4 ; Tiers État, 11. — *Réduction du nombre des votes du Tiers, 39.* — *Protestations contre la désignation du Président par le roi, 41.* — *Lettre du roi, 43.* — *Discours du duc de Clermont-Tonnerre, 44 ; de Caze de la Bove, 45 ; de l'archevêque Lefranc de Pompignan, 46.* — *Protestations de l'évêque de Grenoble, 47, 56 ; du marquis de Maubec, 48 ; des curés, 51.* — *Commission chargée de préparer les travaux, 50, 53.* — *Députation de la Guillotière qui demande à être admise aux privilèges du Dauphiné, 53.* — *Organisation des travaux, 55.* — *Lettres de l'Assemblée au roi, 59 ; à Necker, 65.* — *Renouvellement de l'arrangement de 1554 sur la corvée, 66.* — *Discussion sur le projet de Constitution provinciale, 67 et suiv.* — *Rapport sur l'affaire de la Guillotière, 70 ; lettre à Necker sur ce sujet, 74.* — *Proposition pour faire décorer Dedelay d'Agier, maire de Romans, 76.* — *Déclaration sur les principes qui doivent servir de base à la Constitution du Dauphiné, 77.* — *Projet de Constitution provinciale, 79 : nombre et qualité de ceux qui doivent entrer aux États, 79 ; forme de la convocation, nomination des officiers et de la Commission intermédiaire, 87 ; pouvoirs des États et de la Commission intermédiaire, 91.* — *Protestation du Briançonnais, 95.* — *Désignation du Président et du Secrétaire de la prochaine session des États, 95.* — *Vœu pour le retrait des Édits de mai, 97. — Lettre du comte de Brienne, 98. — Discours du duc de Clermont-Tonnerre, 99; de l'archevêque de Vienne, 99; de l'abbé de la Salcette, 100; du comte de Morges, 100. — Clôture des travaux, 101.*

II. — PROCÈS-VERBAL DE L'ASSEMBLÉE GÉNÉRALE DES TROIS ORDRES DE LA PROVINCE DE DAUPHINÉ, TENUE DANS LA VILLE DE ROMANS (*novembre 1788*). 103

Liste des députés : Clergé, 104; Noblesse, 105; Tiers État, 109. — Lettres du roi nommant ses Commissaires, 115. — Discours du comte de Narbonne, 116; de Caze de la Bove, 117; de l'archevêque de Vienne, 118; du comte de Morges, 118. — Lettres de Necker 120; du roi à l'archevêque de Vienne, 120. — Commission des travaux, 121. — Discours de Revol, consul de Grenoble, 122. — Arrêt du Conseil portant règlement pour la nouvelle formation des États du Dauphiné, 123: texte de cet Arrêt, 124 et suiv.; lettres-patentes qui l'accompagnent, 142; réserves et modifications adoptées par l'Assemblée, 143; motifs des changements apportés par le Conseil du roi à quelques articles du plan présenté par la première Assemblée de Romans, 146; motifs des modifications adoptées par l'Assemblée, 161. — Protestation des anciens barons du Dauphiné, 166; résolution à ce sujet, 167. — Protestation du Chapitre de la cathédrale de Grenoble, 168. — Lettre au roi sur la forme des États Généraux, 170. — Discours de Mortillet, échevin de Romans, 177; du comte de Narbonne, 178; de Caze de la Bove, 179; de l'archevêque de Vienne, 181; de l'abbé de la Salcette, 181; du comte de Morges, 182; de la Cour d'Ambézieu, 183. — Clôture des travaux, 184.

III. — PROCÈS-VERBAL DES ÉTATS DE DAUPHINÉ ASSEMBLÉS A ROMANS DANS LE MOIS DE DÉCEMBRE 1788. 185

Lettres du roi nommant ses Commissaires, 186. — Discours du comte de Narbonne, 188. — Discours de Caze de la Bove avec indication des travaux et questions intéressant la province, 189: route de Lyon en Provence, 192; travaux de Valence, 192; projet de l'Isère, 193; digues contre les rivières et torrents, 193; atelier de charité, 194; dépôt de mendicité, 194; couvertures en chaume, 195; sages-femmes et élèves en chirurgie, 196; morve et artistes vétérinaires, 196; haras et gardes-baudets, 197; moutons, parcage, 197; agriculture, 198; commerce, 199;

communs du Bourg-d'Oysans, 201; conseil d'arbitrage, 201; bibliothèque publique, 202; École de dessin, 202; principauté d'Orange, 203; ponts et chaussées, 203. — Discours de l'archevêque de Vienne, 205; de l'archevêque d'Embrun, 210; du comte de la Blache, 212. — Liste des députés : Clergé, 214; Noblesse, 215; Tiers État, 217. — Vérification des pouvoirs, 220 et suiv. — Lettre de M. Allemand-Dulauron, 223. — Protestations diverses, 225 et suiv. — Lettres de Necker, 229. — Commission pour la préparation des États Géné-Généraux, 230. — Formation de bureaux pour l'étude des questions intéressant la province, 231. — Rapport de l'archevêque d'Embrun et décisions des États sur la représentation de la province aux États Généraux, 235. — Lettre de Caze de la Bove, 238. — Election des Procureurs-Généraux-Syndics, 239. — Discours du chevalier du Bouchage et de M. Falquet-Travail, 240. — Autorisation de percevoir les Octrois municipaux, 238, 241, 242. — Indemnités aux divers représentants de la province, 243. — Discours de Mounier, 244. — Élection de la Commission intermédiaire, 245. — Commission pour les pouvoirs à donner aux députés aux États Généraux, 247, 249, 273. — Lettre du duc de Clermont-Tonnerre, 247. — Archives de La Mure, 248. — Privilèges du Briançonnais, 248. — Éligibilité des nobles, 249. — Procès de la communauté de Roybons, 250. — Paiement des députés aux Assemblées générales des trois Ordres, 250. — Trésorerie de la province, 251. — Rapport de Revol sur l'affaire de la Guillotière, 253. — Vérification des pouvoirs des députés du doublement, 262. — Répartition de la taille, 265. — Liste des députés du doublement : Clergé, 267; Noblesse, 268; Tiers État, 270. — Traitement des députés aux États Généraux, 274. — Proposition d'élire Mounier député par acclamations, 274. — Pouvoirs donnés aux députés aux États Généraux, 275. — Instructions sur quelques objets particuliers, 277. — Élection des députés et suppléants, 279. — Supplément aux instructions, 286. — Paiement des députés du doublement, 287. — Travaux divers d'intérêt provincial, 291; limites du Dauphiné et du Vivarais, 291; droits sur les pierres à bâtir, 292; projet sur les municipalités, 292; tutelle des villes et communautés, 292; économies à faire, 293; taxes affermées, 293; vingtièmes, 294. — Lettres au roi, 295; à Necker, 296. — Servitudes militaires, 297. — Représentation des Universités aux États Généraux, 297. — Paiement des députés aux États provinciaux, 299. — Rapport du chevalier du Bouchage et règlement sur les travaux publics de la province, 299 : division des départements des ingénieurs, 301; fonctions des ingénieurs, 302; opérations qui doivent précéder les adjudications, 304; forme des adjudications, 306; exécution des marchés par les entrepreneurs, 310; paiements aux entrepreneurs, 312; établissement des cantonniers, 314. — Rapport du baron de Vaux et décisions sur les routes et ouvrages d'art, 316, 321. — Ateliers de charité, 320. — Rapport d'Ambezieux et décisions sur la capitation, 322. — Requête de Saint-Savin, 323; de l'hôpital de Montélimar, de Neutaille, de Voiron, de Saint-

Symphorien-d'Ozon, d'Embrun, etc., *324.* — *Réparation des chemins, 324.* — *Rejet des réclamations des anciens barons, 325.* — *Indemnité à la ville de Romans, 326.* — *Mendicité, 327.* — *Rapport du commandeur de Monspey sur l'agriculture, le commerce et l'industrie, 327.* — *Secours à la filature Daly, à la chirurgie dans les campagnes, 329.* — *Discours de Dedelay d'Agier, 330.* — *Instructions à la Commission intermédiaire, 331.* — *Discours du comte de Narbonne-Fritzlar, 333; de Caze de la Bove, 334.* — *Clôture des travaux, 336.*

TABLE DES MATIÈRES  337

Certifié conforme aux originaux :

AIMÉ VINGTRINIER.

Bibliothécaire en chef de la Ville de Lyon.

Lyon. — Imp. MOUGIN-RUSAND, rue Stella, 3.

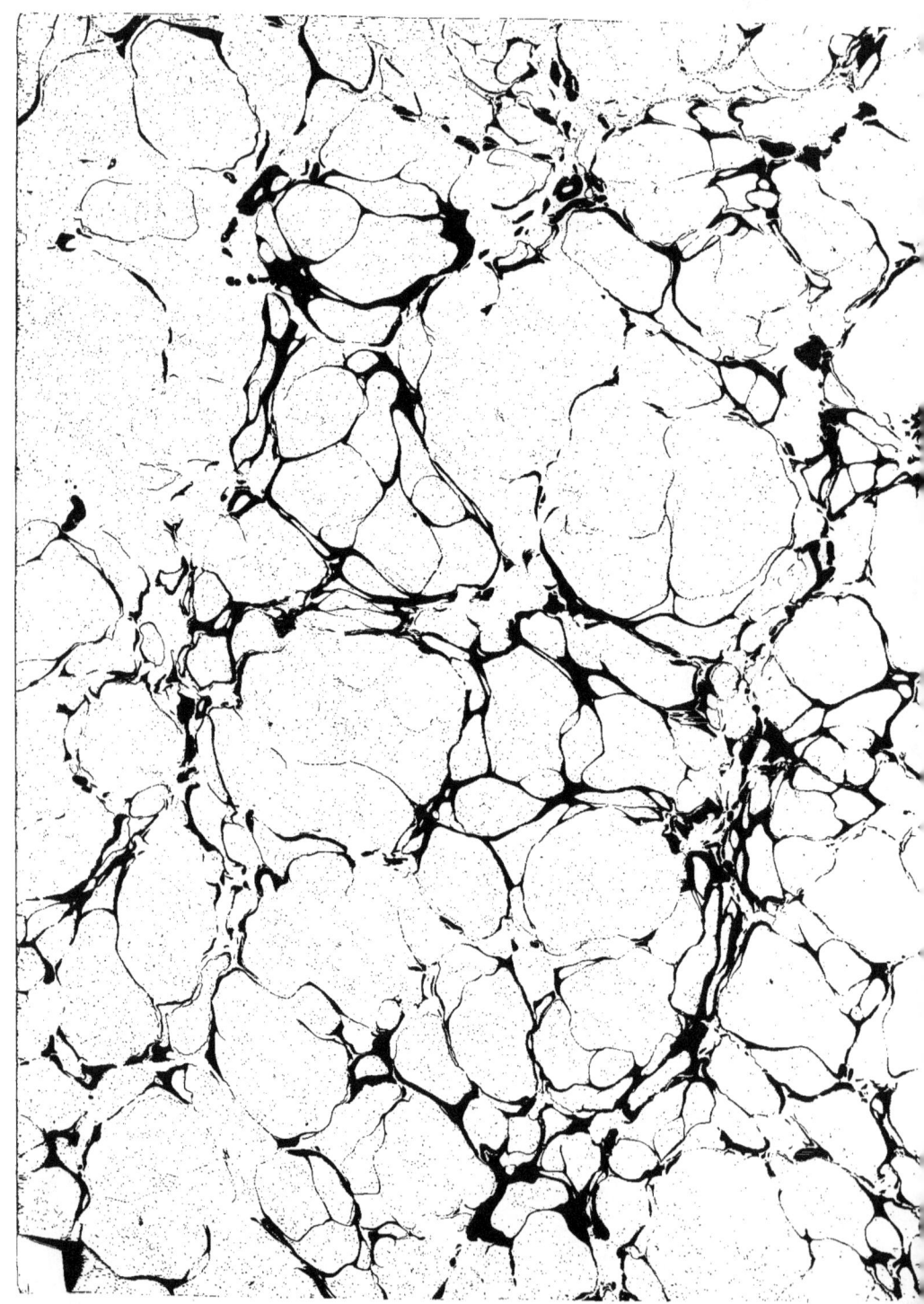

www.ingramcontent.com/pod-product-compliance
Lightning Source LLC
Chambersburg PA
CBHW050437170426
43201CB00008B/702